ULLSTEIN

Das Buch

Nur zwei Jahre nach der Erstbesteigung des Mount Everest wagten drei mutige Frauen eine Expedition in bis dahin unerforschte Gebiete des Himalaya. Ihre Reise sollte in die Geschichte eingehen als die erste reine Frauenexpedition in dieser Region. Die Bergsteigerinnen stellten sich gewaltigen Herausforderungen: Ausgestattet mit geringen Mitteln, aber umso mehr Enthusiasmus, setzten sie sich den größten Gefahren aus, um die wilde, kaum kartografierte Gegend zu erkunden – vor allem aber, um ihre eigenen Grenzen kennen zu lernen. Ein faszinierender Bericht, der von der Kraft, dem Mut und dem Selbstvertrauen dieser drei außergewöhnlichen Pionierinnen zeugt.

Monica Jackson / Elizabeth Stark

Zelte auf dem Dach der Welt

Die erste Frauen-Expedition in den Himalaya

Aus dem Englischen
von Birgit Baader

Ullstein

Für Esmé, die nicht mit uns kommen konnte.

Ullstein Taschenbuchverlag
Der Ullstein Taschenbuchverlag ist ein Unternehmen der Econ Ullstein List Verlag GmbH & Co. KG, München
1. Auflage 2002

Titel der englischen Originalausgabe: *Tents in the clouds* (Collins, London / Glasgow und Seal Press, Seattle)
Übersetzung: Birgit Baader
Umschlagkonzept: Lohmüller Werbeagentur GmbH & Co. KG, Berlin
Umschlaggestaltung: Init GmbH, Bielefeld
Titelabbildung: Expeditionsarchiv
Der Abdruck aller historischen Fotografien erfolgte mit freundlicher Genehmigung des Expeditionsarchivs.
Aktuelle Fotos der Expeditionsteilnehmerinnen: Simon Jackson (Monica Jackson), Coppinger & Associates (Elizabeth Stark) und Myrtle Simpson (Evelyn Camrass).
Druck und Bindearbeiten: Elsnerdruck, Berlin
Printed in Germany
ISBN 3-548-36324-5

Inhalt

Hauptdaten der Expedition

1955

10. April	Ankunft in Kathmandu
13. April	Beginn der Expedition
19. April	Ankunft in Tempathang
22. April	Erreichen des Basislagers
24. April	Erste Erkundungstour zum Phurbi-Chyachumbu-Gletscher
29. April	Rückkehr ins Basislager
02. Mai	Entdeckung des Passes zum Dorje-Lakpa-Gletscher
05. Mai	Zweite Erkundungstour zum Gletscher
08. Mai	Erreichen des ersten Gebirgspasses im Grenzgebiet
09. Mai	Aufstieg zum Ladies-Gletscher
11. Mai	Erstbesteigung des Gyalgen
14. Mai	Rückkehr ins Basislager
17. Mai	Aufbruch von Elizabeth (Betty) Stark und Monica Jackson zum Dorje-Lapka-Gletscher und dem westlichen Jugal Himal. Evelyn Camrass geht ins Chaksil-Danda-Gebirge.
21. Mai	Wiedervereinigung in Pemsal
25. Mai	Ankunft in Panch Pokhari
01. Juni	Rückkehr nach Kathmandu

Kartenverzeichnis

Vorwort
zur deutschen Ausgabe
Lene Gammelgaard

Im Frühling 1955 unternahmen drei schottische Bergsteigerinnen eine abenteuerliche »Pilgerreise«. Sie taten dies nicht, um als erste Frauenexpedition in den Himalaya berühmt zu werden, sondern um eine ursprüngliche Umgebung und harte Arbeit mit anderen Frauen zu teilen. Sie waren im reinsten Sinne authentische Pionierinnen, die von der uralten inneren Macht getrieben wurden, unbekanntes Territorium zu erforschen.

Die Expedition war ein Frauen-Pionierstück. Mehr denn je liefert es Frauen heute, viele Jahre nach der Tour und der ersten englischen Ausgabe des Buches von 1956, Vorbilder für weibliche Unerschrockenheit, Strategie, Ausdauer, unkonventionelle Rollenmuster und Mut. Ihre Motivation für die Expedition bestand weniger darin, zeigen zu wollen, dass »auch Frauen« solche Pionierprojekte planen und durchführen können. Dieses Abenteuer war ihnen vielmehr als Essenz ihres Daseins wichtig.

»Was konnte zwei sensible Frauen dazu bewegen, ihre Arbeit aufzugeben, und eine dritte dazu, ihre geliebte Familie zu verlassen? Und das alles, um sich extremen Unannehmlichkeiten und möglicherweise sogar lebensgefährlichen Situationen auszusetzen, während sie auf einigen besonders einsamen, fremdartigen und rauen Unebenheiten der Erdoberfläche herumkrabbelten.«

Das Buch *Zelte auf dem Dach der Welt* ist nicht nur wunderbar detailliert und mit viel Humor erzählt, es ist nicht nur ein fesselnder dokumentarischer Bericht dreier Frauen, die sich ihren Traum verwirklicht haben, es ist wohl das beste Buch, das ich je über das Bergsteigen und die Motivation dazu »genossen« habe. In ihren Betrachtungen erkenne ich die reinste

Sehnsucht, die sie in die Berge gelockt hat: » ... es waren die Tage, an denen wir hoch oben in den Bergen, Gletschern und Schneefeldern des Jugal unser Letztes gaben, die uns für immer in Erinnerung bleiben werden: nicht nur als die glücklichsten, sondern kurioserweise auch als die vollkommensten und friedvollsten Tage unseres Lebens.«

Zelte auf dem Dach der Welt ist ein faszinierender Bericht über ein Nepal, das man mit ein wenig selbständiger Vorbereitung und risikowilliger Abenteuerlust auch heute noch erleben kann. Die schottischen Bergsteigerinnen zeigen mit einfühlsamem Verständnis für die Einheimischen eine vielseitige Kultur und porträtieren die Sherpas, wie auch ich sie vierzig Jahre später erlebt und lieben gelernt habe. Ich kann aus tiefster Überzeugung sagen. Dieser Bericht schildert die Ereignisse so lebendig, dass man sich bei der Lektüre direkt an die Orte des Geschehens versetzt fühlt.

Gerade in diesem neuen Jahrtausend habe ich als Frau mit ähnlichen »Pioniergenen«, wie viele andere Frauen auch, das seelische Bedürfnis, über die traditionellen Rollen hinauszuwachsen und etwas über solch kompetente Vorbilder zu erfahren – um dadurch immer wieder die eigenen Träume und Ressourcen herauszufordern.

Lene Gammelgaard
Kopenhagen im Mai 2000

Vorwort
zur amerikanischen Ausgabe
Arlene Blum

Im Frühjahr 1955 war ein Team aus drei englischen Bergsteigerinnen im Jugal Himal unterwegs, einem Gebirgszug mit wilden unerforschten Gipfeln an der Grenze zwischen Nepal und Tibet. Mit geringen Mitteln, dafür aber umso größerem Enthusiasmus und Einfallsreichtum fanden sie einen Weg zu diesen abgelegenen Bergen und bestiegen als Erste einen 6700 Meter hohen Gipfel, dem sie nach ihrem Sherpa-Anführer Mingma Gyalgen den Namen »Gyalgen« gaben. Monica Jackson, Elizabeth Stark und Evelyn Camrass gingen als erstes Frauenteam, das im Himalaya kletterte, in die Geschichte ein.

Ihr Buch ist auch heute, fast ein halbes Jahrhundert nach seiner Erstveröffentlichung im Jahr 1956 in England, noch genauso aktuell und packend. Die lebendige und anschauliche Beschreibung lässt uns an den Erlebnissen des Teams unmittelbar teilhaben: an der Freude bei Treffen mit den liebenswürdigen nepalesischen Bergbewohnern, an den Zweifeln und der Unsicherheit, den richtigen Weg zu finden, und am Spaß mit den Sherpas, die sowohl harte Arbeit wie auch unbeschwerte Momente teilten. Die besten Tage waren nach Meinung der Autorinnen die, »an denen wir hoch oben in den Bergen, Gletschern und Schneefeldern des Jugal unser Letztes gaben. Sie werden uns für immer in Erinnerung bleiben: nicht nur als die glücklichsten, sondern kurioserweise auch als die vollkommensten und friedvollsten Tage unseres Lebens.«

Um die bewundernswerte Leistung dieser drei Bergsteigerinnen in vollem Umfang würdigen zu können, sollten wir ihre Expedition im Zusammenhang mit der Erforschung des Himalaya zu dieser Zeit sehen. Nepal öffnete seine Grenzen zum ersten Mal 1950 für die Außenwelt. In diesem Jahr wagte ein mutiges französisches Team den Aufstieg zum Annapurna I und überschritt somit zum ersten Mal in der Geschichte die magische Höhe von 8000 Metern. Die Gruppe unter der Leitung von Maurice Herzog benutzte eine fehlerhafte Karte und verbrachte infolgedessen Wochen damit, den Annapurna überhaupt erst einmal zu finden. Als sie den Berg endlich ausfindig gemacht hatten, war die Monsunzeit schon fast angebrochen. Wie durch ein Wunder schafften sie es, den Gipfel zu erreichen und alle Expeditionsteilnehmer trotz Lawinen, Erschöpfung und eines tobenden Sturms wieder lebend zurückzubringen. Ihr Erfolg zählt zu den dramatischsten Berichten in der Geschichte des Bergsteigens.

Nur fünf Jahre später starteten Jackson, Stark und Camrass ihre Expedition in die schroffen Bergformationen des Jugal Himal. Auch ihr Kartenmaterial war ungenau und lückenhaft, und daher erschien der Zugang zum Jugal zweifelhaft. Verglichen mit heutiger Hightech-Ausrüstung war ihre Ausstattung schwer und unhandlich. Aber trotz aller Hindernisse und Widrigkeiten gelang es ihnen mit Zuversicht und voller Elan, ihr Ziel zu erreichen.

Ihr Bericht wird jede Leserin und jeden Leser faszinieren. Mit Humor und Aufrichtigkeit beschreiben die Autorinnen ihre Erlebnisse: die Ausarbeitungsphase ihrer Pionierexpedition, dann die Durchquerung unbekannten Geländes auf der Suche nach »ihren« Bergen, heftige Stürme, Waldbrände, betrunkene Sherpas, die Schwierigkeiten, mitten im Gletschergebiet die eigene Intimsphäre zu wahren, die Verfolgung des Yeti ...

Jackson und Stark ergründen auch die »seltsame Sehnsucht (...), die zwei sensible Frauen dazu brachte, ihre Jobs aufzugeben, und eine dritte, ihre geliebte Familie zu verlassen. Und das alles, um sich extremen Unannehmlichkeiten und möglicherweise sogar lebensgefährlichen Situationen auszusetzen, während sie auf einigen besonders einsamen, fremdartigen und rauen Unebenheiten der Erdoberfläche herumkrabbelten.«

Ich wünschte, ich hätte dieses Buch schon in den sechziger Jahren gekannt, als ich selbst anfing davon zu träumen, ferne Reiche zu erobern. Aber die wegbereitenden Taten dieses und anderer wagemutiger Frauenteams englischer Bergsteigerinnen in den Fünfzigern waren der amerikanischen Bergsteigergemeinde unbekannt.

Als ich 1969 an einer geführten Expedition zum Denali teilnehmen wollte, wurde mir erklärt, dass Frauen nur bis zum Basislager mitkommen könnten, um beim Kochen zu helfen. Auf meinen Einspruch hin klärte mich der Führer darüber auf, dass Frauen nicht die nötige körperliche Stärke und emotionale Stabilität besäßen, um hohe Gipfel zu besteigen. Hätte ich ihm damals nur von den mutigen Heldentaten in den Bergen erzählen können, wie sie in *Zelte auf dem Dach der Welt* beschrieben sind.

1970 half ich dabei, ein reines Frauenteam zusammenzustellen, das den Denali bestieg. Zusätzlich zu den Anforderungen, die damit verbunden waren, den nördlichen Gipfel des höchsten Berges Nordamerikas zu erreichen, sahen wir uns mit den damaligen Vorurteilen über die Belastungsgrenzen von Frauen konfrontiert. Das vorliegende Buch hätte uns sicherlich ermutigt und unsere Tour erleichtert – so wie es heute jeden inspirieren kann, der ein außergewöhnliches Abenteuer unternehmen will.

Zelte auf dem Dach der Welt ließ in mir Erinnerungen an die Denali-Tour und auch an unsere Frauenexpedition zum Annapurna 1978 aufsteigen: die Herausforderung, etwas zu bewältigen, was Frauen nicht zugetraut wird, die atemberaubende Schönheit der hohen Berge und die Befriedigung darüber, im Team ein hoch gestecktes Ziel erreicht zu haben, dessen Anforderungen unsere kühnsten Erwartungen noch übertraf.

Diese Geschichte verdeutlicht, was eine kleine Gruppe von Einzelpersonen durch eine gemeinsame Vision, durch Geduld und Entschlossenheit zu Wege bringen kann. Ich danke Monica Jackson, Elizabeth Stark und Evelyn Camrass dafür, dass sie ihr bemerkenswertes Abenteuer mit uns teilen, und dem Verlag der amerikanischen Ausgabe, Seal Press, dass er diesen unvergesslichen Bericht einer neuen Lesergeneration zugänglich machte.

Arlene Blum
Berkeley/Kalifornien
im September 1999

Prolog

Monica Jackson

Im Frühjahr 1955 bildeten wir – drei unbedeutende Bergsteigerinnen ohne Ambitionen nach Ruhm – die erste Expedition der Geschichte im Himalaya, die ausschließlich aus Frauen bestand.

Zunächst einmal ist mir die Feststellung wichtig, dass der Punkt, »die Ersten« gewesen zu sein, völlig unbeabsichtigt war. Erst nach Beginn unserer Planungen wurde uns bewusst, dass wir einen Präzedenzfall darstellten. Viele Frauen, auch ich selbst, waren schon im Himalaya geklettert. Es fiel uns zunächst gar nicht auf, dass dies immer als Teilnehmerinnen von Expeditionen unter männlicher Führung geschah. Natürlich freuten wir uns, als wir entdeckten, dass wir in mehrerer Hinsicht »Pionierinnen« waren. Das würde unsere Chancen auf finanzielle Unterstützung von Sponsoren erheblich vergrößern. Andererseits ahnten wir, dass wir uns deswegen auch mit einigen Vorurteilen auseinander zu setzen hätten. Beide Vermutungen erwiesen sich als richtig.

Wie sich herausstellte, schafften wir jedoch alles, was wir uns vorgenommen und erhofft hatten: Wir fanden einen Weg durch die niedriger gelegenen Schluchten zu den Gletschertälern des Jugal Himal, dann weiter hinauf zu den Gletschern im Herzen des Gebirges. Wir entdeckten Pässe, die über die Bergketten führten und einen Gletscher vom anderen trennten. Wir überprüften und korrigierten die Genauigkeit unserer Karten – da wir in völlig verlassenem Territorium ganz auf uns selbst gestellt waren und nur aus der Ferne überwacht wurden – und erkundeten das letzte unerforschte Gebiet des nepalesischen Himalaya. Außerdem bestiegen wir einen bis dato nicht verzeichneten Berg und gaben ihm einen Namen.

Im Jahr 1954 sollte ich vor den Damen des Ladies' Scottish Climbing Club, der schottischen Bergsteigerinnenvereinigung, deren Mitglied ich war, einen Vortrag halten. Mein Thema war erstens, dass das Klettern im Himalaya, entgegen dem allgemeinen Glauben, für erfahrene Bergsteiger beiderlei Geschlechts nichts »Esoterisches« an sich hat. Zweitens vertrat ich die Ansicht, dass Sherpas, vorausgesetzt man behandelt sie respektvoll und freundlich, Bergsteigerinnen nicht mehr Schwierigkeiten als ihren männlichen Kollegen machen. Nach meiner Rede sprachen Elizabeth »Betty« Stark und Evelyn Camrass mich an, und wir verbrachten den Rest des Abends mit intensiven Diskussionen über eine hypothetische reine Frauenexpedition, an der noch Esmé Speakman, eine erfahrene Alpinistin, teilnehmen sollte.

Von da an schien sich das Projekt wie von selbst weiterzuentwickeln. Betty und Evelyn redeten darüber in einem Zelt in Nord-Norwegen, Esmé und ich in schweizerischen Almhütten. Später konnte man Sätze hören, die mit den Worten »Mir fällt gerade noch etwas ein, was wir unbedingt berücksichtigen müssen ...« begannen. Sie wurden auf unseren Touren in Glencoe und auf den Ben Nevis von Fels zu Fels gerufen und vom Sturm in nebligen Hochtälern davongeblasen. Während wir zitternd hinter Felsbrocken vor Schneestürmen in schottischen Bergen Schutz suchten und durchnässte Sandwiches aßen, schmiedeten wir weitere Pläne. Wir trafen Vereinbarungen bei Kerzenlicht und einer Tasse Tee in schottischen Berghütten. So nahm unser Abenteuer innerhalb eines Jahres trotz aller Zweifel und Rückschläge Gestalt an und konkretisierte sich zusehends. Wie auf einem Zauberteppich, gewebt aus unseren eigenen Bemühungen, wurden wir schließlich bis zum »Dach der Welt« getragen: in den Himalaya, dem höchsten Ziel aller Bergsteiger.

Und dann – im letzten Moment – wurde Esmé krank und konnte nicht teilnehmen. Das war eine bittere Enttäuschung für sie selbst und ein ziemlicher Tiefschlag für uns andere. Sie war unsere erfahrenste Kletterin, unsere beste Fotografin und die Einzige, die kartographische Kenntnisse besaß. Wie sehr wir sie achteten und respektierten, zeigt sich in dem Umstand, dass wir sie trotz ihrer Abwesenheit immer als Teil der Expedition betrachteten.

Wir drei anderen waren Menschen mit sehr unterschiedlichen Hintergründen und Persönlichkeiten. Aber wir hatten zumindest folgende Gemeinsamkeiten: unsere Liebe zu den Bergen und unberührten Plätzen auf dieser Erde, unser Können und die Achtung vor der Kunst des Bergsteigens. Evelyn hatte gerade den Doktorgrad erlangt, Betty arbeitete als Sprachtherapeutin und Lehrerin, und ich war freie Journalistin, Ehefrau und Mutter. Obwohl wir uns bewusst waren, welch großes Glück wir während unseres ganzen Abenteuers hatten, ahnten wir nicht, was für ein Privileg es war, zu der damaligen Zeit in diesen Bergen unterwegs zu sein. Wettbewerbsdenken und Kommerzialisierung haben mittlerweile deutliche Spuren menschlicher Eingriffe an diesen Stellen, die zu den traumhaftesten der Erde gehören, hinterlassen. Da sie heutzutage für jeden zugänglich sind, wurde das Verhältnis zwischen Bergbewohnern und Touristen durch die Masse der Besucher merklich getrübt. Wer unerforschtes Gebiet entdecken will, ist auf immer anspruchsvollere Routen auf einzelne Berge angewiesen. Natürlich sind die Gipfel auch heute noch atemberaubend schön. Aber trotzdem empfinde ich es als besonderes Geschenk, dass wir unsere Tour zu jener Zeit unternahmen, als wir noch die Möglichkeit hatten, über völlig unberührte Schneefelder zu gehen und die Karten zu ändern.

All dies liegt nun über vierzig Jahre zurück. Was ist aus uns geworden? Betty, die mit ihrem Mann in Amerika lebt, ist von ihrer Professorinnenstelle pensioniert. Evelyn und ich leben immer noch in unserem Geburtsland Schottland. Sie ist auch in Pension gegangen und hat ihre gynäkologische Praxis aufgegeben. Ihre Kinder und Enkel halten sie in Bewegung, außerdem klettert sie noch immer und läuft Ski. Auch ich habe Enkel, bin in Pension – mit einem Doktortitel in Anthropologie – und habe mein Forschungsgebiet von sozialen und demographischen Studien zu der Aufgabe hin verlegt, eine Schnittstelle zwischen Wissenschaft und Metaphysik zu finden. In gewisser Hinsicht sind wir alle drei noch immer am Forschen.

Oft wurde mir die folgende Frage gestellt, die allen Bergsteigerinnen vertraut sein dürfte: Was konnte zwei sensible Frauen dazu bewegen, ihre Arbeit aufzugeben, und eine dritte dazu, ihre geliebte Familie zu verlassen? Und das alles, um sich extremen Unannehmlichkeiten und möglicherweise sogar lebensgefährlichen Situationen auszusetzen, während sie auf einigen besonders einsamen, fremdartigen und rauen Unebenheiten der Erdoberfläche herumkrabbelten. Eine präzise Antwort auf diese Frage kenne ich nicht. Ich kann nur sagen, dass es sicher nicht wegen des Nervenkitzels war, obschon wir manchmal »aufregende« Situationen erlebten. Wir taten es auch nicht, um uns absichtlich in Furcht erregenderen Risiken und Gefahren zu beweisen als jemals zuvor. Ich denke, dass wir – wie viele andere Bergsteiger im Himalaya auch – eine Art Pilgerreise unternahmen.

Meinem Empfinden nach bringen die folgenden Zeilen von Matthew Arnold die Beweggründe sehr gut zum Ausdruck:

Bist du den Bergen verbunden?
So lass mich mit dir gehen,
dorthin, wo hinter eis'gen Schranken
unendlichen Weiten aus Schnee,
durch leichte Wolken verschleiert,
die weißen Gipfel den Himmel berühren.
Wie tief ist die Stille.
O wäre ich nur da!

TEIL I

Von Elizabeth Stark

Bei Nacht und Nebel

Unsere Expedition dauerte knapp zwei Monate, wir benötigten jedoch neun Monate zur Vorbereitung. Außergewöhnlich gute Bergsteigerinnen waren wir nicht, dafür aber genaue und sorgfältige Organisatorinnen. Keine von uns war ein Beispiel an Effektivität, und die detaillierte Planung, die wir mit unserem Beruf bzw. unseren Aufgaben in Haushalt und Familie zu vereinbaren hatten, ging uns oft gegen den Strich. Aber jedes Mal, wenn wir uns vertaten und Probleme auftauchten, sagten die Leute: »Diese Frauen sollte man niemals allein in die Berge lassen!« Diesen Zweiflern wollten wir unter keinen Umständen Recht geben.

Es erschien uns nicht notwendig, eine von uns als Anführerin zu wählen, da wir alle sehr individuelle Persönlichkeiten sind und daher auf gleichberechtigte Weise wahrscheinlich besser zusammengearbeitet haben, als wenn eine die Führung übernommen hätte. In den meisten Fragen bezüglich der Expedition waren wir uns einig, und über anstehende Entscheidungen stimmten wir immer gemeinsam ab.

Unser größtes Problem zu Beginn war die Auswahl des Zielgebiets. Die Hochebenen von Gharwal und Sikkim, die zu den schönsten Gegenden des Himalaya zählen, schieden aufgrund gesetzlicher Beschränkungen der indischen Regierung aus. Das Karakorum-Gebirge stellte mit seinen vielen gigantischen Gipfeln zwar eine große Versuchung dar, war aber leider recht teuer und auch zu schwierig für uns. Also blieben noch Kullu und Nepal. In Kullu gab es unerforschtes Gelände und unbestiegene Gipfel, und man erzählte uns, dass viele dieser Beinahe-Siebentausender weniger gewaltig und Furcht erregend als in anderen Gebirgszügen wären. Allerdings erschien uns dieses Gebiet als zu bekannt und »überlaufen«. Im nepalesischen Himalaya würden wir andererseits gefährliche Schluchten, kaum erkundete Gegenden und Gipfel antreffen, die als unbezwingbar galten. Wir entschieden uns schließlich für Nepal als das größere Abenteuer – vielleicht sogar zu groß.

Die nepalesische Nordgrenze verläuft 800 Kilometer entlang der Hauptkette des Himalaya, deshalb mussten wir unsere Wahl noch weiter eingrenzen. Wir wandten uns an Douglas Scott, einen erfahrenen Teilnehmer an zwei schottischen Himalaya-Expeditionen mit einem besonderen Gefühl für abenteuerliche und doch exakt ausgearbeitete Tourenpläne. Ohne Zögern deutete er auf eine große Schleife der Himalaya-Kette nordöstlich von Kathmandu und sagte nachdenklich: »Dort hat sich bis jetzt wenig getan. Ich interessiere mich selbst schon lange für diesen Teil der Welt.«

Weitere Nachforschungen ergaben, dass diese Schleife den Langtang Himal, den H. W. Tilman 1949 auf einer der ersten genehmigten Bergexpeditionen nach Nepal erkundete, und den Jugal Himal umfasste. Tilmans Gruppe hatte das Langtang-Gebirge recht genau erforscht, aber aufgrund schlechter Schneebedingungen und Monsun-Nebel keine Gipfel dort bestiegen. Seitdem war diese Gegend nicht mehr begangen worden. Im Jugal Himal war bis dahin überhaupt noch niemand gewesen. Dieser hufeisenförmige Gebirgszug war unseres Wissens das letzte große unerforschte Gebiet Nepals.

Dies erschien uns seltsam, da sowohl der Langtang als auch der Jugal Himal näher an Kathmandu liegen als irgendein anderer Teil des nepalesischen Himalaya. Allerdings fanden wir heraus, dass es zwei gute Gründe für die geringe Beachtung die-ser Gebiete gab: Die ersten Expeditionen nach der Öffnung Nepals für Bergsteiger führten verständlicherweise vor allem zu den Giganten der großartigen Gebirgsketten, insbesondere in die Everest-Region. Demgegenüber lag die höchste Bergspitze im Langtang-Jugal-Gebiet weit unter 7300 Metern Höhe. Der zweite Grund lag wohl darin, dass diese Gipfel trotz ihrer geringeren Höhe nicht einfach zu erklettern und die einzigen über sie existierenden Berichte alles andere als ermutigend waren.

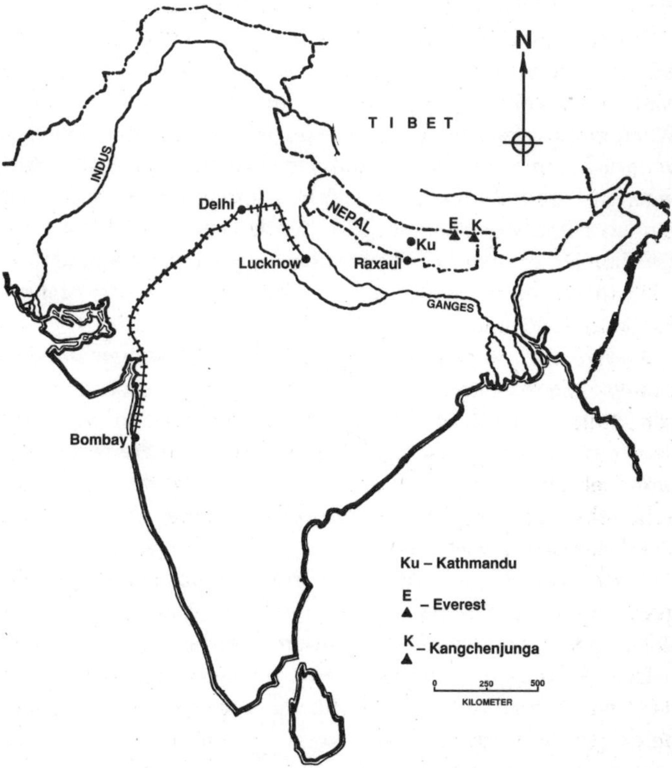

Unsere Neugier wurde geweckt, als wir erfuhren, dass Tilman zwar einen Pass vom Langtang-Tal zum Jugal Himal gefunden hatte, ohne jedoch weiter in dieses Gebirge vorzudringen. Er folgte dem Gletscher auf der anderen Seite des Passes und lagerte an seinen unteren Ausläufern.

»Frühmorgens«, so schrieb er, »bevor Wolken aufzogen, stiegen Tensing und ich zur Moräne hinauf, um zu sehen, wo wir uns befanden. Der Gletscher endete gar nicht weit entfernt, und sein Schmelzwasser floss in südöstlicher Richtung durch eine tiefe Schlucht ab. Dahinter konnten wir die dunkle Spalte des Haupttals erkennen. Allem Anschein nach war diese Schlucht sogar noch tiefer als die erste, und da der Wasserstand sehr hoch war, mussten wir mit allen möglichen Schwierigkeiten rechnen. (...) Wenn wir das Haupttal also von oben nicht erreichen konnten, warum sollten wir es nicht von unten versuchen, vom nächstgelegenen Bergdorf aus? Unserer Karte zufolge gab es einen Ort namens Tempathang an der östlichen Talseite in der Nähe einer Brücke. Nach unseren Erfahrungen aus dem Langtang und Ganesh Himal hätten wir von dort aus einen Zugang zu einer Hochalm im Herzen des Jugal Himal finden müssen.«

Aber dieser Versuch schlug fehl. Die Einwohner Tempathangs »konnten uns nichts geben außer grünen mehligen Maiskolben und, was noch schlimmer war, sie informierten uns, dass es keinen Pfad in das Tal gäbe. Das Weideland auf den Hochalmen sei schon seit langer Zeit aufgegeben worden und der Weg hinauf daher zugewachsen und durch eingestürzte Brücken unpassierbar.«

Wir beschlossen, direkt nach Tempathang zu gehen und uns von dort aus auf die Suche nach möglichen Zugängen zum Jugal Himal zu machen – falls es denn welche gab. Wir hegten wenig Hoffnung, da Tilman in seinem Bericht noch hinzufügte: »Bei einem letzten flüchtigen Blick erschienen sie (die Gipfel des Jugal; M. J.) genauso unbeugsam wie die Langtang-Gipfel und weit weniger erreichbar.«

Der zweite und größte Teil unseres Plans bestand darin, über Tilmans Pass ins Langtang-Tal zu gelangen. Wir hofften, zu den von ihm entdeckten Gebirgspässen vorzudringen und, von dort oben Tibet überblickend, bei klarem Wetter die Position zu bestimmen und zusätzliches Fotomaterial zur Dokumentation dieses Gebietes zu machen.

Um dieses Vorhaben erfolgreich verwirklichen zu können, mussten wir die Monsunzeit mit ihren dichten Wolken und den angeschwollenen Flüssen meiden und entweder davor im Frühling oder danach im Herbst aufbrechen. Das Frühjahr ist die beliebteste Zeit für Trekkingtouren im Himalaya. Doch trotz herrlicher Wolkenkontraste und der Blüte vieler Hochgebirgsblumen muss man während dieser Jahreszeit auch mit schweren Gewittern und Lawinen rechnen. Das Herbstwetter ist, von ein, zwei heftigen Stürmen abgesehen, sehr viel ruhiger. Die Berge erscheinen in einer unerschütterlichen theatralischen Klarheit, wie riesige sperrige Teile einer Bühnenausstattung. Eisige Kälte und Dunkelheit treiben den Bergsteiger jedoch jeden Tag früher in seinen Schlafsack. Wir wogen all diese Punkte – und einen weiteren, nämlich dass wir lieber bald als überhaupt nicht losziehen wollten – sorgfältig gegeneinander ab und entschieden uns schließlich für den Frühling.

Der erste entscheidende Schritt war getan, als wir unser Projekt dem Prüfungsausschuss des damaligen Himalayan Committee of the Royal Geographical Society (Himalaya-Ausschuss der Königlichen Gesellschaft für Geografie) und dem Alpenclub vorlegten (heute ersetzt durch die Mount Everest Foundation, die für die Genehmigung von Trekkingtouren im Himalaya zuständig ist). Nur über die Büros dieser erhabenen Institution konnten wir auf eine Einreisegenehmigung für Nepal hoffen, insbesondere da die nepalesischen Behörden angesichts kürzlicher Unruhen im Land eine reine Frauengruppe wahrscheinlich nicht unterstützen würden.

Wir sahen keine großen Chancen auf eine Empfehlung des Himalaya-Ausschusses: Erstens waren wir Frauen, und zweitens zählten wir nicht annähernd zu den englischen Top-Bergsteigern. Zu unserer großen Begeisterung und Dankbarkeit schien jedoch keiner dieser Punkte eine ausschlaggebende Rolle zu spielen. Unsere allgemeine bergsteigerische Erfahrung im Hochgebirge und auf Bergtouren fiel augenscheinlich mehr ins Gewicht.

Wir hatten ein Empfehlungsschreiben vom Auswärtigen Amt an die Britische Botschaft in Kathmandu, die in direktem Kontakt zum nepalesischen Außenministerium stand.

Andere maßgebliche Autoritätspersonen zeigten sich verständlicherweise nicht so zuversichtlich, was das Gelingen unseres Vorhabens anging. Manche prophezeiten uns auch, dass wir die Berge gar nicht erst erreichen, sondern schon auf dem Weg dahin umgebracht, ausgeraubt oder vergewaltigt würden. Besser Informierte wollten wissen, dass wir zwar bei den freundlichen Bewohnern der Gebirgsausläufer vollkommen sicher waren, dachten jedoch, dass wir in den Bergen selbst Schaden nehmen würden. Wieder andere vertraten die Ansicht, dass die Sherpas, deren Auftreten sich radikal geändert hatte, seit sie durch die Besteigung des Everest* ins Rampenlicht gerückt waren, uns an einem kritischen Punkt unseres Marsches einfach im Stich lassen würden.

Es vergingen Monate, bevor wir erfuhren, dass unser Gesuch erst nach Vorlage einer weiteren aussagekräftigen Referenz an die Nepalesen weitergeleitet würde. Unsere Bergsteigererfahrung wäre ja schön und gut – aber was würden wir mit einem betrunkenen Sherpa anfangen?

Monica begegnete diesen Einwänden überzeugend mit dem Hinweis darauf, dass Esmé Speakman als Mitglied einer Wohlfahrtsorganisation während des Krieges der Befreiuungsarmee in die Niederlande und nach Deutschland gefolgt war. Außerdem berichtete sie von den Klettertouren in Nord-Norwegen, die Evelyn und ich unternommen hatten und auf denen unser Hauptproblem die andauernde zudringliche Aufmerksamkeit betrunkener Lappen in den Basislagern war. Wir gingen aus dieser »Zwangslage« mit Anstand und davon unbeeinträchtigten internationalen Kontakten hervor. Monica selbst verbrachte einen Großteil ihres Lebens in Indien und sprach fließend – wenn auch grammatikalisch unvollkommen – Hindustani. Auf

* Durch Sherpa Tenzing Norgay im Jahr 1953 (Anm. d. Übers.)

ihrer vorherigen Himalaya-Expedition war sie sehr gut mit den Sherpas ausgekommen und hatte als Vermittlerin zwischen dem Expeditionsleiter und dem *sirdar* fungiert.

Noch eine weitere, ganz zufällig auftauchende Tatsache beeinflusste die Situation zu unseren Gunsten: Ich war früher einmal per Anhalter mit einer anderen Frau durch die Alpen gereist, und wir hatten uns unterwegs mit kommunistischen LKW-Fahrern, einem sehr emotionalen Rechtsanwalt und einem Wanderzirkus herumgeschlagen ...

Dieses Mal wurde unser Antrag an die nepalesischen Behörden weitergereicht. Da wir davon ausgingen, vor unserer Abreise keinen Bescheid zu bekommen, kümmerten wir uns einfach weiter um die detaillierte Organisation unserer Tour.

Wir hatten einen wichtigen Grundsatz vernachlässigt, den W. H. Murray einmal folgendermaßen formulierte: »Wenn man eine Expedition, beispielsweise in den Himalaya, unternehmen will, sollte man sich darüber im Klaren sein, dass man sich zuallererst mindestens 350 Pfund zusammensparen muss – oder jemanden davon überzeugen, einem diesen Betrag zur Verfügung zu stellen. Vorher ist an Aufbruch nicht zu denken.«

Das war 1951. Die Kosten im Himalaya sind seither gestiegen. Heute muss man mit 450 Pfund (pro Person!) kalkulieren.*

Ganz ohne Geld waren wir nicht aufgebrochen: Esmé Speakman hatte uns, obwohl sie nicht mitkommen konnte, ein großzügiges Darlehen gegeben. Aber wir hatten immer noch nicht annähernd genug für eine Expedition. Außerdem fehlte uns die Zeit, es anzusparen. So blieb uns nur die Möglichkeit, jemanden zu überzeugen, uns zu sponsern.

Diese schwierige Aufgabe übertrugen wir Monica, da sie in der Großstadt London lebte. Wir wussten, dass uns als erster reiner Frauenexpedition im Himalaya ein gewisses Öffentlichkeitsinteresse sicher war. Allerdings wollten wir uns auch nicht

---

* 1951 entsprachen 350 britische Pfund etwa 4100 DM. 1956 waren 450 Pfund etwa 5300 DM.

als billige Schaunummer verkaufen. Wir verdanken es letztendlich einem gewissen sportlichen Interesse bei Redaktionen und Verlagen, dass wir überhaupt bis zum Jugal Himal kamen. Aber erst kurz vor unserer Abreise hatten wir dieses Problem endlich gelöst.

Monica kümmerte sich auch um die vier Sherpas, die wir nicht als Führer – in unerforschtem Gebiet kann es keinen Führer geben –, sondern als Lastenträger brauchten. Sie schloss Versicherungen für sie ab, beantragte zollfreie Einreise- und Ausfuhrgenehmigungen, besorgte eine Erlaubnis der Bank of England, genug Geld nach Nepal mitnehmen zu dürfen, und Kartenmaterial. Nach einer Weile begann sie, alles in dreifacher beziehungsweise in vierfacher Ausfertigung zu sehen.

Ich plante die Lebensmittelversorgung, beschaffte die gesamte Expeditionsausrüstung und erstellte Listen, was jede von uns an persönlichen Gegenständen mitzunehmen hatte.

Stuart Bain von der Firma Andrew Lusk & Co, der viel Erfahrung bei Expeditionen zum Everest, Kangchenjunga und in die Antarktis gesammelt hatte, übernahm das Verpacken und Verschiffen unserer Vorräte und eines Teils der Ausrüstung. Auf seinen Rat hin stellte ich einen genauen Plan auf und verteilte die verschiedenen Lebensmittel so, dass in jeder Kiste ein kompletter Wochenvorrat verpackt war. Sollte eine Kiste zum Beispiel in einen reißenden Fluss fallen, würden wir auf diese Weise nicht alle unsere Suppen oder Marmeladegläser verlieren. Außerdem musste ich darauf achten, eine besondere Auswahl für die Wochen hoch oben in den Bergen zu treffen, wo wir der Höhe entsprechende Rationen benötigen würden.

Diese Aufgabe war schwieriger, als man vielleicht denkt: Gerade wenn ich ein wirklich wunderschönes Set auf meiner Liste zusammengestellt hatte, kam Stuart Bain und erklärte: »Du kannst nicht 500 Gramm Kekse in Kiste 7 packen. Kekse gibt es nur in 1-Kilogramm-Packungen.« Oder Evelyn, deren Kommentare immer mit »ich esse alles . . .« begannen, schaute mir über die Schulter und schränkte diese Aussage bei fast allen Artikeln auf meiner Liste sofort wieder ein. »Wir sollten unbedingt noch Süßigkeiten mitnehmen«, beendete sie schließlich ihre Überprüfung, »falls wir uns mal niedergeschlagen fühlen.« Der Menge und Auswahl der vorgeschlagenen Süßigkeiten nach zu urteilen, rechnete sie nicht damit, dass die Expedition besonders fröhlich verlaufen würde. Zu guter Letzt kam dann Monica und sagte vorwurfsvoll: »Du hast nur 24 Büchsen mit Sardinen. Ich *liebe* Sardinen.«

Unsere Kletterausrüstung mussten wir auf ein Minimum beschränken und nur die allernötigsten Dinge mitnehmen. Daunenkleidung konnten wir uns nicht leisten, und glücklicherweise war kein Sauerstoff für die von uns angestrebten Höhen notwendig.

Sehr viel kostete uns die Ausrüstung für die Sherpas, die wir zu stellen hatten. Da wir nicht wussten, dass auch die Ansprüche der Sherpas gestiegen waren, kauften wir nur gebrauchte Sachen.

Früher hatten schottische Expeditionen triumphierend die Glasgow Barrows, einen Secondhand-Markt, aufgesucht, wo man Stiefel, Windjacken, Reisetaschen und Schutzbrillen zu unglaublich günstigen Preisen aufstöbern konnte. Aber diese glücklichen Tage waren vorbei. Meine einzige Errungenschaft waren einige wollene Unterhemden. Ich wage zu behaupten, dass unsere Sherpas die ersten waren, die ihre Sachen von den Expeditionsteilnehmern selbst gewaschen, gelüftet und geflickt erhielten.

Jedenfalls war es ein besonderer Glücksfall, dass ich von einem Billigverkauf langer Männerunterhosen erfuhr: Eine Kameradin aus unserem Bergsteigerinnenclub stürzte sofort los, stellte sich viermal hintereinander in die Schlange (die Hosen wurden nur einzeln verkauft) und sicherte uns so die günstigen Preise.

Viele Firmen stellten uns kostenlos oder zu speziellen Konditionen Lebensmittel und Ausrüstung zur Verfügung. Manche Hersteller wiesen uns sogar darauf hin, dass wir noch nicht ausreichend versorgt wären, was besonders großzügig war, da Himalaya-Expeditionen immer populärer wurden und alle offensichtlich zur gleichen Zeit wie wir als Bittsteller unterwegs waren.

Abgesehen von den anfänglichen Akzeptanzproblemen bekamen wir jedoch von allen Seiten tatkräftige Unterstützung, egal ob von Geschäftsleuten, staatlichen Angestellten oder englischen, indischen und nepalesischen Beamten. Viele Vereinbarungen und Genehmigungen wurden sogar speziell für uns ausgestellt. Ohne Zweifel hatten wir als Frauen einige Vorteile, obwohl wir diese Tatsache niemals bewusst einsetzten, um eine Sonderbehandlung zu genießen. Die Leute waren entweder aufrichtig an unserem Abenteuer interessiert, oder sie wollten uns zumindest keine Steine in den Weg legen und für unsere Schwierigkeiten verantwortlich sein, oder sie hatten Angst, uns am Hals zu haben, falls etwas passierte.

Evelyn, die neben ihrer Arbeit in einer Schwangerschaftsklinik die wenigste Zeit erübrigen konnte, informierte sich über

Beim Einpacken der Ausrüstung in einem Glasgower Speicher

Tropenmedizin, sorgte dafür, dass wir alle ausreichend geimpft wurden, und kümmerte sich mit Hilfe der wertvollen Beratung von Himalaya-erfahrenen Arztkollegen und Pharmazeuten um unsere Reiseapotheke und medizinische Ausstattung. Ich fand es recht unfair, dass ich ihre Listen im Gegenzug nicht kritisieren und verbessern konnte, da sie für mich leider aus lauter geheimnisvollen Dingen bestanden, mit denen ich überhaupt nichts anfangen konnte. Aber als Evelyn einmal hochtrabend erklärte, sie »habe genug Antacid dabei, um ein ganzes Kriegsschiff zu versenken«, nützte ich die Gelegenheit, um zu entgegnen: »Ich habe genug Trockengemüse, um die gesamte Expedition zu versorgen, was ja wohl wichtiger ist.«

Immer wieder musste ich alles auflisten und bewerten: für das englische Hochkommissariat in Neu-Delhi, für die Verpackungsleute, die indischen Zollbehörden, den Handelsausschuss, die P&O-Dampfschiffsverkehrsgesellschaft und – so kam es mir zumindest vor – für alle ihre Freunde. Wir waren versucht, unsere neu gewonnene Gerissenheit einzusetzen und alle Artikel zweimal zu bewerten: einmal für den Zoll, an den wir im Verlustfall den festgesetzten Warenwert zu bezahlen hätten, und einmal für die Versicherungsleute, die uns den dadurch entstandenen Schaden wieder ersetzen würden. Im letzten Moment entdeckten wir aufgrund dieser »Jonglierereien«, dass wir Topfkratzer und Seife vergessen hatten.

Es fiel sehr schwer, während dieser ganzen Organisationsangelegenheiten körperlich im Training zu bleiben. Angesichts der kurzen Strecke von Kathmandu zu dem von uns gewählten Gebiet war das jedoch besonders wichtig. Evelyn und ich gingen an den Wochenenden so oft wir konnten klettern oder Ski fahren und beließen es dabei. Monica, die in London lebte, konnte nicht so oft in die Berge fahren, strengte sich dafür aber im Vergleich zu Evelyn und mir umso mehr an. Jeden Morgen rannte sie eine Runde im Regent's Park. Es war noch so dunkel, dass sie über die schlafenden Enten stolperte, aber die sichtbaren Erfolge rechtfertigten ihr umfangreiches Programm. Es erscheint mir auch nicht mehr lächerlich, bei der Beantragung der Klettererlaubnis im Himalaya als Tätigkeit »Hausfrau« angegeben zu haben – eine sitzende Arbeit, die einen in schlechtem Training hält.

Wir achteten darauf, unsere Pläne nicht an die große Öffentlichkeit zu bringen, da wir übermäßige Publicity und unangemessene Berichterstattung in der Presse befürchteten. Unsere Erwartungen waren bescheiden, und es bestand immerhin die Möglichkeit, dass wir scheiterten. Zu dieser Zeit nannten wir uns die »Nacht-und-Nebel-Expedition«. Evelyn, der Geheimnistuerei eher fremd ist, hatte großen Spaß daran, gab überall versteckte Hinweise und erzählte den meisten unserer Freunde, unter dem Siegel der Verschwiegenheit, alles über unser Projekt.

Dann erfuhren wir aus Kathmandu, dass unser Antrag endlich bestätigt war. Wir mussten uns an die Idee gewöhnen, dass es nun also tatsächlich losging. Außerdem sahen wir uns mit einer weiteren, eher beunruhigenden Tatsache konfrontiert: Bei Erhalt der offiziellen Bekanntgabe stellten wir fest, dass unsere Erlaubnis nur für den Jugal Himal galt. Raymond Lambert und ein belgischer Wissenschaftler hatten eine Genehmigung für den Langtang Himal bekommen, und die nepalesische Regierung wollte verständlicherweise nicht mehr als eine Expedition gleichzeitig in einem bestimmten Tal zulassen, aus Angst, die örtliche Wirtschaft durcheinander zu bringen. Also mussten wir unsere Planung in letzter Minute noch einmal völlig umstellen. Aber wir würden einen Weg in den Jugal Himal finden!

Das nötige Kartenmaterial für Nepal sollten wir in Neu-Delhi bekommen, aber die indische Regierung erlaubte nicht, es außer Landes zu bringen, und in England gab es unseres Wissens keine Unterlagen über unser Zielgebiet. Monica war Mitglied der Königlichen Gesellschaft für Geografie geworden und hatte entdeckt, dass man sämtliche Karten von Nepal in deren Bibliothek einsehen konnte.

Die Karte vom Jugal Himal schien Tilmans Bericht zu bestätigen. Es gab keine Dörfer in unmittelbarer Bergnähe – Tempathang liegt auf 2500 Metern Höhe – und keine Pässe über die Hauptkette. Darin unterschied sich diese Gegend eindeutig vom Langtang Himal oder der Everest-Region. Der Balephi-Khola-Fluss, der den Jugal Himal durchzieht, und seine Nebenflüsse graben tiefe Schluchten. Wahrscheinlich würden wir Tage damit verbringen, bis wir beim Aufstieg auf der einen Seite einen Übergang über das reißende Wasser finden würden. Dann wieder das Gleiche beim Abstieg auf der anderen Seite – und auf dem ganzen Weg würden wir womöglich auch noch Trägerprobleme haben.

Das Innere des Jugal-Hufeisens ähnelte einem Nanda-*devi*-Heiligtum, und der Himmel allein wusste, ob wir überhaupt jemals dahin gelangen würden und, wenn ja, heil wieder heraus.

Kathmandu – Stadt mit vielen Gesichtern

Wir kamen am Samstag, dem 2. April, in Bombay an und wurden von einem älteren Parsen mit einem glänzenden schwarzen Hut an Bord unseres Schiffes gebracht. Er stellte sich als der von uns engagierte Agent vor, der uns bei den Zollformalitäten behilflich sein sollte, und unser Mut sank, denn er entsprach nicht unbedingt dem Bild eines dynamischen, umgänglichen und fähigen Zeitgenossen, so wie wir uns ihn vorgestellt hatten. Wir fanden jedoch bald heraus, dass dynamische Leistungsfähigkeit im Vergleich zu Geduld und Gerissenheit beim Umgang mit den indischen Zollbehörden recht wertlos ist, und gewannen einen guten Freund in dem alten Herrn.

Vor dem Zoll mussten wir jedoch erst einmal an unser Gepäck herankommen. Die P&O-Dampfschiffverkehrsgesellschaft dachte bei dem Wort Expedition anscheinend in Größenordnungen, wie sie für den Everest oder Kangchenjunga nötig sind, denn alle Expeditionen mussten ihre Ausrüstung als Frachtgut deklarieren. Unsere wenigen Kisten und Gepäckstücke sahen hingegen im Frachtraum wahrscheinlich sehr unbedeutend aus.

Man sagte uns, dass Frachtgut immer in kleinen Booten an Land gebracht wurde, die manchmal tagelang im Hafen herumdümpelten, bevor man sie schließlich an irgendeinem weit entfernten Kai entlud. Ein dicker mittelgroßer Mann erklärte uns, dass unsere Sachen wahrscheinlich schon verladen wären. Zukünftigen Expeditionen unserer Größenordnung möchte ich dringend raten, ihre Ausrüstung als Haushaltszubehör auszuweisen, denn sollte jemand die außergewöhnliche Idee haben, ein Haus auf einem Gletscher zu errichten, sind Kompass, Schlafsäcke und Seile wichtige Einrichtungsgegenstände.

Am Montag fanden wir unsere 32 Kisten schließlich unversehrt in einem Stapel am Pier, allerdings waren sie nun in Händen der Zollbehörden, die mit der Abfertigung keine Eile hatten. Um nicht hundert Prozent Steuern auf unser gesamtes Gepäck zahlen zu müssen, hatten wir einen komplizierten Schuldschein zu unterschreiben. Gedanken an einen frühen Monsun-Einbruch und die Vorstellung, unser Rückweg aus den Bergen könnte von reißenden Gebirgsflüssen abgeschnitten werden, veranlassten uns dazu, uns nicht auf unseren weiblichen Charme zu verlassen, sondern die gewünschten Listen und Genehmigungen noch bevor sie angefordert wurden abzuliefern. Das war die richtige Taktik, denn die Beamten hatten uns für unerfahren und naiv gehalten, und unser Vorbereitetsein warf sie buchstäblich um: Am Ende des Tages hatten sie die Dramatik der Situation erschöpfend ausgekostet, und die Kisten gehörten uns. Wir hatten diese Angelegenheit in Rekordzeit geschafft!

Innerhalb der nächsten Stunde zogen wir uns um, packten unsere persönlichen Sachen und nahmen triumphierend den Postzug nach Delhi. Unsere Freunde, bei denen wir übernachtet hatten, entließen uns mit unverhohlener Erleichterung. Als wir versprachen, Fotos zu senden, antworteten sie schwach: »Vielen Dank, aber wir haben schon genug Erinnerungen an diese Expedition.« In den folgenden Tagen kamen auch wir immer mehr zu dieser Ansicht.

Unser Weg führte nach Norden durch eine Ebene, die wie eine immense rissige Betonplatte aussah. Die Bahnstationen wurden immer kleiner und die Zeit zum Umsteigen in andere Züge mit unseren 32 Kisten verkürzte sich ständig.

Im Frauenwarteraum von Lucknow waren einige Herren, vor denen die anwesenden Frauen pflichtbewusst ihre Schleier senkten. Es gab auch einen Warteraum für Männer, in dem sich ein paar Frauen fröhlich unterhielten; es schien also egal zu sein, welchen man wählte. Affen kreischten vor den Fenstern, und im Bahnhof roch es übel, es war laut und unerträglich heiß. Als wir etwa zwei Monate später auf unserer Rückreise wieder nach Lucknow kamen, rief Evelyn begeistert: »Was für ein wunderschöner Bahnhof!« Ein Zeichen, wie sehr sich unsere Maßstäbe in der folgenden Zeit veränderten.

Unseren Tiefpunkt erreichten wir in Saguali, einem Außenposten unweit der nepalesischen Grenze in der heißen, malariagefährdeten Terai-Ebene. Wir verpassten unseren Anschlusszug dort um eine Stunde. Damals waren indische Züge noch nicht so pünktlich wie heute, und der Bahnhofsvorsteher hatte keine Möglichkeit, den Zug aufzuhalten. Den größten Teil des Tages verbrachten wir auf einer Plane liegend im »Warteraum für Damen der gehobenen Klasse«. Evelyn und ich hatten bis dahin keinerlei Verständnis für die Mentalität der Leute aufbringen können, die in Indien massenweise auf Straßen und Plätzen »herumliegen«. Jetzt waren wir selbst in genau der gleichen Lage und fanden es sogar zu anstrengend, die unzähligen Fliegen zu vertreiben.

Irgendwann kam schließlich der Abendzug und brachte uns über die diesige, vom Mond beschienene Terai-Ebene nach Raxaul an der indisch-nepalesischen Grenze. Ein junger Mann, Mitglied der adligen Rana-Familie aus Nepal und gerade zurück von seinem Urlaub bei der indischen Handelsmarine, war auf der Fahrt mit uns ins Gespräch gekommen. Er nannte uns »Schwestern« und schenkte uns Souvenirs und Fotos – auf einem war ein riesiges Porträt von Königin Victoria über einigen königlichen Hoheiten aus Nepal im Inneren eines Rana-Palastes zu sehen. Außerdem redete er unaufhörlich über Religion und die Politik seines Landes und sang uns Lieder aus Japan, Jugoslawien und aus Broomielaw vor. Wir waren zu erschöpft, um ihm zuzuhören.

In Raxaul führte uns ein liebenswerter kleiner Nepalese, der stotterte, zum Bungalow der indischen Botschaft, wo wir uns in einer großen, in gefülltem Zustand sehr lauten Zinnbadewanne wuschen und danach unter unseren Moskitonetzen sofort in tiefen Schlaf fielen.

Wir wollten über die Dschungelgebiete des Terai und das Himalaya-Vorgebirge nach Kathmandu fliegen. Damals führte noch keine Fahrstraße zu der nepalesischen Hauptstadt, obwohl das indische Militär gerade dabei war, eine zu bauen, breit genug für Dreitonner. Sie wurde gerade rechtzeitig fertig, um stellenweise von den beginnenden Monsun-Regenfällen wieder weggewaschen zu werden. Die einzige Alternative zum Fliegen waren die Saumpfade, die bis auf eine Höhe von 2100 Metern und dann ins Kathmandu-Tal hinunter führten. Sie stellten seit Jahrhunderten die einzige Verbindung zur Außenwelt dar. Eigentlich hätten wir gern diesen traditionellen Zugang benutzt, aber man benötigte zwei Tage oder mehr, wenn die Seilbahn für das Gepäck überlastet oder wegen eines Ruhetags geschlossen war. Beides schien bei unserer Ankunft der Fall zu sein.

Die Nepalesen sind so eifrig um ihr Land bemüht, dass ausländische Unternehmen meist keine bleibenden Bauwerke errichten dürfen und sie sogar Missionskrankenhäuser mit Misstrauen betrachten. An dem kleinen Behelfsflughafen standen daher nur Grashütten – kein Kontroll-Tower und kein Funk. Ein Pilot nahm seinen Kollegen, einen Sikh, dem die Flugroute offensichtlich noch unbekannt war, beiseite. Er deutete vage in den Nebel, und wir hörten ihn zu unserem Schrecken sagen: »Steuere das Tal dort an und folge ihm.«

Unser Flugzeug tanzte zwischen den Bergen auf und ab und drehte manchmal so scharf ab, als böge es um eine Straßenecke. Selbst wenn wir ab und zu aus den Tälern auftauchten, konnten wir die dahinter liegenden Gebirge nicht erkennen, da sie in Wolken gehüllt waren. Aber wir konnten warten.

Bei der Landung in Kathmandu spürten wir, dass wir ein gelobtes Land betraten. Wie junge Männer, die traditionsgemäß ausziehen, um ihr Glück zu suchen, hatten wir fast unmögliche Aufgaben bewältigt, waren den geheimnisvollen Anweisungen unserer inneren Stimme gefolgt und reich belohnt worden.

Das fruchtbare Kathmandu-Tal liegt etwa 1400 Meter hoch und erstreckt sich über eine Fläche von 14 Kilometern Breite und 24 Kilometern Länge. Dreieinhalb Prozent der Bevölkerung, die lesen und schreiben können, konzentrieren sich dort, das heißt es ist der einzige Teil Nepals, der politisch gesehen von Bedeutung ist. Der Rest des Landes liegt zu weit entfernt und ist zu »rückständig«, um eigene Ansichten zu vertreten oder sich darum zu kümmern, wer an der Macht ist.

Jahrhundertelang lag dieses Tal von Bergen eingeschlossen im Himalaya, zusätzlich abgekapselt vom Rest der Welt durch ein Einreiseverbot, das die machthabende Rana-Familie erlassen hatte. Sie wollte damit verhindern, dass ihr Land mit dem westlichen Lebensstil in Berührung kam, was man ihr generell eigentlich nicht vorwerfen kann. Allerdings geschah es zum Teil auch, weil sie durch westliche Einflüsse ihre Autorität gefährdet sah. Von Indien war das Tal jedoch nie abgeschnitten, und so verbreiteten sich durch Radio Delhi, indische Zeitungen und die wenigen Reisenden, die es schafften, eine Einreisegenehmigung nach Nepal zu erhalten, Vorstellungen über Landreformen und Wahlen. 1950/51 wurde die unterdrückende Vorschrift der Ranas endlich abgeschafft. Der König, bis dahin eine reine Marionette der Machthaber und nur im Amt, weil er für religiöse Zeremonien als Inkarnation des Gottes Vishnu unerlässlich war, wurde das wirkliche Staatsoberhaupt.

Dieser König starb kurz bevor wir nach Indien abreisten, und bei unserer Ankunft in Kathmandu begegneten wir vielen Einwohnern mit rasierten Köpfen als Zeichen ihrer Trauer. Sein Sohn, der als aufrichtiger und fähiger Mann galt, sollte ihm nachfolgen. Er sah sich einer schwierigen Aufgabe gegenüber: dem Versuch, jahrhundertealte Entwicklungen zu umgehen und aus Nepal einen modernen Staat zu machen, trotz der 150 000 politisch orientierten Einwohner, die sich in sage und schreibe 69 Untergruppen aufgeteilt hatten, und eines öffentlichen Verwaltungsapparats, der völlig unzulänglich und im Grunde überhaupt nicht existent war.

Unsere einzige Erfahrung mit dieser Verwaltung hatten wir an unserem Abreisetag bei dem Versuch, für Evelyn als Erinnerung einen nepalesischen Führerschein zu beantragen. Der springende Punkt des Tests war eine Frage nach der Straßenverkehrsordnung: »Wie verhalten Sie sich, wenn Sie den königlichen Wagen näher kommen sehen?«

»Ich fahre langsamer und halte an«, antwortete Evelyn auf gut Glück.

»Ausgezeichnet. Sie haben bestanden. Ihre Fahrerlaubnis werden Sie in den nächsten Wochen erhalten.«

Auf der Polizeidienststelle, wo wir die Angelegenheit beschleunigen wollten, war die Hölle los, und jeder, der sich dort einen Job gesichert hatte, saß mit den Füßen auf dem Tisch da und freute sich seines Schicksals. Evelyns Unterschrift wurde als zweifelhaft angesehen, und man verlangte zusätzlich einen Daumenabdruck und den Nachweis von Muttermalen.

Am Flughafen empfing uns Herr Price von der englischen Botschaft und der Manager unseres Hotels. Unser Sherpa-Sirdar Mingma Gyalgen war auch bei ihnen, stolz und schwitzend in seinen Stiefeln und mit einer Kapuzenmütze, als Zeichen seines Standes. Wir mochten ihn sofort, und auch er schien, seinem warmen Händedruck nach zu schließen, erfreut, uns zu sehen. Er kam gerade von einem Auftrag als Träger vom Kangchenjunga zurück und brachte gute Wünsche von Tom McKinnon und seinem Team. »Ich kenne Mingma gut«, schrieb Tom. »Ihr könnt keinen besseren Mann bekommen.«

Wir wurden dem Oberbefehlshaber der nepalesischen Armee und dem Außenminister vorgestellt. Keiner der beiden trug eine dieser Paradeuniformen des 19. Jahrhunderts, von denen wir gelesen hatten und die Merkmale der englischen Dragoner- und der französischen Husaren-Uniformen mit orientalischer Pracht – glitzernden Pantoffeln und juwelenbesetzten Säbeln – verbanden. Trotzdem hatten beide Männer eine sehr aufrechte militärische Haltung und ein so untadeliges geschliffenes Auftreten, dass wir uns in unseren Reisejeans gänzlich unpassend gekleidet fühlten.

Wir wurden durch den nepalesischen Zoll geschleust und mit unserer gesamten Ausrüstung in einen Lastwagen verfrachtet. Ein oder zwei lächelnde Nepalesen sprangen mit auf und taten so, als ob sie den Auftrag hätten, sich um das Gepäck zu kümmern. Später fanden wir jedoch heraus, dass sie einfach nur eine Mitfahrgelegenheit gesucht hatten.

Während wir auf diesem Lastwagen hin und her geworfen und gehörig durchgeschüttelt wurden, bekamen wir einen ersten Eindruck von Kathmandu. Wir sahen die gewaltigen Paläste mit ihren Säulengängen, die den Ranas in ihrer Regierungszeit gehört hatten. Einige waren mittlerweile zu Büros umfunktioniert worden. Sie sahen recht verwahrlost aus und benötigten dringend einen neuen Anstrich. Wir fuhren an prunkvoll gestalteten Tempeln auf offenen Plätzen vorbei, erbaut von *newar*-Künstlern, die vom Hinduismus und Buddhismus und von indischer und chinesischer Kunst inspiriert worden waren. Die Wohnhäuser hatten schön geschwungene Mauern und Fensterrahmen und seltsame Götzenbilder als Ecksteine. Da sie

Tempel auf den offenen Plätzen Kathmandus. Ihre Bauweise wirkt chinesisch beeinflusst, was die Bewohner jedoch bestreiten.

von kleinen Menschen erbaut waren, hatten sie enge Treppenhäuser und streichholzschachtelgroße Räume, und innen mussten sogar Nepalesen auf ihre Köpfe aufpassen. Die ganze Stadt war viel weitläufiger und schmuddeliger, als wir von Fotos her erwartet hatten, aber sie gefiel uns trotzdem.

Die Einheimischen trugen reithosenähnliche Hosen aus Baumwolle, darüber ein langes Hemd mit Seitentaschen unterhalb der Taille und die typischen kleinen nepalesischen Hüte, entweder in Schwarz oder aus steifer Baumwolle in fröhlichen Farben. Diese Hüte werden jedoch ausschließlich von Männern getragen, und wir erregten großes Vergnügen, als wir sie auf einem Basar anprobierten. Die Frauen tragen Saris, und einige Damen der oberen Schicht, denen wir begegneten, waren stark geschminkt: viel Puder für einen blassen Teint und kräftiges Rouge auf den Wangen.

Unser Hotel war eher eine Behelfsunterkunft – genau richtig also als Hauptquartier einer Himalaya-Expedition. Bis etwa 1952 gab es überhaupt noch keine Unterkunftsmöglichkeit dieser Art in Kathmandu. Es bestand auch kein Bedarf. Noch 1949 erhielten nur sehr wenige Fremde eine Einreisegenehmigung nach Nepal. Inzwischen ist es vergleichsweise einfach, ein Visum zu bekommen, was die Anzahl der Touristen in und um Kathmandu sicher immer weiter anwachsen lässt. Eine Jugendherberge ist im Gespräch, Ansichtskarten und ein weiteres Hotel in der Nähe des Flughafens von Pokhara, worüber Longstaff 1949 schrieb: »Pokhara – geheimnisumwittert, mit tropischem Klima und in den Niederungen zu Füßen der eindrucksvollen Gipfel des nahen Annapurna gelegen – entzieht sich immer noch unserem Zugriff.«

Wir hatten viel zu erledigen und benutzten den Jeep des Hoteldirektors, obwohl Benzin in Kathmandu fast genauso teuer ist wie Whiskey.

Zuerst trafen wir uns mit dem stellvertretenden Minister, der einen Vermittlungsbeamten für unsere Gruppe bestimmen sollte. Gemäß den Regelungen der nepalesischen Regierung muss auf jeder Expedition ein solcher Verbindungsmann dabei sein, der übersetzt und beim Umgang mit der einheimischen Bevölkerung behilflich ist. Wir hatten erwartet, dieser Mann würde ein stämmiger Gurkha-Unteroffizier sein, behängt mit *kukri**-Messern und anderen Waffen. Nun erfuhren wir, dass unser Helfer ein junger Student war, der bald gut Englisch sprechen würde und der Erfahrungen in Naturgeschichte und Bergsteigen sammeln wollte. Sein naturgeschichtliches Interesse konnten wir noch akzeptieren, aber wir fühlten uns nicht imstande zu versprechen, einen Anfänger mit in die Berge hinaufzunehmen, wo unter Umständen schwierige und gefährliche Gletscher auf uns warteten. Außerdem hatten wir keine Bergsteigerausrüstung für den Jungen. So kamen wir schließlich überein, dass er uns nur bis zum Basislager begleiten sollte.

Neben ihrer Bereitschaft, Expeditionen zu unterstützen, war die nepalesische Regierung auch sehr darauf aus, den Kenntnisstand intelligenter junger Einwohner bei diesen Gelegenheiten zu erweitern und nebenbei auch noch Neuigkeiten aus den weiter entlegenen Dörfern zu erfahren, die sonst nur wenig Kontakt mit der Obrigkeit hatten. Diese Einstellung war zwar sehr lobenswert, aber es verstimmte uns ein wenig, dass es *uns* 200 indische Rupien** monatlich kosten sollte.

Auf der Bank wechselten wir Reiseschecks in eine große Menge Münzgeld, da Papiergeld in den abgelegeneren Bergdörfern auf unserer Route möglicherweise nicht akzeptiert würde. Ein Bankangestellter breitete Münzen im Wert von etwa 100 Pfund für uns auf dem Boden aus, ordnete sie in Reihen glänzender Rosetten, während der Bankdirektor einen Vortrag über ausländische Briefmarken hielt. Dieses Thema interessiert anscheinend viele Nepalesen; vielleicht deshalb, weil Nepal kein Mitglied der Welt-Post-Union ist, sondern nur über ein

* Die fremdsprachigen Begriffe werden im Glossar auf Seite 293 erläutert.

** 200 indische Rupien entsprachen in den fünfziger Jahren etwa 180 DM, 100 britische Pfund etwa 1200 DM.

eigenes inländisches Postsystem verfügt – sicher ein großer Vorteil bei Tauschgeschäften.

In der Zwischenzeit teilte Evelyn unsere Ausrüstung zusammen mit den Sherpas in tragbare Lasten auf. Sie befestigten Zelte, Seile und andere Dinge an unseren Kisten und stellten die Ladungen so zusammen, dass sie den Trägern so angenehm waren wie bei knapp 30 Kilo plus ihrer eigenen Ausstattung eben möglich. Wir hatten eine nagelneue Federwaage mitgebracht, aber die Genauigkeit von Mingma, der die Lasten mit Händen und Augen einschätzte, beeindruckte uns so sehr, dass wir dieses Gerät zurückließen. Wir mussten diese Entscheidung später nicht bereuen.

Die ganze Aktion bot Evelyn eine wunderbare Gelegenheit, unsere Sherpas kennen zu lernen, und als Monica und ich dazustießen, verstand sie sich bereits bestens mit ihnen, obwohl sie mit keinem sprechen konnte, außer mit Mingma, der ein bisschen Englisch verstand.

Mingma war zurückhaltend und ordentlich, außerdem besaß er einen gesunden Menschenverstand. Unsere einzigen Bedenken am Anfang waren, ob er genug Autorität gegenüber seinen Männern besitzen würde. Nach seinem Mitgliedsbuch der Himalaya-Bergführervereinigung zu schließen hatte er sowohl als Bergsteiger wie auch als Sirdar viel Erfahrung und kannte den Mount Everest, den Cho Oyu, den Gauri Shankar und viele andere Berge. Dort stand auch, dass er ein exzellenter Koch sei, und nachdem Monica und Evelyn meine Kochkünste kannten und selbst keine Lust hatten, die Küchenpflichten zu übernehmen, lasen sie diesen Abschnitt mit unverhohlener Zufriedenheit.

Mingma brachte seinen Cousin Ang Temba mit. Er war ein lebhafter junger Mann und hatte ein eher einfaches Gemüt. Da er der Unerfahrenste unserer Sherpas war, befürchteten wir, dass er zu unüberlegten impulsiven Handlungen fähig sei und wohl eine feste Hand im Gebirge benötigen würde. Mit dieser Vermutung sollten wir Recht haben.

Chhepala trug sein Haar als Einziger noch nach alter tibetischer Art in einem Zopf, der in rote Wolle geflochten und um seinen Kopf geschlungen war. Das gefiel uns an ihm genauso wie seine Zurückhaltung. Später erfuhren wir, dass er am Everest als launisch gegolten hatte; wir lernten diese Seite an ihm jedoch nicht kennen. Er erwies sich im Gegenteil bald als sehr intelligent. Nie mussten wir ihm etwas zweimal sagen, und wenn er sich für irgendeinen Ausrüstungsgegenstand interessierte – eine spezielle Taschenlampe oder einen Kompass beispielsweise –, nahm er ihn beiseite und fand allein heraus, wie man damit umging.

Ganz anders hingegen unser armer Kusung: Er hatte schon an einigen Expeditionen teilgenommen, allerdings war die von Shipton 1936 geführte Tour die letzte, die in seinem Buch vermerkt war. Wir fragten uns, warum es wohl keine weiteren Einträge gab. Er war jedoch sehr willig und so hilfsbereit, dass er oft angelaufen kam, um zu schauen, was er für uns tun könnte, und dann ganz enttäuscht wieder abzog, weil er die drei schmutzigen Becher auf dem Tisch nicht bemerkt hatte. Wann immer wir Kusung kommen sahen, riefen wir »O Gott« und taten so, als ob wir überhaupt nichts tun würden. Aber wir mochten ihn sehr. Armer alter Kusung! Er war so wunderbar komisch, außer wenn er absichtlich versuchte, komisch zu sein.

Bei den Sherpas waren auch Kusungs Neffe Bahu und seine kleine Tochter Ang Droma. Bahu war ein stämmiger junger Mann, der immer besorgt klingende leise Geräusche von sich gab, auch wenn er vollkommen glücklich war. Ang Droma aber war die Aufgeweckteste der Familie. Sie war eine liebenswerte kleine Person von etwa 16 Jahren. Als wir sie zum ersten Mal trafen, kam sie vertrauensvoll näher, legte ihr Ohr an meine Uhr und lachte voller Entzücken. Ohne Klagen trug sie eine Last, fast genauso groß wie sie selbst, und da sie außer uns die einzige Frau in der Gruppe war, fühlten wir uns ihr besonders verbunden. Bahu und Ang Droma sollten als Träger mit dabei sein.

Ang Droma, unsere 16-jährige Sherpani, die ohne Beschwerden eine 25 Kilogramm schwere Last trug.

Es machte den Sherpas anscheinend nicht das Geringste aus, von Frauen Anweisungen zu erhalten. Sie waren eher geschmeichelt, da sie wussten, dass man sie als zuverlässige Männer zu unserer Begleitung ausgewählt hatte. Das genügte, um sie von Anfang an für uns einzunehmen.

Wir gaben Mingma genug Geld, um Lebensmittel und Tee für die Zeit im Basislager zu kaufen, da die Sherpas offensichtlich ihr eigenes Essen bevorzugten: Reis, *dhal* und *atta*. Nur in höheren Lagen teilten sie unsere Rationen, da sie kompakter und im Gebirge leichter zuzubereiten waren. Während dieser Zeit fanden sie Geschmack an einigen unserer Lebensmittel, mit denen sie ihr eigenes Essen verfeinerten. Einmal verschwand ein Glas Marmelade mit solcher Geschwindigkeit, dass wir uns vorsichtig nach seinem Verbleib erkundigten. »Oh! Die Sherpas haben es gegessen«, sagte Ang Temba mit entwaffnender Offenheit. Mingma sorgte jedoch dafür, dass wir genug Kartoffeln und frische Eier zum Ausgleich bekamen.

Von dem Geld, das wir ihm gegeben hatten, besorgte Mingma außerdem noch eine große Pfanne, in der man Schnee schmelzen und Reis für unsere Bergmahlzeiten zubereiten konnte, und Zigaretten für die Sherpas. Es ist üblich, Zigaretten zu bewilligen, und niemand verriet uns, dass nur Bahu rauchte.

Wir übergaben den Sherpas ihre Ausstattung, die sie ohne Klagen annahmen, obgleich Sherpas anderer Expeditionen in viel schickeren Sachen vor ihnen auf dem Basar herumstolzierten. Außer Kusung hatten unsere Sherpas alle eigene Bergstiefel von früheren Expeditionen, die um einiges besser waren als die schweren Nagelschuhe, die wir uns hatten leisten können. Mit schiefem Lächeln sagten sie nur: »Wir tragen lieber unsere eigenen Schuhe, Memsahib. Sie sind besser.«

Über die roten Luftmatratzen freuten sie sich. Wir hatten die rote Farbe extra gewählt, für den Fall, dass sie sie später an die Kommunisten verkaufen wollten, wie es normalerweise üblich war. Ihre Royal-Air-Force-Überlebensanzüge hingegen verwirrten sie etwas (und sie sahen darin wahrhaftig eher wie Michelin-Männchen aus). Sie vermuteten, dass sie die Dinger beim Klettern in extremer Kälte tragen sollten, und konnten nicht verstehen, warum die Füße zusammengenäht waren. Als wir ihnen erklärten, dass es sich dabei um eine Art Schlafsack handelte, fanden sie das unheimlich komisch und spielten lange Zeit mit den Reißverschlüssen herum, während sie witzige Kommentare machten.

Als alles verteilt war, wollten wir die gemieteten Eispickel und Steigeisen für die Sherpas sehen, die Mingma von Darjeeling mitbringen sollte. Er schaute verständnislos und erklärte, dass man ihm nichts mitgegeben habe. Monica stieß einen Schreckensschrei aus und ließ sich auf eine Reisetasche fallen. Es war nicht ihr Fehler. Man hatte uns im Stich gelassen, denn die Angelegenheit war schon seit langem und sehr eindeutig vereinbart worden. Wenn wir nicht von irgendwoher andere besorgen konnten, würde es uns unter Umständen die ganze Expedition vermasseln – in Kathmandu würden wir jedenfalls vergeblich danach suchen.

Am Ende lieh uns die Geschäftsstelle der Himalaya-Bergsteigervereinigung in Kalkutta freundlicherweise die benötigten »Eisenwaren«, und wir erhielten sie in aller Eile per Flugzeug. Es war zwar eher eine Notausrüstung, aber wir waren sehr dankbar, als wir sie aus den Diplomatenkoffern, in denen man sie schlauerweise versandt hatte, herausholten.

Als endlich alle Vorbereitungen erledigt waren, besuchten wir noch Raymond Lambert, der bald unser nächster Nachbar im Langtang-Gebirge sein würde. Er war mittelgroß und trug spezielle Schuhe, da seine Zehen alle infolge von Erfrierungen, die er sich in den Alpen zugezogen hatte, amputiert worden waren. Wie er behauptete, klettere er nun besser, ohne sie. Er ist ein einfacher Mann mit großer persönlicher Anziehungskraft und kann unglaublich fesselnd und kurzweilig von sich und seinen Vorhaben erzählen.

»Ich bin ein guter Menschenkenner«, bemerkte er. »Wenn ich einmal mit jemandem auf Tour war, kenne ich ihn in- und auswendig.«

Wir erlebten ihn als impulsiv und herzlich, und von seinem Charme sprach man überall in Nepal. Ein kleiner Beamter in Raxaul, der sich mit ihm in den wenigen gemeinsamen englischen Wörtern kurz unterhalten hatte, war untröstlich, dass Raymond auf dem Heimweg eine andere Route nahm. Auch dass wir uns für ein Erinnerungsfoto zur Verfügung stellten, nutzte wenig.

Am Abreisetag kam ein selbstsicherer junger Mann zu uns und stellte sich als unser Verbindungsmann vor. Wir mochten ihn nicht besonders. Er sagte: »Ich möchte gern meine Stiefel sehen, die Sie für mich dabeihaben.«

Der Bursche sah nicht gerade so aus, als ob er einen weiten Fußmarsch durchhalten würde. Außerdem roch er förmlich nach Ärger. In Glasgow hätte er wohl einen Bürstenhaarschnitt und wattierte Schulterpolster getragen. Er hatte keine Empfehlungsschreiben bei sich, und wir vermuteten, dass er sich bei uns einschleichen wollte in der Absicht, dem stellvertretenden Außenminister hinterher zu erzählen, die »Damen hätten ihn selbst ausgewählt«. Darum sagten wir bestimmt: »Wir haben keine Stiefel für Sie, aber es steht Ihnen ein harter Fußmarsch bevor. Bitte stellen Sie sich doch heute Abend mit Ihren Bewerbungsunterlagen vor.«

Wir sahen ihn nie wieder. Stattdessen erschien Murari Bahadur, ein ruhiger Bursche, mit einem Schreiben der Regierung an die jeweiligen Behörden der Bergdörfer. Er sah aus wie fünfzehn, obwohl er, wie wir später herausfanden, verständige zwanzig Jahre zählte, und war so schüchtern, dass er sich nicht traute, uns direkt anzuschauen. Wir dachten, er würde nicht viel Initiative zeigen – was sich als falsch herausstellte –, andererseits würden wir mit ihm bestimmt keinen Ärger bekommen. Zögernd fragte er nach der Verpflegung, was wir ihm aber nicht übel nahmen. Wir klopften ihm auf den Rücken und sagten, er solle am nächsten Morgen mit seinem Schlafzeug und warmer Kleidung wiederkommen.

Uns blieben ein paar Stunden, und wir besichtigten den alten Bodnath-Tempel, den alle Buddhisten, so auch unsere Sherpas, zum Gebet aufsuchen, wenn sie in Kathmandu sind. Er stammt aus dem 5. Jahrhundert v. Chr. und besitzt einen großen *stupa*, der wie eine umgedrehte Puddingform aussieht. Außer dem goldenen Turm obenauf ist er weiß und mit den Augen Buddhas bemalt, denen nichts verborgen bleibt. Die Nase ist für westliche Betrachter sicher merkwürdiger, da sie einem Fragezeichen ähnelt. Um die Füße und Schnitzereien einiger auffallender Hindu-Göttinnen herum befanden sich Gebetsmühlen, und alles war mit bunten Gebetsfahnen fröhlich geschmückt. Die Tochter des vorsitzenden Chinni Lama führte uns herum. Sie war eine lebhafte moderne junge Frau mit einem modischen, bunt gemusterten Brillengestell.

Sie zeigte uns den kleinen Seitentempel mit den permanent brennenden kleinen Butterlampen und erzählte uns von einem jungen Franzosen, der die Gastfreundschaft des gütigen Lamas missbraucht hatte, indem er vorgab, ein Student der tibetischen Sprache zu sein.

»Er mochte unsere Küche nicht«, erklärte sie. »Also fragte er nach Dutzenden von Eiern, um Zucker-Crêpes zu machen. Es sollte eine besondere Überraschung für uns werden, aber leider hatte er nicht die geringste Ahnung von der Zubereitung. Er besaß tatsächlich die Stirn, beleidigt zu sein, als wir nichts davon aßen.«

Sie nahm uns mit hinauf in die oberen Räume, um den Chinni Lama zu treffen, und sagte vertrauensvoll: »Mummy und Daddy sind natürlich sehr altmodisch.« Dann unterhielt sie uns mit tibetischem Buttertee, einem starken Branntwein namens *arrak* und vielen Skandalgeschichten.

An unserem letzten Abend in Kathmandu aßen wir bei Oberst Proud, dem ersten Sekretär der englischen Botschaft, zu Abend, der ein wunderbarer und amüsanter Gastgeber war. Er erzählte uns von der Angewohnheit einiger berühmter Bergsteiger, Dosen mit Läusepulver im Gästeschlafzimmer zurückzulassen, was nicht immer vor Ankunft des nächsten Gastes bemerkt worden war. Oberst Proud war selbst ein begeisterter Bergsteiger und behandelte uns sehr zuvorkommend. Er nahm uns alle Zweifel und versicherte uns, dass die nepalesische Bevölkerung äußerst höflich und freundlich sei. Diese Aussage bewahrheitete sich vollkommen. Im Allgemeinen herrscht bei einigen Stämmen im Westen Nepals und in Tibet eine traditionelle Gesetzlosigkeit, andere sind Händler, die so eingebildet sind, dass sie Fremde nicht einmal grüßen. In Zentral- und Ost-Nepal sind die Menschen jedoch von Natur aus gastfreundlich, und je betrunkener jemand ist, desto höflicher wird er.

Nachdem wir Oberst Proud versichert hatten, dass es uns wichtiger war, heil zurückzukehren, als irgendeinen Berg zu besteigen, verabschiedeten wir uns eilig, um die Ausgangssperre bis um elf Uhr abends einzuhalten. Monica meinte, es wäre doch ein Novum, sich von einem Gefängnis in Kathmandu aus auf eine Himalaya-Expedition zu begeben. Evelyn und ich fanden jedoch, dass unsere Situation auch so schon ausreichend »neuartig« war.

Auf dem Dach der Welt

Am 13. April verließen wir Kathmandu. Trotz des Unheil verheißenden Datums und der Tatsache, dass es an diesem Morgen in Strömen goss, waren wir freudig und aufgeregt. Die Träger kamen um sieben Uhr früh mit dem beauftragten Arbeitsvermittler, der uns versicherte, dass er auf die Bitte des Protokollchefs hin besonders zuverlässige Männer für uns ausgewählt hatte. Es schien eine kraftstrotzende, wenn auch etwas abgerissen aussehende Truppe zu sein. Ihr Sirdar war bei ihnen, und wir mussten ihn wohl oder übel akzeptieren, obschon er uns sofort erklärte, er werde keine Lasten tragen. Er hatte einen traurigen Gesichtsausdruck, und auch wenn manchmal völlig unerwartet ein breites Grinsen seine Züge veränderte, wurden wir das Gefühl nicht los, dass er eigentlich nicht zum Menschenführer geschaffen war.

Es kamen mehr Männer, als wir angefordert hatten, um uns ihre Dienste anzubieten. Das war gut so, denn unsere Ausrüstung war mittlerweile auf 31 Traglasten verteilt, einschließlich des Gepäcks unseres Verbindungsmannes und der Geldkiste, die beide schwerer als erwartet waren. Evelyn, deren Rechenkünste konventioneller als Monicas oder meine sind, zahlte den Männern den üblichen Vorschuss aus und ließ sie per Daumenabdruck quittieren. Erstaunlicherweise gab es keine Streitereien und kein heimliches Austauschen der Lasten untereinander.

Als wir den Namen Tempathang erwähnten, sahen uns alle nur verständnislos an. Wir versuchten es mit Panch Pokhari, einem Pilgerort einige Kilometer westlich von Tempathang.

»Ja«, antworteten sie. »Den Weg nach Panch Pokhari kennen wir.« Hätten wir mehr Erfahrung im Umgang mit Nepalesen gehabt, hätten wir gewusst, dass dies lediglich bedeutete, dass sie den Namen des Ortes schon mal gehört hatten. Stattdessen waren wir beruhigt, außerdem hatte der Regen aufgehört.

Um den durch die Eispickel und Steigeisen verlorenen Tag wieder wettzumachen, hatten wir beschlossen, mit dem Lastwagen nach Sankhu zu fahren, das 13 Kilometer von Kathmandu entfernt lag. Dort endete die holprige Straße, und man kam nur noch auf Fußwegen weiter. Der Lastwagen hielt, und die Träger schafften es auf wunderbare Weise, sich selbst und ihre Lasten irgendwie auf die Ladefläche zu quetschen. Nicht mal mehr ein Büchsenöffner hatte danach Platz im Inneren, und es war wahrscheinlich unmöglich, sich zu kratzen.

Wir folgten im Jeep, nachdem wir zuvor die Reporter abgewimmelt hatten. Es hatte schon zu viel Gerede über spektakuläre Gipfelbesteigungen gegeben, und wir befürchteten weitere unpassende Schlagzeilen, die uns ziemlich dumm aussehen ließen, falls wir den Jugal Himal überhaupt nicht erreichten. Also bestanden wir darauf, dass wir nur ein neues Gebiet auskundschaften wollten und keine weiteren Ziele verfolgten. Aber sie hörten nicht auf uns, sondern fragten immer wieder: »Wie heißt der Gipfel, den Sie besteigen wollen?«

»Werden Sie heute Nacht in Sankhu lagern?«, hakte ein anderer nach.

»Mit Sicherheit nicht«, antwortete ich ungehalten. Wir würden Sankhu um elf Uhr vormittags erreichen. Also lag der größte Teil des Tages noch vor uns.

Allerdings war diese Aussage ein strategischer Fehler: Da sich die Reporter ausrechneten, dass sie uns später in Sankhu nicht mehr vor die Linse bekämen, folgten sie uns sofort. Wir jagten hinter dem Lastwagen her, sie jagten hinter uns her, und obwohl niemand schneller als 60 Stundenkilometer fahren konnte, war die Verfolgungsjagd genauso aufregend wie in einem Gangsterfilm – wegen der Löcher, Spurrillen und Hühner auf der Straße.

Der Lastwagen bot einen alarmierenden Anblick, als wir ihn endlich einholten. Er schwankte bei jedem Ruck so stark hin und her, dass es aussah, als ob die Männer auf der niedrigeren Seite unter dem Wagen hindurchschauen könnten. Nach einem besonders kräftigen Stoß stoppte er plötzlich. Der Fahrer stieg aus und untersuchte demonstrativ das Fahrgestell. Wie sich herausstellte, war es gebrochen. Er schüttelte den Kopf angesichts des Schadens und warf den Männern, die wie Sardinen in der Büchse auf der Ladefläche zusammengepfercht waren, einen vorwurfsvollen Blick zu. Dann stieg er zu unserer Überraschung wieder ein und fuhr weiter.

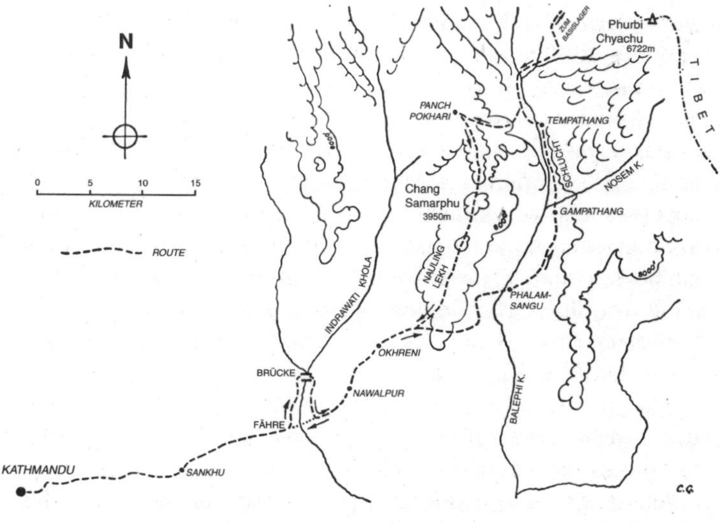

Wir kamen zu dem Schluss, dass das Fahrgestell wohl schon vor unserem Aufbruch defekt gewesen sein musste, und gaben dem Fahrer als Entschädigung 20 nepalesische Rupien* extra. Er ging zufrieden fort.

* In den fünfziger Jahren etwa 12 DM (Anm. d. Übers.)

Es gab keine Hoffnung, Sankhu unbemerkt zu verlassen. Innerhalb weniger Minuten waren wir von einer aufgeregten Menschenmenge umringt. Sie schauten in unseren Jeep und drängten sich auf jedem unserer Fotos ins Bild. Ich fühlte eine suchende Hand in meiner Hosentasche, in der sich zu diesem Zeitpunkt Gott sei Dank nur Seilklemmen befanden. Auch der *barahakim*, der Dorfvorsteher, erschien wichtigtuerisch und erkundigte sich auf Nepali, was denn da vor sich gehe.

Murari übernahm zu unserer Überraschung die Kontrolle der Lage. Er bahnte sich mit unserem Empfehlungsschreiben einen Weg nach vorn und erklärte, dass wir mit Erlaubnis der nepalesischen Regierung hier seien und daher größtmögliche Unterstützung erhalten müssten. Außerdem verhinderte er, dass das wichtige Dokument herumgereicht wurde, und sah dem Barahakim genau auf die Finger, als dieser schwerfällig die einzelnen Details kopierte.

»Drei Frauen?«, schien er verwundert zu fragen, als ob wir nicht vor ihm stünden. »Im Jugal Himal, sagtest du?«

Endlich war er zufrieden und verabschiedete uns mit einem freundlichen »Salaam«. Durch einen Bogengang verließen wir die kopfsteingepflasterten Straßen von Sankhu und gingen hinaus in offenes Gelände. Völlig gefangen von all den neuen Eindrücken kam es uns überhaupt nicht zu Bewusstsein, dass wir nun Zeitungen, Telefone und Radios für ein paar Monate hinter uns gelassen hatten. Wir spürten auch keinerlei Verlangen, zu diesen Errungenschaften des modernen Lebens zurückzukehren. Als wir bei unserer Rückkehr nach unserer Meinung zum Wahlergebnis gefragt wurden, reagierten wir mit einem bedauernswerten Mangel an Interesse: »Welche Wahl?«

Anfangs gingen wir in einem lockeren, leichten Tempo und kamen gut voran. Aber um die Mittagszeit wurde jeder Schattenfleck und jede Bierbude zu einer unwiderstehlichen Verlockung für die Träger – nicht zu vergessen auch die *chautaras*. Chautaras sind gemauerte Rastplätze, die so gebaut sind, dass ein Träger sich zum Ausruhen hinsetzen kann, während seine

Last auf einer erhöhten Brüstung aufliegt. Unsere Träger fühlten einen solch tiefen Respekt und Dankbarkeit gegenüber den Stiftern dieser Chautaras, dass sie sogar beim Abwärtsgehen keinen einzigen auslassen wollten.

Bei dem Versuch, einerseits bei ihnen zu bleiben und andererseits die ganze Gruppe zusammenzuhalten, erkannten wir bald, dass wir keinerlei Erfahrung in diesem »Spiel« besaßen. Wir fanden heraus, dass unser alter Mitstreiter meist vorauseilte und den größten Teil des Tages im Lager genoss, nachdem er zuvor sichergestellt hatte, dass die Sachen, die er zu seiner Bequemlichkeit brauchte, sich im Gepäck der schnellsten Träger befanden. Aber da es in Nepal überall verschiedene Pfade gibt und aus unseren Karten nicht immer hervorging, welchen wir zu nehmen hatten, waren wir gezwungen, bei den Trägern zu bleiben. Die Wege glichen sich sehr: Sie waren alle mit einer dichten glitzernden Staubschicht bedeckt, in der man die Abdrücke von nackten Füßen mit den typischen gespreizten Zehen erkennen konnte. Wir lernten bald, dass ein Träger außer Sichtweite nicht unbedingt in Hochgeschwindigkeit vorauslief, sondern dass wir ihn wegen des Staubs einfach nicht mehr sehen konnten. Natürlich war es eigentlich die Aufgabe des Sirdars, die Träger in Bewegung zu halten. Aber der rannte mit einer Laterne – das Einzige, was er zu tragen hatte! – herum und betrachtete mit Muße die schöne Aussicht. Ab und zu blieb er bei den Nachzüglern zurück, er schien sie jedoch eher zu bemitleiden, als sie zu ermahnen, ihre Lasten wieder aufzunehmen und sich zu beeilen. Nach ungefähr einem Tag fanden die Männer zu einem gleichmäßigeren Tempo und waren immer bereit, um sieben Uhr morgens aufzubrechen und bis um vier oder sogar fünf Uhr nachmittags zu marschieren.

Mingma suchte frühmorgens eine Gelegenheit, mit Monica zu sprechen, um taktvoll etwas über unsere Lebensgeschichte zu erfahren. Sein Wissen gab er an die anderen Sherpas weiter: Einzelheiten über unseren Lebensstil, unsere Familien und unsere beruflichen Tätigkeiten. Ganz besonders interessierten sich alle für Monicas Kinder, und sie waren begeistert, als Monica in einem Anflug von Nostalgie Fotografien von ihnen hervorholte. Mingma fragte uns auch nach unseren Namen, fand sie jedoch wegen seines Sprachfehlers so schwierig auszusprechen, dass er uns am Ende einfach »Betty Memsahib« und »Evelyn Memsahib« nannte. Die Sherpas benutzten diese Namen die ganze Zeit. Monica war die »kleine Memsahib«, obschon sie manchmal einen Beinamen erhielt.

Zu Beginn wanderten wir durch eine wohlhabend aussehende Wohngegend mit schönen Ziegelsteinhäusern, verziert mit kunstvoll geschnitzten Simsen und Fensterstürzen und Blumen an den Fenstern. Die Kinder sahen gesund aus und waren gut angezogen. Trotzdem füllten die Frauen ihre Wassergefäße und wuschen ihre Kleider an einem kleinen Fluss, der praktischerweise auch als Abfluss diente.

Danach folgten wir einem Waldweg zu einer Wasserscheide in etwa 1800 Meter Höhe, von wo aus wir die gesamte Umgebung überblicken konnten. Weit unter uns sahen wir den Indrawati-Fluss, den wir am nächsten Tag überqueren wollten. Die langen abgerundeten Hügelketten verschmolzen in samtenen Braun- und Grüntönen, die in Violett übergingen, je weiter entfernt sie lagen. Sie waren bepflanzt und in Terrassenform angelegt, um Erosionsschäden durch den Monsun zu verhindern – Stufe für Stufe auf Tausenden von Metern in jahrhundertelanger Arbeit herausgehauen. Nur die Anhöhe der Wasserscheide, auf der wir standen, schien nicht zu dieser unendlich geduldigen Skulptur zu gehören. Allerdings sah auch sie gepflegt wie ein Parkgelände aus.

Wir holten unsere Karte heraus und berieten uns mit Mingma und Passanten, die stehen geblieben waren und inzwischen einen großen Kreis um uns herum bildeten. Im Norden hatten wir einen langen Höhenzug ausgemacht, bei dem es sich laut Karte um die Nauling-Lekh-Kette handelte. Ein hoher Kamm, der größtenteils in einer Höhe von über 3000 Metern verlief, verband die einzelnen Gipfel. Sein höchster Punkt war der Chang

Samaphu, der fast 4000 Meter erreichte. Dieser Höhenzug führte direkt nach Panch Pokhari, einem heiligen Platz, der aus fünf Seen besteht und über Tempathang liegt. Wir wollten dem Kamm auf einem Pilgerweg, der auf unserer Karte verzeichnet war, folgen. Nach einem ersten Anstieg würde diese Route kühler und angenehmer als im Tal unten sein und mit Sicherheit reizvoller. Außerdem konnten wir uns auf dem Höhenweg langsam akklimatisieren und gleichzeitig den wundervollen Blick auf den Jugal Himal genießen, was auch bei der Planung, einen Zugang in dieses Gebiet zu finden, von Nutzen sein könnte. Es gab jedoch einen Haken an der Sache. Wasser war auf solchen Gebirgsrücken zu dieser Jahreszeit sehr knapp. Auf der Karte standen neben »Panch Pokhari« die Worte: »Jährlicher Festtag im Juli«. Die Pilger benutzten den Weg nur während dieses Festes, das in der Regenzeit stattfand. Es galt als besonderes Verdienst, Blutegel und aufgeweichte, matschige Pfade zu überwinden – und es gab außerdem genug Wasser.

Wir entdeckten jedoch Schnee in den höheren Lagen. Wenn wir es schafften, dorthin zu gelangen, bevor wir unser Lager errichteten, wäre unser Wasserproblem gelöst. Andererseits wies Mingma uns darauf hin, dass die Träger barfuß nichts durch den Schnee tragen konnten. Sollte der Schnee schmelzen, bevor wir dort ankämen, wären die Träger bereit, mitzukommen. Aber was würde dann aus unserer Wasserversorgung? Wir schienen in einer Sackgasse zu stecken.

Um etwa vier Uhr nachmittags schlug Mingma vor, wir sollten unser Lager am Rand eines Dorfes aufschlagen. Das gefiel uns überhaupt nicht. In diesem dicht besiedelten Gebiet achteten wir selbstverständlich strengstens darauf, dass unser gesamtes Wasser abgekocht wurde, wo auch immer wir lagerten. Aber wir fanden es wirklich nicht nötig, unser Lager direkt vor den Türen neugieriger Zuschauer aufzuschlagen. Sogar hinter dem Dorf war es schwierig, einen unbebauten Platz zu finden. Wir näherten uns hoffnungsvoll einem kleinen Hügel mit hartem Gras und Gestrüpp, doch dann entdeckten wir die Hindu-

Heiligtümer auf seiner Kuppe, so dass wir weitersuchen mussten. Schließlich fanden wir einige rasenbewachsene Terrassen, auf denen jeweils immer ein Zelt Platz hatte. So waren alle zufrieden: Die Schaulustigen hatten eine gute Sicht von den Terrassen über uns – wie bei einem Fußballspiel –, und wir hatten unseren Freiraum.

Wir drei schliefen in Evelyns weit gereistem Palomine-Zelt, die Sherpas benutzten den »Bungalow«, ein sehr geräumiges Firstzelt. Sie waren ganz begeistert und konnten es kaum erwarten, ihre Luftmatratzen aufzupumpen. Als wir das sahen, entschieden wir sofort, dass auch wir Luftmatratzen zu unserer Bequemlichkeit nötig hätten, obwohl wir sie ursprünglich nur bei Schnee und Eis benutzen wollten.

Die Luftmatratzen waren in der Regel Chhepalas Aufgabe. Er verschwendete nicht seine wertvolle Lungenkraft, sondern lernte schnell, wie man die Luftpumpe bedient, indem er die Bilder der Bedienungsanleitung genau studierte. Ang Temba war unser »Tischdiener«, und er erfüllte diese Rolle mit solcher Nonchalance – ein Geschirrtuch über dem Arm, als wäre es eine schneeweiße Serviette –, dass wir manchmal fast erwarteten, er würde uns gleich die Weinkarte vorlegen. Die Medizintruhe wurde mit einer rotweiß karierten Decke feierlich als Tisch arrangiert, und drei Essenskisten dienten uns als Stühle. Später wurde die Tischdecke dann durch verschiedene Sherpa-Tücher zweifelhafter Herkunft, wie dem Geschirrtuch, ersetzt.

Kaum war alles zu unserer Zufriedenheit aufgebaut und überprüft worden, dass das Wasser auch wirklich gekocht hatte, als dunkle Gewitterwolken aufzogen. Grelle Blitze zuckten über den Himmel, gefolgt von grollenden Donnerschlägen, und der Regen trommelte auf unsere Zelte. Die Dorfbewohner ergriffen die Flucht, unsere Träger hinterher, zweifellos zu solideren Unterständen als den unseren. Mingma rannte mit meinem riesigen schwarzen Secondhand-Regenschirm – der seitdem nie mehr mit der anfänglichen Geringschätzigkeit behandelt wurde – von Zelt zu Zelt, und Kusung grub wie ein

Wilder Abflussgräben um die Zelte herum. Aber die Zelte waren dicht, und das Gewitter hielt uns nicht lange wach.

Am nächsten Morgen war die Luft klar und frisch. Wir gingen hinaus und betrachteten die wohlgeformten Bergrücken, die sich nach Norden hinzogen und in blauer Ferne verschwanden. Unsere Augen, die an die schottische Landschaft gewöhnt waren, sahen die verschwommene weiße Linie am Horizont zunächst als Morgennebel oder Wolken an. Erst beim zweiten Hinschauen entdeckten wir staunend und entzückt, dass sich die großartige und gewaltige Bergkette des Himalaya von Osten nach Westen vor uns ausbreitete. Es ist eine Sache, auf der Karte zu sehen, dass es Berge dieser Größe und Anzahl gibt. Eine ganz andere ist es jedoch, ihre einzigartige Schönheit und beeindruckende Form in Wirklichkeit vor sich zu sehen, wobei jeder Gipfel seinen ganz eigenen Charakter inmitten dieser verblüffenden Vielfalt bewahrt.

Um sieben Uhr morgens waren wir abmarschbereit und machten uns auf den Weg hinunter zu einem Nebenfluss des Indrawati. Dort unten sah man schon überall auf den Terrassen das kräftige Grün des keimenden Getreides, und einzelne Feigen- und *peepul*-Bäume wuchsen in einer stattlichen Größe. Wir kamen an einer kleinen Wassermühle vorbei, mit der Mais gemahlen wurde. Der Besitzer führte sie uns vor und fragte uns dann nach einer Zigarette. Es entstand jedoch überhaupt nicht der Eindruck, als ob er etwas erbetteln wollte, er vermittelte uns eher das Gefühl, durch diese Gabe eine Freundschaft zu festigen. Der Weg war stark frequentiert, und die meisten Passanten trugen Lasten. Die Wohlhabenderen hatten Schuhe, obwohl sie sie meist in der Hand trugen. Wir amüsierten uns darüber, dass die meisten zweimal hinschauten und sich nochmals nach uns umdrehten, wenn sie entdeckten, dass wir keine »alltägliche Erscheinung« waren. Je weiter wir gingen, desto weniger waren die Leute an Europäer gewohnt, obwohl wir sogar in Kathmandu einem Mann begegneten, der uns so interessiert beobachtete, dass er vom Rad fiel.

»Sind sie Frauen oder Männer?«, fragten die Leute sich untereinander oder einen unserer Träger. Für sie war dies nicht klar zu erkennen, da Evelyn und ich größer sind als ein durchschnittlicher nepalesischer Mann und wir zudem auf dem Marsch alle Jeans trugen.

Etwa um neun Uhr am Morgen erreichten wir den Indrawati, einen zu dieser Jahreszeit weitgehend ausgetrockneten Fluss in einem breiten Bett aus weißem Sand und Felsbrocken. Trotzdem war der Indrawati ein Fluss, den man nicht unterschätzen durfte und dessen Kraft zu dieser Zeit in einem tiefen, schnell fließenden Mittelteil von etwa 45 Metern Breite verborgen lag. Auf unserer Karte war eine Fähre eingezeichnet, was allerdings nicht hieß, dass sie noch existierte. Wir beauftragten Murari, herauszubekommen, wie wir den Fluss vom nächstgelegenen Dorf an seinem Ufer aus am besten überqueren könnten. Er erfuhr, dass es tatsächlich eine Fähre ganz in der Nähe gab. Unglücklicherweise wusste Mingma, der ein gutes Stück vorausgegangen war, nichts von dieser Fähre und fragte nach einer Brücke. Man sagte ihm, es gäbe eine flussaufwärts, und er eilte in solchem Tempo voran, dass wir ihn nicht mehr zurückrufen konnten. Wir versuchten ihn auf einem Pfad, der einem Felsvorsprung hoch über dem Fluss folgte, einzuholen und kletterten in rasendem Tempo auf und ab. Als Monica ihn schließlich erreichte, war er schon drei Kilometer von der Fährstelle entfernt und erklärte uns, dass die Brücke, nach der er gesucht hatte, gleich um die nächste Biegung sein müsste. Wir zweifelten an der Existenz dieser Brücke, die nicht auf der Karte vermerkt war, aber wir beschlossen verärgert, dass es immer noch besser wäre, ein Stück weiterzugehen und nachzuschauen, als umzukehren. Nach weniger als zwei Kilometern kamen wir tatsächlich an eine Brücke. Allerdings mussten wir feststellen, dass es auf der anderen Seite keinen direkten Weg nach Nawalpur gab, wo wir unser nächstes Lager errichten wollten. Also mussten wir in der Mittagshitze die ganze Strecke auf der anderen Seite des Indrawati bis fast zur Anlegestelle der Fähre zurücklaufen, bevor wir den Weg erreichten, den wir suchten. Der Umweg hatte uns mindestens acht Kilometer gekostet.

Monica wählte einen Moment, als keiner der Sherpas in Hörweite war, um Mingma ruhig ins Gewissen zu reden, weil er ohne uns zu fragen vorausgeeilt war. Sie erinnerte ihn daran, dass *wir* die Karte hatten. Er entschuldigte sich und war ein wenig niedergeschlagen.

»Diese Nepalesen behaupteten, sie wüssten den Weg. Und jetzt können sie ihn überhaupt nicht finden«, sagte er und schob die Schuld geschickt von sich. Es belustigte uns, dass er sich selbst anscheinend nicht als Nepalese sah und die Träger demnach auch nicht als seine Landsleute.

Durch die Hitze im Tal unten waren wir zu erschöpft, um noch schlecht gelaunt zu sein, und zu ausgetrocknet, um Hunger zu haben. Wir hatten unsere Wasserflaschen am Morgen mit abgekochtem Wasser aufgefüllt, aber die kleinen Schlucke ab und zu konnten unseren brennenden Durst kaum stillen. Ich warf einen sehnsüchtigen Blick auf den Fluss und die Träger, die das Wasser mit ihren schmierigen schwarzen Hüten schöpften und es sich dann in den Hals laufen ließen. Sie vertraten den Standpunkt, es hätte bestimmt schon Leute gegeben, die nach dem Genuss solchen Wassers *nicht* an Typhus gestorben seien. Ich warf ein, dass unsere Enthaltsamkeit ein Zeichen von mangelndem Glauben an Vorhersehung und unsere Impfungen war. Aber Monica, die Erfahrungen mit dem Osten hatte, und Evelyn, die sich mit ihren Tropenkrankheiten auskannte, wollten davon nichts wissen.

Wir fragten jeden, dem wir begegneten, wie weit es noch bis Nawalpur sei. Aber wie die Bergbewohner auch wollten sie uns nur mit erfreulichen Antworten beglücken und sagten deshalb immer ermutigend: »ek kos« (noch drei Kilometer) – außer einem, der missmutiger als die anderen war, etwas von 13 Kilometern brummelte und mit seiner offenen Antwort fast einen Sitzstreik auslöste.

Als wir dort ankamen, führte der Weg vom Indrawati nach Nawalpur steil bergauf. Er verlief in einem tiefen Graben, der sich nach jahrhundertelangem Gebrauch und durch die Fluten der Regenzeit in die roten erdigen Abhänge hineingefressen hatte, und jetzt so ausgetrocknet und rissig war, dass es in den Augen wehtat. Auf unsere erneuten Fragen nach Nawalpur antworteten die Leute in so schrillen Tonlagen (ihre Art, Extreme auszudrücken), als ob sie kaum ausdrücken könnten, wie weit und hoch oben es noch lag. Unsere Entschlossenheit schwand. Außerdem war es mittlerweile vier Uhr nachmittags, und einige Träger befanden sich noch weit hinter uns. Also entschieden wir, für heute Schluss zu machen.

Unsere Männer wollten sich an der erstbesten Stelle, die die Einheimischen vorgeschlagen hatten, niederlassen. Die Wasserversorgung bestand dort aus einem schwachen Rinnsal, das aus schwarzem, vom Vieh zertrampelten Schlamm heraussickerte. Aber erhitzt und müde wie wir waren, verwarfen wir den Gedanken, es zu trinken sofort, und sowohl Monica wie auch Murari machten sich auf die Suche nach fließendem Wasser. (Nachdem wir uns während unserer monatelangen Vorbereitung so ausführlich mit den möglichen Gefahren bei Hochwasser auseinandergesetzt hatten, wurden wir nun paradoxerweise mit Trockenheit konfrontiert.) Die beiden fanden schließlich eine kleine Quelle, aus der Wasser über ein Blatt tröpfelte, das als Ausflussrohr diente. Darüber gab es eine brachliegende Stelle auf den Terrassenfeldern. Dort schlugen wir unser Lager auf.

Bis das Wasser abgekocht war, tranken wir erst Orangensaft, dann Tee, Suppe und noch mehr Tee. (Außer Evelyn, die die Sherpas mit ihrer Abneigung gegen Tee verblüffte und nur Orangensaft trank. Tee ist für die Sherpas das wichtigste Lebensmittel.) Wir beschlossen, niemals wieder auf diese Weise zu leiden, und suchten unsere Wasser-Sterilisationstabletten heraus. Sie waren weiß und blau und sollten, bei richtiger Anwendung und mit den entsprechenden »Beschwörungsformeln«, dazu dienen, Flusswasser trinkbar zu machen.

Auch hier versammelten sich die Einheimischen oberhalb unseres Lagerplatzes, obwohl ein oder zwei Kinder entdeckten, dass es mehr Spaß machte, uns von unten zu beobachten, in der Hoffnung, »gejagt« zu werden. Selbst der Landbesitzer war gekommen und sah uns wohlwollend zu. Wir hatten ihn nicht um Erlaubnis für unser Lager gefragt, weil wir nicht wussten, wo er zu finden war. Unser unbefugtes Betreten seines Landes schien ihn jedoch eher zu freuen.

Zum ersten Mal kamen auch Menschen, die ärztliche Hilfe suchten. Anscheinend hatte einer der Träger, den Evelyn wegen eines Furunkels am Nacken behandelt hatte, ihnen von ihren Fähigkeiten berichtet. Sie befragte sie mit Hilfe von Murari, der versuchte, sie in einer Reihe hintereinander aufzustellen – allerdings mit geringem Erfolg, denn in Nepal kennt man kein Schlangestehen. Eine arme alte Frau, durch ihren grauen Star fast blind auf beiden Augen, kam am nächsten Morgen, als wir gerade aufbrechen wollten. Evelyn erklärte ihr traurig, dass sie ihr nicht helfen könnte. Sie wollte ihr nicht nur zum Trost Augentropfen geben und damit vergebliche Hoffnungen auf Besserung wecken.

»Vielleicht können Sie mir helfen, wenn Sie das nächste Mal kommen«, sagte die alte Dame Mitleid erregend.

Wir waren alle etwas enttäuscht, dass wir Nawalpur nicht in der geplanten Zeit erreicht hatten, aber langsam begriffen wir, dass Geduld die erste Lektion ist, die man zu Füßen des Himalaya lernen muss. Je eher wir sie hinter uns brachten, umso besser.

Feuerschluchten

Unser Leben verlief jetzt in einer eintönigen Routine: Wir standen bei Tagesanbruch, etwa um fünf Uhr morgens, auf und gingen bei Einbruch der Dunkelheit um sieben Uhr abends schlafen. Ich stand beim ersten Sonnenstrahl auf und lief so lange geräuschvoll herum, bis die anderen merkten, dass es Zeit wurde, aus den warmen Schlafsäcken zu kriechen. Auf dieser Expedition stand ich so oft früh auf, dass mir mein Ruf als begeisterte Frühaufsteherin für den Rest meines Bergsteigerinnenlebens erhalten blieb, auch wenn ich mal länger ausschlief. Evelyn ignorierte das morgendliche Treiben immer bis zum letztmöglichen Moment, mit dem Ergebnis, dass eines Morgens die übereifrigen Sherpas bei ihr im Zelt standen und es fast über ihrem Kopf zusammenlegten, während sie noch mit dem widerspenstigen Reißverschluss an ihrer Hose kämpfte.

Trotz unserer persönlichen Eigenheiten kamen wir gut miteinander aus. Das war gut so, denn in einem Zelt gibt es nicht viel Platz für Meinungsverschiedenheiten. Monica war in der jetzigen Umgebung wesentlich entspannter als zu Hause. Ihr Verständnis und ihre Bereitschaft, die Dinge von der lustigen Seite her zu betrachten, machten sie zu einer angenehmen Begleiterin. Evelyn ließ sich durch nichts aus der Ruhe bringen. Sie war unkompliziert und gelassen und nie beleidigt. Was mich angeht, so kümmere ich mich im Allgemeinen viel zu sehr darum, was andere denken. Doch im Himalaya bringt es nichts, sich über irgendetwas Sorgen zu machen, schon gar nicht über die alltäglich auftauchenden Probleme.

Wir brauchten noch eineinhalb Stunden bis nach Nawalpur, deshalb bereuten wir unsere Entscheidung vom Vorabend nicht. Da Nawalpur das letzte Dorf mit einem Basar auf unserem Weg war, kauften wir Reis, denn es ist unmöglich, vierzig Leute aus der Natur zu ernähren, wo nur eine begrenzte Menge Getreide zur Verfügung steht. Wir überließen Mingma das Handeln, da wir ihm vertrauten und zudem wussten, dass wir den Reis auf diese Weise billiger bekommen würden, als wenn wir ihn selbst besorgten. In der Zwischenzeit hörten wir dem vertrauten Ruf eines Kuckucks zu, der in dieser trockenen Region ein wenig fehl am Platz klang, und einem Vogel, den Monica als grüne Gebirgsstelze identifizierte.

Der Basar bestand aus vielen kleinen Läden mit schön geschnitzten Holzpfosten an ihrer Vorderseite. Die Eigentümer saßen im Schneidersitz auf dem Boden zwischen ihren Waren und hatten alles griffbereit: Chilis und Gewürze lagen neben billigen Zigaretten, Armreife und Plastikhaarspangen in einer Auswahl wie bei einem Schmuckladen. Vor den meisten Geschäften standen Wasserkannen aus Messing mit einem langen Ausguss, damit die Vorbeigehenden ihren Durst löschen konnten. Eine gute Methode, um Kunden anzuziehen. Ein Laden hängte stolz einen Werbekalender von 1950 aus. Auf einigen Fensterläden im Dorf waren die alles sehenden Augen Buddhas aufgemalt. Wir sahen jedoch auch einen Altar für Ganesh, den elefantenköpfigen Gott der Hindus, an einer Kreuzung – ein Zeichen lobenswerter Toleranz oder Ausdruck des Wunsches, alle Gottheiten versöhnlich zu stimmen.

Wir mussten den Reis in Nawalpur lassen, bis wir zusätzliche Träger gefunden hatten, denn die Ladung wog 145 Kilogramm. Mingma hatte von einem Sherpa-Dorf namens Okhreni gehört, das ein Stück weiter in den Bergen lag, und meinte, wir würden dort eher jemanden finden als in Nawalpur.

»Diese Leute können keine Lasten tragen«, sagte er verächtlich und deutete auf eine Gruppe, die gerade beim Würfelspiel auf einem Stoffspielbrett war. Außerdem schloss diese Aussage wohl auch sämtliche Nicht-Sherpas mit ein.

Monica Jackson und Evelyn Camrass neben einem Chorten, das die Nähe eines buddhistischen Dorfes ankündigt.

Ein kleines Sherpa-Mädchen aus Okhreni bot an, uns zu einer ebenen Hochweide in der Nähe ihres Dorfes zu führen, wo wir unser Lager errichten konnten. Sie ließ uns vorausgehen und hatte einen riesigen Spaß, wenn wir den falschen Weg nahmen, was ihr Gelegenheit gab, uns auf den richtigen zurückzurufen.
Die Landschaft veränderte sich nun deutlich. Die Abhänge des Nauling-Lekh-Gebirges stiegen direkt vor uns an. Sie waren anfänglich von kleinen gestrüppartigen Bäumen bedeckt, mit kahlen Stellen dazwischen, weiter oben wurden sie von immergrünem Wald bewachsen. Direkt um Okhreni herum gab es einige Mais- und Kartoffelfelder, der Rest war Weideland. Auch die Häuser hier oben waren anders. Sie ähnelten

schweizerischen Berghütten, hatten eine Art Dach und waren aus Holz gebaut. Die untere Hälfte war mit Lehm verputzt und weiß gestrichen. Wir befanden uns hier wirklich in einer buddhistischen Gegend und sahen die ersten *chorten* und eine neu erbaute Gebetsmauer. Die Menschen schienen hier freier und uneingeschränkter zu sein, vor allem die Frauen.

Murari wich nicht von unserer Seite. Ob dies zu unserem Schutz geschah – was unnötig war – oder aus »Prestigegründen«, wussten wir nicht. Er war sehr gewissenhaft und hatte wahrscheinlich das Gefühl, er sollte besser zur Stelle sein, um all die Sachen einzusammeln, die Monica bei jedem Halt liegen ließ. Er erzählte uns, dass er aus einer siebenköpfigen Familie stamme und dass sein Vater das einzige Reisebüro in Nepal besitze. Da die Nepalesen jedoch vernünftigerweise aus Prinzip zu Hause bleiben, ging sein Geschäft nicht besonders gut, und er tat sich schwer, für seine Familie und die Ausbildung seiner Kinder aufzukommen.

Wir bemerkten, dass Murari auf die Frage nach seiner Herkunft immer antwortete »aus Nepal« – als ob wir uns nicht schon in diesem Land befänden. Dieses Verhalten verstärkte unseren Eindruck von Fremdartigkeit noch. Doch Murari erklärte uns, dass das alte Nepal früher das Kathmandu-Tal war. Die Leute hier oben lebten noch mit dieser Vorstellung und bezeichneten sich selbst als *paharis* oder Bergbewohner.

Wir erreichten die grasbewachsene Hochebene am frühen Nachmittag, nachdem wir eine Strecke von etwa 10 Kilometern hinter uns gebracht hatten. Normalerweise schafften wir 16 Kilometer pro Tag, aber wir konnten nicht weiter, bevor die Angelegenheit mit dem Reis nicht geklärt war. Mingma strengte sich sehr an, und wir hatten das Gefühl, er wollte seinen Fehler vom Vortag wieder gutmachen. Er überredete zwei Sherpas aus Okhreni, als Träger mit uns zu kommen. Zwei weitere sollten später noch dazustoßen. Mit einigen der alten Helfer ging er zweimal den Weg nach Nawalpur und zurück, um den Reis zu holen. Er verteilte so viel wie möglich auf vier Lasten und packte den Rest den Trägern aus Kathmandu auf den Rücken. Von seinem letzten Gang kam er erst tief in der Nacht zurück, und wir vermuteten, dass die drei bei einem Glas *chang* (das ortsübliche Bier) aufgehalten wurden.

Zu unserer großen Enttäuschung stellten wir fest, dass wir weder Chang noch *rakshi*, einen starken selbstgebrannten Schnaps aus Reis, mochten. Unser Fehler beim Rakshi war, dass wir nur daran nippten. Man muss ihn in einem Zug hinunterkippen. Chang-Bier hingegen schmeckt gar nicht so schlecht, wenn man es mit einem kleinen Bambusrohr aus einem geschlossenen Gefäß schlürft. Ansonsten ist der Anblick zu abstoßend, denn es sieht wie Desinfektionsmittel aus, ist jedoch keineswegs so hygienisch.

Wir genossen den Nachmittag auf unserer Hochweide. Sie lag auf einem grasbewachsenen Felsvorsprung unterhalb eines Hügelkamms, war an drei Seiten von Dschungel umgeben und bot an der vierten einen atemberaubenden Ausblick auf die Berge des Jugal und Langtang Himal. Wir sahen die Nauling-Lekh-Kette, die sanft bis zum Chang Samaphu mit seiner schmalen druckknopfförmigen Spitze anstieg, und der letzte Schnee schmolz vor unseren Augen. Doch wir bemerkten große Bäume, Rhododendron und Nadelbäume, und in unserer allgemeinen Begeisterung kombinierten wir, dass, wo Bäume wachsen, auch Wasser vorhanden sein muss. Um unsere Zweifel bezüglich der weiteren Route zu zerstreuen, brachte Mingma einen Jugendlichen aus Okhreni zu der Aussage, er wüsste, wo Wasser entlang dem Nauling-Lekh-Grat zu finden sei. Unsere Träger waren jedoch nicht überzeugt. Am Abend wurde es wunderbar kühl, da wir uns nun auf 2300 Metern Höhe befanden und ein leichter Wind gleichmäßig aus dem ewigen Eis herunterwehte. Wir beschlossen, uns die gute Laune und Zuversicht so lange wie möglich zu erhalten.

In der Zwischenzeit wollte ich uns etwas Gutes tun und einen gekochten Pudding zubereiten. Man sagt, dass ein Koch im Himalaya nur wenig Lob erwarten darf. Ich bekam über-

Monica Jackson und Elizabeth Stark beim Sortieren von Ausrüstungsgegenständen im Lager auf dem Hinweg

haupt keines. Meine Freundinnen erklärten, was sie anginge, so würden sie keinen Wert auf weitere Pudding-Überraschungen legen. Den Sherpas machte die ganze Angelegenheit ungeheuren Spaß. Ich vergrub anschließend die Reste, um meinen Fehlschlag nicht einzugestehen.

Murari nahm seine Mahlzeiten mit uns gemeinsam ein. Er drehte uns halb den Rücken zu, um uns nicht beim Essen zuzuschauen. Anfangs bediente er sich niemals selbst, und auch wenn ihm das Essen aufgedrängt wurde, aß er nur wenig für sein Alter, vor allem im Vergleich zu Ang Temba, der jedes Mal riesige Teller voll Reis verschlingen konnte. Murari war ein guter Läufer, aber wir fragten uns, wie lange er wohl durchhalten würde bei so einer dürftigen »Diät«. Später an diesem Nachmittag verschwand er in seinem Zelt, um auszuruhen. Kurz darauf sahen wir Mingma, wie er eine immense Portion Reis zu ihm hineinschob. Unsere weiteren Nachforschungen ergaben, dass Murari mehr Kalorien pro Tag zu sich nahm, als irgendein anderer aus unserer Gruppe. Später, als er weniger schüchtern war, machte er kein Geheimnis mehr daraus, dass er sowohl unser Essen als auch das der Sherpas aß. So profitierte er von beiden Welten.

Als der Sirdar am nächsten Morgen seinen Rücken gedankenverloren am Feuer wärmte und es Murari und unseren Sherpas überließ, seinen Trägern beim Aufladen ihrer Lasten zu helfen, kam es zu einer heftigen Auseinandersetzung. Einer der Träger behauptete, seine Last sei ungerechterweise erhöht worden. Ich hatte eine ganze Sammlung von nützlichen Nepali-Worten, aber mir fiel plötzlich auf, dass ich nicht wusste, was »schwer« bedeutet. Murari sagte es mir, und ich benutzte das Wort, ohne auf den Streit zu achten, der nun entbrannte. »Garhun«, sagte ich laut, »garhun«. Ich wiederholte das Wort mehrmals, bis ich es richtig aussprechen konnte. »Ja, Memsahib, garhun«, bestätigte der unzufriedene Träger und drehte sich zu mir um. Es schien ihm zu genügen, dass seine Verärgerung anerkannt wurde, denn er warf sich sein Trageband über die Stirn, stülpte seinen kleinen schwarzen Hut darüber und marschierte los.

Nepali zu lernen war nicht einfach, da es noch so viele andere Sprachen in unserer Gruppe gab. Die Träger verwendeten einen Dialekt, der Tamang genannt wurde, die Sherpas redeten in ihrer eigenen Sprache und die Dorfbewohner, die wir vor unserer Ankunft im Sherpa-Gebiet getroffen hatten, verständigten sich auf Newari, das ganz anders als Nepali klingt. Die meisten unserer Männer konnten ein paar Brocken Hindustani und benutzten Nepali als gemeinsame Sprache. Ich war jedes Mal überglücklich, wenn ich in dem Sprachengewirr um mich herum ein Wort erkannte, und rannte sofort los, um es jemandem zu berichten.

An diesem Tag gingen die Träger sehr langsam und hielten öfter als sonst, um ihre Lasten zurechtzurücken oder mit großer Hingabe auszuspucken. (Das Geräusch, das sie dabei machten, verfolgte uns immer. Ich tröstete mich jedoch mit dem Gedanken, dass ich später einmal, Samstag nachts in einer Glasgower Straßenbahn, mit Heimweh an Nepal denken würde, wenn ich es hörte.) Weder Mingmas anfeuernde Rufe noch die Aufforderung ihres Sirdars brachten sie dazu, sich zu beeilen. Außerdem pfiffen und sangen sie nicht, wie es sonst ihre Art war. Wir schrieen sie niemals an, aber heute ging Evelyn zum Ende unseres Zuges zurück und wartete dort demonstrativ auf diejenigen, die sich zu lange Zeit gelassen hatten. Diese Methode war recht erfolgreich. An diesem Tag erlebten wir nur einmal, wie einer der Träger plötzlich mit seiner Last aktiv wurde, und zwar nicht auf irgendeinen Befehl hin, sondern als Reaktion auf eine kleine witzige Bemerkung Ang Dromas, als sie mit ihrer eigenen Last nach hinten hüpfte. Der Grund für den allgemeinen Widerwillen weiterzugehen lag in der Unsicherheit bezüglich der Nauling-Lekh-Route.

Monica und ich gingen mit Murari ein Stück voraus, in der Hoffnung, etwas zu finden, das die Träger ermutigen würde. Auf ungefähr 2400 Metern Höhe hielten wir an, um mit ein paar Bergbewohnern zu sprechen, die den Weg herunterkamen. Sie waren mit Bündeln aus belaubten Zweigen beladen – Futter für ihr Vieh.

»Ja«, antworteten sie auf unsere Frage, »es gibt eine Quelle weiter oben.« Als sie uns die Entfernung und Höhe beschrieben, wo wir sie antreffen würden, erreichten ihre Stimmen die charakteristische schrille Tonlage, so dass ich es nicht wagte, auch noch den Jugal zur Sprache zu bringen. Ich wollte nicht dafür verantwortlich sein, wenn einer von ihnen einen dauerhaften Kehlkopfschaden davontrug. Wir warteten auf unsere Träger und hofften, die neuesten Informationen würden sie beruhigen. Das Gegenteil war der Fall ... Denn als unsere Informanten die Größe unseres Gefolges sahen, machten sie einen

Rückzieher und bedeuteten uns, die Quelle sei zu klein. Um genug Wasser für so viele Leute zu finden, müssten wir drei Tage den Nauling-Lekh-Grat entlangwandern. Falls wir ihre Aussage anzweifelten, sollten wir einfach losziehen und uns selbst überzeugen, fügten sie noch hinzu.

Ein allgemeiner Aufschrei erfolgte. Die Träger umringten Monica, flehend und protestierend.

»Wir werden alle dort oben sterben, Memsahib«, sagte einer dramatisch.

»Nein, das werdet ihr nicht«, war die nüchterne Antwort. »Falls es weiter oben kein Wasser gibt, gehen wir halt den unteren Weg. So einfach ist das.«

Wir waren enttäuscht, vor allem weil wir von hier aus unsere mögliche Alternative sehen konnten: einen Pfad, der an der Westseite des Nauling Lekh unbarmherzig wieder zurück zum Indrawati hinunterführte und sich im Tal endlos durch Moskitoschwärme und Dörfer dahinschlängelte. Zu unserer Überraschung zeigte uns einer der neuen Sherpa-Träger jedoch noch einen anderen Weg, der östlich vom Nauling Lekh zum Balephi Khola hinunterging. Laut unserer Karte endete er wenige Kilometer vor Tempathang, wo der Fluss aus einer tiefen Schlucht auftauchte. Wir hatten diesen Weg niemals in Betracht gezogen, da wir der Meinung waren, wir würden auf unserer Tour mit genug Schluchten konfrontiert werden – kein Grund also, absichtlich und unnötigerweise noch nach weiteren zu suchen. Aber unser Sherpa-Junge versicherte uns, der Weg würde direkt bis nach Tempathang führen. Es klang so, als ob es sich um eine Hauptverkehrsstraße handelte.

»Er ist breit genug für ein Yak, Memsahib!«, rief er aus – als ob nun alles gesagt sei.

Wir nahmen diesen Weg, und jeder war zufrieden: die Träger, weil sie nicht mehr sterben mussten, Mingma, weil er nun zu ihnen sagen konnte: »Ihr geht jetzt den Weg, den ihr wolltet, also keine Stopps mehr alle fünf Minuten, verstanden?«, und wir Frauen, weil wir keinen frustrierenden Umweg machen mussten, sondern den Fluss entlangwanderten, der direkt aus dem Jugal Himal kam.

Wir marschierten in zügigem Tempo bergab und kamen entlang der bewaldeten Seitenhänge des Nauling Lekh allmählich zum Fluss hinunter. Viele klare Bäche überspülten den Weg, den man wahrhaftig als Straße bezeichnen konnte: Er war gepflastert und lag im Schatten von Rhododendron-Bäumen. Leider waren die roten Blüten schon verwelkt und lagen am Wegrand verstreut wie Dekorationen nach einer Party. Gegen Abend hatten wir einen Felsvorsprung erreicht, der steil zum Balephi Khola hinabfiel. Wir lagerten auf einer breiten Terrasse etwas weiter unten, wo eine scheunenartige Konstruktion, für Reisende geöffnet, unseren Trägern für die Nacht idealen Schutz bot.

Unser Ausblick war hier von den schroffen Berghängen begrenzt, die zu beiden Seiten des Flusses steil abfielen und in der tiefen Kluft seines Bettes unten zusammenliefen. Bald würde es unmöglich werden, in diesem wilden Gelände vom Weg abzukommen oder überhaupt weiter voranzukommen – außer durch die Schluchten des Balephi Khola. Hinter diesen Schluchten sahen wir die Berge des Jugal. Wir lagen eine lange Zeit mit unserer Karte, dem Kompass und unseren Ferngläsern da und entdeckten den Dorje Lakpa im Westen und die Phurbi Chyachu im Osten – die einzigen beiden Berge aus dieser Gruppe, die Namen tragen, wahrscheinlich weil sie südlicher als die übrigen liegen und von Kathmandu aus besser sichtbar sind. Unter uns nannten wir sie »George und Phoebe«. Der Dorje Lakpa mit seinen zwei hübschen schmalen Spitzen sah unserer Meinung nach am eindrucksvollsten aus. Wahrscheinlich gab er sogar dem gesamten Gebirge seinen Namen, da »Jugal Himal« auch »Berg mit zwei Gipfeln« bedeuten kann.

Wir mussten Tilman widerwillig darin Recht geben, dass er den Jugal Himal kompromisslos nannte. Diese Berge verdanken viel von ihrer Schönheit den scharf gezackten Gipfeln, die in der Sonne leuchten, den fantastischen Überhängen aus

Schnee und Eis und den glänzend glatten Hängen, durch die sie völlig uneinnehmbar erscheinen. Zwischen den beiden genannten Bergen sahen wir noch einen weiteren mit einem anmutigen Gipfel, wahrscheinlich höher und sicher auch weiter entfernt. Seine Seitenwände schienen sanfter abzufallen, und auch wenn er im unteren Teil dafür möglicherweise größere Probleme bereiten würde, war er für uns im Moment ein ermutigender Anblick. Als es zu dämmern begann und die Umrisse der Berge zu schwachen, unförmigen Schatten wurden, grau wie Kriegsschiffe, bemerkten wir auf den Hängen um uns herum überall warm und freundlich leuchtende Feuer und gingen zu unserem eigenen zurück.

Mittlerweile waren wir ein gut eingespieltes Team, und es hatte sich eine Art Protokoll entwickelt. So trug der Sirdar auch weiterhin keine Lasten, dafür aber ein Paar schicke Hochgebirgswanderstiefel, die zweifellos von einer Everest-Expedition stammten. Unsere Sherpas gehörten zur Elite der Träger, Männer von Sola Khombu, und hatten es nicht nötig, in modischen Schuhen herumzustolzieren. Außerdem besaßen sie richtige Bergrucksäcke (obgleich Chhepala seinen tatsächlich mit einem Stirntrageband trug). Murari kam mit seiner freundlichen, bescheidenen Art gut mit allen aus. Trotzdem unterstrich er seine Position mit einem Wasser abweisenden Tropenhelm und einer dunklen Sonnenbrille, was ihm ein sehr intellektuelles Aussehen verlieh. Wir übergaben ihm die Ferngläser, um sicherzugehen, dass sie nicht verloren gingen. Sie stellten jedoch solche Statussymbole dar, dass Mingma sie sich später schnappte. Gerechtigkeitshalber muss man hinzufügen, dass er sie häufig und zweckmäßig nutzte.

Auf unserem Abstieg am nächsten Tag trafen wir immer wieder Männer, manche erst kleine Jungs, auf dem Weg nach Kathmandu. Riesige rechteckige Holzblöcke aus den Wäldern weiter oben waren auf ihren Rücken gebunden. Der Pfad war so schmal und die Hänge so steil abfallend, dass es manchmal ausgesprochen schwer war, aneinander vorbeizukommen.

Unser Weg führte zum Balephi hinunter, und obwohl der Pfad am rechten Ufer entlang weiterging, sagte unser Sherpa, wir sollten lieber über eine Hängebrücke zu einem weiteren Weg auf der gegenüberliegenden Seite wechseln. Die Brücke bestand aus zwei Reihen unbehauener schmaler Holzbretter, mehr schlecht als recht zusammengefügt, und zwei Ketten als »Geländer«, die nur notdürftig mit den Brettern verbunden waren. Die ganze Konstruktion schwang bedrohlich etwa 15 Meter über dem schnell fließenden Fluss hin und her und hopste zusätzlich auf und ab, wenn mehr als zwei oder drei Personen gleichzeitig auf ihr gingen. Der Handgriff meines Regenschirms (den meine Freunde nur »*den* Regenschirm« nannten) verfing sich dauernd in der Kette, und zwar gewöhnlich dann, wenn ich mich über einem gurgelnden grünen Strudel befand. Einer der Träger bekam Angst und wollte mit seiner Last nicht hinüber.

Das Dorf auf der anderen Seite hieß Palam Sanghu. Man sagte uns, ein Lama hätte hier die einzige Schule im Umkreis mehrerer Kilometer aufgebaut. Während die Menschen uns anstarrten und wir aus Selbstschutz zurückstarrten, nutzten unsere Sherpas die Gelegenheit und huschten in Zweier- und Dreiergruppen in die Chang-Kneipe davon, zweifellos um sich selbst zu der gelungenen Überquerung zu beglückwünschen. Mingma schwang zwischen seinen eigenen Abstechern dorthin laute Reden. Chhepala ging zum Fluss hinunter, um sein langes Harr zu waschen und einzufetten. Er ließ es offen, bis es trocken war. Ich bemerkte einige Kinder, die schon herumrannten, aber immer noch von ihren Müttern gestillt wurden. Die Jüngeren waren unbekleidet, außer einem oder zweien, deren T-Shirts so zerrissen waren, dass sie wie Putzlumpen aussahen, die zum Trocknen aufgehängt waren. Eine Mutter schnappte ihren kleinen blähbäuchigen Sohn und rannte davon, als wir ein Foto von ihm machen wollten. Diese Reaktion überraschte uns, da die Nepalesen normalerweise liebend gern vor der Kamera posieren. Die Menschen hier waren keine Sher-

Überquerung der Balephi-Hängebrücke auf dem Hinweg

pas – die nie unter 2300 Meter Höhe leben –, und ihr Dorf war zwar malerisch, aber recht schmutzig. Sherpa-Dörfer hingegen sind sauber.

Der Weg entlang dem Linksufer des Balephi war uneben, und es war schwer, ihm zu folgen. Mal führte er hoch oben über dem Fluss zu einem Dorf, mal schlängelte er sich nach unten und verlief eine Zeit lang durch den weißen Sand und die Muscheln des Flussbettes. Monica hatte sich das Knie verrenkt, und da sie das Abwärtsgehen mehr schmerzte, war dieses ständige Auf und Ab sehr aufreibend für sie. Ich war erhitzt, obwohl ich meinen verkannten Regenschirm in jeden Bach tunkte und mir dann das Wasser über meinen Kopf tropfen ließ. Infolgedessen reagierten wir beide gereizt, als Evelyn, Chhepalas Beispiel folgend, sich plötzlich entschloss, ihr Haar mitten in einer Furt zu waschen, die gerade von den Trägern überquert wurde. So erwischten sie diese mit einem wundervoll aussehenden Kopf voller Shampoo. »Also wirklich, Evelyn, das hättest du auch woanders machen können«, rügten wir sie scharf. Sie versprach uns jedoch in ihrer entwaffnenden Art, das nächste Mal diskreter zu sein. Wir waren besänftigt und beschlossen, unsere Haare bei der nächsten Gelegenheit ebenfalls zu waschen.

In dieser Nacht lagerten wir zwischen einigen Felsbrocken unter einem großen Baum. Die Sterne funkelten durch seine Zweige und sahen aus wie leuchtende Knospen. Den ganzen Nachmittag schon war eine Rauchwolke von den Hängen weiter flussaufwärts herangetrieben worden, der wir allerdings wenig Beachtung geschenkt hatten. Jetzt sahen wir ein Glühen über dem ganzen Himmel, so intensiv, dass es eher von einem Fabrik-Hochofen zu kommen schien als von einem brennenden Berghang.

Am folgenden Tag erreichten wir die enge Schlucht, die der Balephi unterhalb von Tempathang gegraben hat. Die Hänge, die abgesehen von einigen kahlen Felswänden bewaldet waren, stürzten zu beiden Seiten in den Fluss. Wir durften unsere Blicke nicht vom Weg wenden, zu den strahlenden Höhen des Dorje Lakpa hinauf, denn ein falscher Schritt wäre zum Verhängnis geworden. Die Hänge querte ein schmaler Pfad, manchmal kaum zu erkennen, manchmal mit bequemen Felsstufen. Ein paar unserer Träger fühlten sich in diesem Gelände unsicher, aber keiner schien umkehren zu wollen. Dafür waren wir sehr dankbar. Doch allmählich fragten wir uns, wie sie es schaffen sollten, dem Oberlauf des Balephi zu folgen. Unserer Karte und dem Bericht Tilmans zufolge durften wir nicht erwarten, überhaupt einen Weg zu finden, und wenn, dann nur spurenhaft. Wahrscheinlich würden wir uns durchs Dickicht schlagen, Felsvorsprünge überqueren und Kliffe erklettern müssen.

Als wir um die nächste Ecke bogen, bot sich uns ein trostloses Bild. Hier hatte das Feuer, dessen Anzeichen wir am Vortag

Träger auf dem Pfad durch die unteren Schluchten des Balephi Khola. Dies ist die erwähnte »Hauptstraße« von Kathmandu nach Tempathang.

am Himmel gesehen hatten, gewütet und nichts hinterlassen außer verkohlten Baumstümpfen, schwarzen Hängen und einer dicken Schicht Asche. Während wir diesen Abschnitt durchquerten, stürzte ein einzelner Felsbrocken, vom Feuer gelockert, geräuschlos auf uns herab. Er prallte nirgends ab, so dass wir nicht gewarnt waren. Als er zwischen Evelyn und Monica zu Boden fiel, sahen sie noch brennende Grasreste.

Es war das erste durch Brand verwüstete Waldstück, an dem wir vorbeikamen. Doch es war keinesfalls das Letzte. Die Einheimischen brennen das Gras unmittelbar vor der Regenzeit ab, damit neues als Futter für ihre Tiere nachwachsen kann. Da dies jedoch in die jährliche Trockenperiode fällt, geraten die Feuer oft außer Kontrolle, kostbarer Wald geht verloren, Erosion an Steilhängen und erhöhte Erdrutschgefahr sind die Folgen.

Wir beeilten uns, diesen Platz zu verlassen und kamen zu einem Felsplateau über dem Nosem Khola, einem Bach, der den kleineren südöstlich gelegenen Gletschern des Jugal Himal als Abfluss dient und genau unterhalb von Tempathang auf den Balephi Khola trifft. Der Weg bog hier scharf nach Osten ab und führte hinunter zum Nosem Khola. Doch direkt vor uns blockierte der Waldbrand unsere Route, immer noch lebendig prasselte das Feuer durch die Bäume, begleitet von einer riesigen Rauchwolke. Mingma ging ein Stück hinunter, um sich das Ganze aus der Nähe anzuschauen. Er kam zurück und sagte, wir müssten seiner Meinung nach mindestens eine Stunde warten, bevor wir in Sicherheit weitergehen könnten. Wir konnten also nichts anderes tun, als uns hinzusetzen und Geduld zu üben.

»Ich verstehe nicht, warum wir nicht weitergehen sollten«, wandte Monica ein. »Ich kenne Dschungelfeuer aus Südindien: Man kann ohne Bedenken mitten hindurch gehen, wenn man gut aufpasst.«

Gerade als sie das sagte, ertönte ein gewaltiges Tosen vom Tal herauf und Rauchwolken stiegen auf. Für einen kurzen Moment befürchteten wir, noch ein Feuer würde von unten direkt zu uns heraufkommen, bis wir daran dachten, dass um uns herum ja schon alles verbrannt war. Plötzlich sahen wir ein sich schnell ausbreitendes Flammenmeer, das mit dem erschreckenden Tempo einer Lawine den gegenüberliegenden Berghang erfasste. Es erreichte die Route, die wir genommen hätten, wenn wir am rechten Ufer des Balephi geblieben wären. Es hätte kein Entrinnen gegeben ...

Etwas zittrig wandten wir uns wieder dem Feuer vor uns zu. Doch hier bestand der Dschungel aus Laubbäumen und immergrünem Regenwald, ähnlich wie in Südindien, das Monica kannte. Er würde nicht so dramatisch auflodern wie die leicht brennbare Mischung aus trockenen Nadelbäumen und Bambus auf der anderen Seite. Der Wind schien unser Feuer langsam aufwärts zu treiben. Nach einer Stunde lief einer der Sherpa-Jungen aus Okhreni den Weg hinunter, um noch mal nachzuschauen. Als er zurückkam, nahm er wortlos seine Last und marschierte los. Wir folgten ihm alle, so schnell wir konnten. Flammen züngelten immer noch aus dem Unterholz und den Bäumen auf beiden Seiten unseres Weges, und es war unheimlich heiß. Wir hatten Angst um Ang Dromas langen Rock und um die barfüßigen Träger, denn trotz unserer Turnschuhe spürten wir, dass wir bald Brandblasen an unseren Füßen haben würden. Wie würde es erst ihnen ergehen! Doch stattdessen fing Monicas T-Shirt Feuer. Murari bemerkte es Gott sei Dank und löschte es gerade noch rechtzeitig. Als Mingma und ich die andere Seite der Brandstelle erreichten, versuchten wir, die Ausbreitung des Feuers östlich entlang des Weges zu verhindern, bis alle außer Reichweite waren. Aber sobald wir es an einer Stelle gelöscht hatten, flackerten woanders schon wieder kleine Flammen auf, und wir gaben das Unterfangen bald als aussichtslos auf.

Inzwischen waren wir schon nahe am Nosem Khola und kamen schließlich dankbar dort an. Wir machten einen perfekten Lagerplatz auf einer nahen Sandbank ausfindig. Die Luft dort roch süß und frisch und ein Vogel sang, den ich als Fliegenschnäpper erkannte. Monica, Evelyn und ich setzten nur kurz unsere Rucksäcke ab und schnappten unsere Seife, bevor wir ein gutes Stück bachaufwärts zu einem abgeschlossenen Bassin gingen und uns den Staub und die Asche des Tages abwuschen. Das Wasser war eisig, und wir tauchten mit spitzen Entsetzensschreien immer nur kurz ein und wieder auf. Während wir unsere Haare wuschen, wurden unsere Köpfe gefühllos vor Kälte.

Tempathang – das Tor zum Jugal Himal

Wir befanden uns nun ganz in der Nähe von Tempathang. Wäre das Feuer nicht dazwischengekommen, hätten wir es schon am vorigen Abend erreicht und nicht am Nosem Khola übernachtet.

Am nächsten Morgen überquerten wir den Bach und stiegen etwa 600 Meter steil bergauf, auf einem Pfad, der eher einer Leiter ähnelte. Die Nepalesen ersteigen ihre Berge ohne Umwege, und zwischen ihnen und ihrer Entschlossenheit, nach oben zu kommen, liegen keine sanft ansteigenden Zickzackwege.

Die gegenüberliegenden Seiten des Tals waren hier so steil abfallend und nahe beieinander wie die Seiten eines fast geschlossenen Buches. Ab und zu wurden die Abhänge von winzigen Grünflecken unterbrochen: eine Yak-Weide oder ein Kartoffelfeld. Ansonsten gab es keine unbebaute Stelle, wo der allgemeine Neigungswinkel nachließ. Wir sahen einen dicht bewaldeten Bergrücken auf der anderen Seite, von dort abfallend, wo wir die fünf Seen von Panch Pokhari vermuteten. Entlang dieses Bergrückens musste ein weiterer unerbittlicher Pfad von Panch Pokhari nach Tempathang führen.

Ein gebeugter grauhaariger Mann ging vorbei. Er trug keine Last, dafür einen langen gestreiften Schal um den Hals, wie ein Fußballfan. Im Vorbeigehen sprach er uns an, und Murari sagte, er würde uns Träger anbieten für die nächste Phase unseres Marsches, wenn wir wollten. Er konnte nicht wissen, dass wir in die Berge wollten, also vermuteten wir, dass Mingma, der noch ein gutes Stück hinter uns war, ihn gelöchert hatte.

Tempathang ist ein Sherpa-Dorf in knapp 2400 Metern Höhe, und unsere Sherpas konnten es kaum erwarten, dort anzukommen und ihresgleichen zu treffen. Mingma wollte neue

Männer einstellen, Bergbewohner, die seine Sprache sprachen, und die Träger von Kathmandu, die in seinen Augen nicht besser als Engländer waren, wieder nach Hause schicken. (Wir selbst nannten diese Träger »die Nepalesen« im Unterschied zu den Sherpas, obschon die Sherpas selbstverständlich auch zu Nepal gehören.) Er wollte wohl auch die alleinige Befehlsgewalt haben und sprach zeitweise sogar davon, Yaks mitzunehmen. Doch als die Schlucht immer enger und der Steig immer unwegsamer wurde, hörten wir weniger von diesem Plan.

Als wir uns dem Dorf näherten, das auf einem Felsplateau an einem Steilhang über dem Fluss thronte, war Mingma nicht mehr zu halten und schoss mit leuchtenden Augen voraus. Wir erreichten die ersten Häuser noch vor Mittag und fanden den Ort fast verlassen vor. Ein uralter Mann lag wie sterbend in der Sonne, einen mageren Arm über seinem Gesicht; einige Frauen webten lange Bambusmatten, und ein Junge kämmte Wolle aus. Wir vermuteten, dass alle kräftigen Männer sich vor Mingma in Sicherheit brachten, der von Tür zu Tür ging, um Leute anzuwerben. Bei seiner Rückkehr wusste er als Einziges mit Bestimmtheit, wo wir einen guten Lagerplatz unten am Fluss hinter Tempathang finden konnten. An diesem Tag konnten wir nicht mehr weitergehen, da wir von den Einheimischen so viele Informationen wie möglich über den Jugal Himal herausbekommen und bestenfalls mindestens einen von ihnen als Führer engagieren wollten. Außerdem mussten wir Lebensmittel für unsere Rückkehr hier deponieren. Unser Lagerplatz selbst war jedoch schon Grund genug, hier zu verweilen. Am Bachufer gab es raues Gras und Dornenbüsche mit hellen Sandflächen dazwischen, die in der Sonne leuchteten. Ein Rotschwanzpärchen mit weißen Köpfen hopste in unserer Nähe von Stein zu Stein. Wir errichteten unser Lager und saßen dann auf den glatten weißen Felsen, ließen die Füße in den Bach baumeln und wurden von seinen schnellen, gleichmäßigen Bewegungen gefesselt.

Es war der 19. April. Der erste Abschnitt unserer Reise – die 80 Kilometer von Kathmandu nach Tempathang – lag hinter uns. Ohne die kurzen Verzögerungen hätten wir die Strecke in fünf anstatt in sechseinhalb Tagen geschafft. Aber jetzt sorgten wir uns nicht länger um die Zeit, sondern genossen die Gegenwart in vollen Zügen. Wir machten uns auch keine großen Gedanken um die Probleme, die noch vor uns lagen.

Bald darauf erschien der alte Mann mit seinem langen rotgrünen Schal und wollte mit uns sprechen. Er schien einiges Ansehen im Dorf zu besitzen, und sein Name war Nima Lama, wie wir später erfuhren. Er antwortete auf unsere begierigen Fragen und sagte, es gäbe einen Weg entlang des Balephi Khola zu einigen Yak-Weiden hinauf. Die Höchste läge einen Drei-Tages-Marsch von Tempathang entfernt in der Nähe eines Gletschers. Er selbst sei schon dort gewesen, nahe genug, um das Eis fast mit der Hand zu berühren, und er sei gern bereit, uns dorthin zu führen.

Wir waren hellauf begeistert. Dies waren großartige Neuigkeiten. Sie standen in krassem Gegensatz zu Tilmans Erzählungen. Wir erklärten uns diesen Sachverhalt später so, dass die Bewohner Tempathangs nicht etwa seit kurzem ihre Gewohnheiten geändert und diese Hochalmen erneut in Betrieb genommen hatten, sondern dass sie 1949 den Weg so negativ wie möglich beschrieben hatten, um Tilman davon abzubringen, während der Monsunzeit dort hinaufzusteigen. Zu dieser Zeit werden die Wege und Brücken nämlich fortgespült, und die Menschen hier hatten bestimmt keine Lust verspürt, von ihm zum Mitgehen überredet zu werden.

Nachdem wir nun wussten, *dass* es einen Weg hinauf gab, fragten wir uns, wo er entlangführen könnte. Auf unserer Karte waren drei Haupttäler verzeichnet, alle Abflüsse des Jugal Himal, die in Nord-Süd-Richtung mehr oder weniger parallel zueinander verliefen. Das zentrale und am weitesten östlich gelegene Tal umfasste mehrere große Gletscher.

Die Karten von Nepal wurden von geschäftstüchtigen indischen Landvermessern erstellt, und trotz des kleinen Maßstabs (0,6 cm : 1,6 km) sind sie durchaus genau, was die Gebirgsausläufer betrifft. Aber wir wussten, dass die Gebirgszüge aus respektvoller Entfernung vermessen worden waren. Einige Gipfel im Jugal waren trianguliert, d.h. in einem »Dreiecksmuster« vermessen worden, wahrscheinlich von einem Höhenzug oberhalb und im Westen von Tempathang aus. Dort gibt es tatsächlich drei Haupttäler, doch darüber hinaus besteht die Karte dieses Gebietes hauptsächlich aus unbestätigten Vermutungen.

Da wir einer niedrigen Route in das Tal hinein folgten, konnten wir unsere eigenen Beobachtungen nicht gut nachprüfen. Doch in der Annahme, die drei Haupttäler auf der Karte seien korrekt eingezeichnet, gingen wir davon aus, dass das Haupttal zu dem hohen Gipfel zwischen dem Dorje Lakpa und der Phurbi Chyachu führen musste. Diese beiden hatten es uns angetan. Auf unserem bisherigen Marsch hatten wir nur ihren oberen Teil gesehen, aber dieser hohe Gipfel zwischen ihnen war bis jetzt der Einzige, der uns einigermaßen besteigbar erschien, und deswegen wollten wir ihn gern aus der Nähe untersuchen. Natürlich bestand unser ursprüngliches Ziel darin, die Gegend zu erforschen, nicht Gipfel zu besteigen. Doch nach den Umrissen auf der Karte zu schließen, hatte dieser Hauptgletscher nur eine leichte Steigung. Sollte das zutreffen, stellte er einen bequemen Zugang ins Herz des Jugal Himal dar. Das westlich gelegene Tal umfasste eine Reihe kleinerer und wahrscheinlich voneinander getrennter Gletscher, wohingegen der Gletscher im dritten, östlichsten Tal viel steiler als der im Haupttal aussah. Alles in allem schien der Hauptgletscher die meisten Möglichkeiten zu bieten und für uns am besten geeignet zu sein.

Wir konnten nicht feststellen, zu welchem Gletscher Nima Lamas Weg führte. Er sagte, er würde zwischen der Phurbi Chyachu (die er »Phurawa Chyachm« nannte, was unsere Sherpas sofort übernahmen) und dem Dorje Lakpa liegen. Also konnte es sich sowohl um den Hauptgletscher als auch um den schwierigen im Osten handeln. Das Vernünftigste war wohl, zunächst einmal dem Weg des alten Mannes zu folgen und unterwegs die genaue Lage der Umgebung zu studieren.

Nima Lama fügte hinzu, der Pfad sei uneben und steil, und er schaute zweifelnd auf die nepalesischen Träger, wie um abzuschätzen, ob sie den eventuell auftauchenden Gefahren gewachsen waren. Mingma ließ ihn dies zweimal betonen – für den Fall, dass wir nicht verstanden hätten, worum es ging.

Während wir noch die Karte studierten, kam es zu einer kleineren Krise. Nachdem die Träger von unseren Versuchen, weitere Sherpas anzustellen, gehört hatten, kam ihr Sirdar und erklärte uns, seine Männer hätten einen Vertrag bis zum Basislager, und wenn wir einige schon jetzt zurückschicken würden, gingen sie alle. Auf jeden Fall sei keiner von ihnen bereit, Lasten zusammen mit einheimischen Amateuren zu tragen. Er wurde sehr aufbrausend und spuckte vor uns auf den Boden, um den Höhepunkt seiner Tirade zu unterstreichen.

Diese Drohung komplizierte die Angelegenheiten. Wir hätten gern einige der jüngeren Nepalesen behalten, da Mingma höchstens ein Dutzend Dorfbewohner zusammengebracht hatte. Obwohl wir Lebensmittel in Tempathang zurückgelassen hatten, brauchten wir noch mindestens 25 Träger, die mit uns zum Basislager kamen.

Unter uns gaben wir Mingmas Plan den Vorzug, da die Männer aus Tempathang genug Lebensmittel für sich selbst hatten. Allerdings würden ihre Vorräte nicht auch noch für die Nepalesen ausreichen, deren Essen langsam knapp wurde. Ein weiterer Grund war, dass nur ein oder zwei Sherpas im Basislager bleiben müssten, die dann die anderen von Tempathang wieder heraufholen könnten, anstatt eine ganze Mannschaft Nepalesen zu bezahlen, die nur untätig herumsäßen. Wir warnten Mingma jedoch, dass wir die Nepalesen nur dann entlassen könnten, wenn er ein vollzähliges Team aus Sherpas – Männer oder Frauen – zusammenbrächte, die uns auch noch den ganzen Weg bis zurück nach Kathmandu begleiten würden.

Die nepalesischen Träger überließen sämtliche Verhandlungen ihrem Sirdar. Sie selbst saßen an Feuern rund um das Lager, einige der Jüngeren spielten ein übermütiges Spiel, wobei sie sich gegenseitig mit Steinen bewarfen. Der Sinn des Spiels bestand darin, den Stein entweder zu fangen oder ihm auszuweichen. Aber gleich ob man ihn erwischte oder von ihm getroffen wurde – unserer Ansicht nach war es in keinem Fall angenehm.

Wir fanden heraus, dass sowohl Mingma als auch der Sirdar im kleinen Kreis vernünftiger mit sich reden ließen als in einer offenen Diskussion, und so verging der Nachmittag auf angenehme Weise mit Diplomatie und Intrigen. Zwischendurch brachte Ang Droma uns Tee in einem Pfeifkessel. Dieser Kessel war eine große Beruhigung für uns, besonders für Monica, da sein Pfeifen anzeigte, wann alle einheimischen Keime abgetötet waren. Wenn er meinte, wir hätten es nicht gehört, schüttelte Ang Temba den Kessel, um ihm einen letzten schwachen Schrilllaut zu entlocken, und grinste, wie um zu sagen: »Seht Ihr? Abgekocht!«

Ang Droma entdeckte eine militante Brennnesselart, die ihrer Aussage zufolge gut essbar war. Sie schnitt probeweise etwas davon mit einem Kukri-Messer ab, kochte es und wrang die Blätter anschließend von Hand wie ein Spültuch aus. Die in Butter gebratenen Reste schmeckten köstlich.

Die Sherpas verbrachten den Nachmittag damit, unseren Lagerplatz zu verbessern. Sie errichteten wunderbare Feuerstellen, die allerdings mit einer großzügigen Dosis Paraffin entzündet wurden, und zogen Entwässerungsgräben um die Zelte herum, auch wenn der Himmel wolkenlos war. Es machte ihnen großen Spaß, selbst neue Vorrichtungen zu erfinden und jeden Tag etwas anderes herzustellen. Mal schnitten sie einen Ast ab, entfernten seine Zweige und stellten ihn als Ständer für die Trinkbecher auf. Ein anderes Mal erfanden sie eine Wäscheleine, die zwischen zwei aufrecht stehenden Ästen und einem hohen jungen Baum aufgespannt war. Unsere Lebensmittelkisten wurden, sobald sie leer waren, in Küchenmöbel verwandelt, und Chhepala verwendete einen Deckel als Backbrett. Wenn unsere Sherpas *chapatis* (eine Art Fladenbrot aus grobem Kartoffelmehl) buken, warfen sie sie nicht in traditioneller Art und Weise von Hand zu Hand, sondern rollten sie professionell auf diesem Brett aus, mit einem Wellholz aus einem dicken Ast, der mit der Kukri-Klinge sorgfältig geglättet worden war. Das Einzige, was sie nicht besonders gut konnten, war das Aufstellen der Zelte. Sie steckten die Heringe zu weit nach außen und ruinierten so die Schlaufen an den Zeltbahnen. Da sie von Natur aus gesellig waren, hatte es den Anschein, als ob sie dadurch in jedem Zelt Platz für so viele Leute wie möglich schaffen wollten. Beim Aufbau eines guten Biwaks hingegen waren sie unschlagbar.

Am nächsten Morgen stellte uns Mingma stolz sein neues Trägerteam vor. Es bestand aus mindestens 25 Männern, einer wilden und zerlumpten Truppe mit ungekämmten Haaren und piratenähnlichem Ausdruck. Ihre Kukri-Messer steckten herausfordernd an ihren Gürteln, und sie sahen zu allem entschlossen aus; aber einige von ihnen waren erst Jungen, und einer war schwachsinnig. Mingma erklärte uns, die meisten Männer aus dem Dorf seien hoch oben in den Wäldern beim Holzschlagen, aber unsere Ankunft hätte sich herumgesprochen, und so seien diese Leute hier heruntergekommen, um an dem Vergnügen teilzuhaben und einen Nutzen daraus zu ziehen.

Sie schienen unterschiedlicher Abstammung zu sein, da nicht alle die mongolischen Züge der Sola-Khombu-Sherpas aufwiesen. Sie waren barfuß wie die nepalesischen Träger und trugen Lendenschurze und Hemden, die über ihre schmalen Hüften fielen. Manche hatten auch kurze selbst gewebte Wollumhänge, andere Pullover im Westernstil aus Kathmandu, einer davon in einem erstaunlichen Violett. Fast alle trugen bunte Perlenketten oder Ohrringe und die typischen schwarzen

Hüte. Einer hatte eine uralte Zahnbürste als Anhänger, ein anderer einen Air-Force-Service-Button, der sicher eine bemerkenswerte Geschichte hinter sich hatte.

Wir merkten bald, dass sie zwar einfach, aber nicht völlig naiv waren. Drei- bis viermal im Jahr gingen sie nach Kathmandu, um *ghee* gegen Reis und die Kleidung einzutauschen, die sie nicht selbst herstellen konnten. Als wir später mit ihnen nach Kathmandu zurückkehrten, reagierten sie auf ein vorbeifahrendes Auto nur mit verächtlichem Gejohle und drückten damit auch unsere eigenen Gefühle aus.

Mingma sagte uns, die Männer würden sieben *mor* pro Tag verlangen. Da wir dachten, *mor* sei das Sherpa-Wort für Rupie, waren wir entgeistert und hätten sie fast auf der Stelle wieder entlassen. Doch es stellte sich heraus, dass ein Mor einer halben Rupie entspricht und sie nicht mehr haben wollten, als die nepalesischen Träger auch bekamen. Wir willigten also mit gespieltem Widerwillen ein.

Bald waren wir gute Freunde. Unsere Sherpa-Träger begegneten uns von Anfang an offen, da sie von Natur aus gastfreundlich waren und uns zweifellos sehr unterhaltsam fanden. Die Freundschaft wurde durch die Medizinkiste und leere Dosen besiegelt. Dosen sind gewissermaßen ein Tauschmittel in Nepal. Sobald wir eine wegwarfen, wurde sie sofort aufgehoben und tauchte wenig später, oft noch in schmutzigem Zustand, als Würfelbecher oder Chang-Trinkgefäß wieder auf. Manchmal strich einer der Jüngeren verloren um unsere Zelte herum, sobald er vermutete, dass wir zum Beispiel die letzte Marmelade aus einer Büchse kratzten und sie somit leer wurde. Normalerweise waren wir gerührt und sein Vorgehen hatte Erfolg. Sogar Pappkartons wurden auf ihre Verwendbarkeit überprüft, und die Kinder kämpften mit Händen und Füßen um farbige Papierschnipsel.

Alle liebten die Medizinkiste, standen stundenlang ehrfürchtig flüsternd vor ihrem farbenfrohen Inhalt und erfanden immer neue Symptome, um die Behandlungszeit zu verlängern.

Einer war besonders originell und wollte Evelyns Zuwendung wegen der Einschnitte in seinen lederartigen Fußsohlen. Die schwarze Teersalbe, die sie ihm gab, faszinierte die Zuschauer so, dass wunde Füße ausgesprochen populär wurden.

Manche waren auch wirklich krank, wie der arme alte Mann, den wir am Vortag gesehen hatten. Er bestand nur noch aus Haut und Knochen und war sehr geschwächt von der Ruhr. Sein »Fall« war für Evelyn am befriedigendsten. Sie behandelte ihn mit Sulfonamiden, und später erzählte man, er sei völlig geheilt worden und wolle noch mehr »Wunderpillen«. Sulfonamide können jedoch bei falscher Einnahme gefährlich sein, also schickte Evelyn ihm stattdessen Vitamintabletten. Sie waren leuchtend orange und wurden noch enthusiastischer in Empfang genommen.

Einige hatten verschiedene Formen von Tuberkulose, hauptsächlich durch Rinder verursacht. Augenprobleme waren weit

Evelyn zahlt die nepalesischen Träger in Tempathang aus.

verbreitet, und viele litten aufgrund von altem Narbengewebe auf der Hornhaut unter teilweiser Blindheit.

Wir wollten so viel Münzgeld wie möglich als Lohn an die Nepalesen loswerden, da sich herausgestellt hatte, dass Papiergeld in kleinen Beträgen auch in Tempathang akzeptiert wurde. Wir verhandelten über die zu zahlenden Tage für den Rückmarsch der Träger. Doch den Nepalesen war es relativ egal, wie sehr wir mit ihnen handelten, solange sie nur ihr Bakschisch erhielten – auch wenn es am Ende auf dasselbe herauskommen sollte. Wir gaben dem Sirdar das gewünschte Referenzschreiben, in dem stand, wie zufrieden wir mit ihm und seinen Männern gewesen seien, und die letzten Briefe in die Heimat. Sie zogen singend davon, froh darüber, dem unwirtlichen Gelände den Rücken kehren zu können.

Bei der Einstellung der Männer aus Tempathang drängten sich alle um uns herum, begierig, ihre Namen zu sagen und

Tensing Lama, einer der Tempathang-Männer, unterzeichnet mit seinem Daumenabdruck.

Unsere Sherpas (v.l.n.r.): Ang Temba, Chhepala, Kusung und Mingma

mit Daumenabdruck zu unterschreiben. Ihr Anführer und Sprecher war ein buckliger kleiner Mann in einem alten grünen Jackett, dessen gerade Haare rund um seinen Hut abstanden wie eine Schornsteinfegerbürste. Wir nannten ihn daher den »einfältigen Simon«, eine Bezeichnung, die jedoch ganz und gar nicht zutraf, lernten wir ihn doch als ein richtiges »Schlitzohr« kennen. Sein wirklicher Name war Tensing Lama.

Einen Jungen, der bestimmt noch keine zwölf Jahre alt war, wiesen wir ab, er kam jedoch immer wieder zurück, in der Hoffnung, wir würden ihn nicht erkennen. Er mochte nicht mit dem »Frauenvolk« zurückgelassen werden. Wir wollten noch einen anderen, der auch nicht viel älter war, ausmustern, aber sein Vater sagte, er würde am nächsten Tag heraufkommen und den Jungen ablösen. Er selbst konnte nicht sofort kommen, da eines seiner Yaks gestorben war und das Fleisch zur späteren Verwendung geräuchert werden musste.

In buddhistischen Ländern gilt es als falsch, ein Tier zu töten. Strenge Buddhisten essen nicht einmal das Fleisch von natürlich gestorbenen Tieren. Doch diese Sherpas waren nicht so orthodox, eine Tatsache, die uns in den folgenden Wochen bewusst wurde: Das erwähnte Yak-Fleisch stank beim Schmoren derart, dass wir uns leider von dem wunderschönen Lagerfeuer zurückziehen mussten.

Schließlich zogen wir mit Mingma, der jetzt, da er seine Sherpa-Träger hatte, übers ganze Gesicht strahlte, flussaufwärts weiter. Der Pfad war streckenweise kaum zu erkennen, und wir marschierten in eine Gegend, die vor uns noch kein Weißer betreten hatte.

Einbahnstraße ins ewige Eis

Eine Zeitlang folgte der Weg dem Flussbett in Richtung Norden. Durch die Bäume erhaschten wir einen Blick auf das milchiggrüne Gletscherwasser, das zwischen Felsblöcken hervorsprudelte und in langsam wirbelnden Becken neue Kräfte sammelte.

Monicas Knie machte ihr zu schaffen, und für den Fall, dass wir zurückbleiben sollten, ernannte sich Nima Lama selbst zu unserem Führer. Eine Laterne schwang symbolisch an seiner Last, und er ging mit uns drei Frauen und Murari. Wir übernahmen seine Gewohnheit, Blätter bei der Gebetsfahne oben auf jedem Steilhang niederzulegen, zum Dank, ihn überwunden zu haben.

Tensing Lama ernannte sich seinerseits zum Sirdar, obschon er nicht versuchte, die anderen zu kontrollieren, und sich in keinster Weise anders als sie benahm. Da er auch keine unsinnigen Ansprüche, wie extra entlohnt zu werden oder keine Lasten tragen zu wollen, stellte, hatten wir nichts gegen seine »Ernennung«.

Es war offensichtlich, dass die Sherpas diese Reise in die Berge als eine Art Vergnügungstour ansahen. Sie wollten sich die Ferienatmosphäre auf keinen Fall verderben, indem sie die Dinge zu ernst nahmen oder sich zum Beispiel gar beeilten. Hatten wir eine disziplinierte Gruppe professioneller Träger mit gutem Ruf entlassen, nur um sie durch eine Bande unverantwortlicher, wenn auch liebenswerter »Gauner« zu ersetzen?

Sie liefen schneller als die Nepalesen – sie konnten sogar ohne Schwierigkeiten mit ihren Lasten rennen –, dafür hielten sie oft an, um das Leben zu genießen und den nächsten Abschnitt zu begutachten. Bald fanden wir uns an der Spitze des Zuges wieder statt an seinem Ende.

Wie Monica uns erklärte, war dieses ungleichmäßige Vorwärtsgehen typisch für Tibeter, und diese unabhängigen Sherpas stammten ohne Zweifel von Tibetern ab. Nörgeln und Ermahnungen hatten keinen Sinn. Ihrer Ansicht nach hatten sie sich verpflichtet, uns in drei Tagen zu einem bestimmten Ort zu bringen, und sie würden diese Abmachung auf ihre eigene Art und Weise einhalten. Hätten wir ihnen angeboten, einen Drei-Tages-Lohn zu bezahlen, wenn sie uns in zwei Tagen hinaufführen würden, so wären sie nicht daran interessiert gewesen und hätten ihr Programm nicht im Mindesten geändert.

Bei einem Halt fragten wir sie nach einem kleinen Dorf namens Mahatan, das auf unserer Karte fälschlicherweise nördlich von Tempathang eingezeichnet war; wir sprachen es jedoch fehlerhaft »Matahan« aus, was eine übermütige Heiterkeit auslöste. Unsere falsche Aussprache wurde nachgeahmt, und andere Varianten wurden erfunden, jedes Wortspiel lustiger als das vorangegangene. Danach war es nicht mehr möglich, das Thema einigermaßen ernsthaft zu erörtern.

Um die Mittagszeit verkündete Nima Lama, wir müssten den Hauptfluss überqueren und einem von Osten kommenden Nebenarm folgen.

Der Name »Balephi Khola« bedeutet bei den Einheimischen »ein Netzwerk von Flüssen«. Auf der Karte waren drei Hauptarme in ihrem ungefähren Verlauf verzeichnet, die den Abfluss für die drei Gletschertäler bildeten. An unserem jetzigen Standort vereinigte sich der Langtang Khola, der von den an den Langtang Himal angrenzenden Gipfeln und den kleinen Gletschern des westlichsten Tals Richtung Süden floss, mit dem Pulmutang Khola. Dieser kam aus dem östlichsten Tal und diente den Gletschern der Phurbi Chyachu als Abfluss. Zwischen den beiden lag der Rakhta Khola, ungefähr in süd-westlicher Richtung, wo er den vom Hauptgletscher kommenden Pulmutang erreichte. Der Hauptgletscher befand sich am Dorje Lakpa, den wir unbedingt erreichen wollten. Also folgten wir dem Rakhta Khola.

Wir waren noch nicht mehr als sechs Kilometer seit dem Basislager gegangen, und ich dachte deshalb nicht an die Möglichkeit, dass wir den Zusammenfluss von Langtang und Pulmutang Khola schon erreicht hatten, da die Stelle auf der Karte viel weiter von Tempathang entfernt lag. Ich beanstandete, wir seien vom Weg abgekommen und gingen nun einen kleinen Nebenfluss entlang, der uns zu den kleineren Bergen südlich der Hauptkette führen würde. Doch während ich mich immer mehr aufregte, huschte Evelyn davon und fand heraus, dass dieser neue Fluss wahrhaftig von einem Gletscher kam, denn er war voll von weißen Ablagerungen. Also konnte es sich nur um den Pulmutang handeln.

Nördlich des Zusammenflusses verlief der Langtang in einer Schlucht, am rechten Ufer völlig von einer Felswand abgeschlossen, links von steilen und bewaldeten Abhängen begrenzt. Nima Lama versicherte, es gäbe keinen Weg durch diese Schlucht, und es sei niemand je dem Langtang Khola hinauf in die Berge gefolgt. Der Langtang war es auch, den Tilman im Jahr 1949 von oben gesehen hatte.

Unser Pfad führte die uns gegenüberliegende Bergschulter auf der anderen Seite des Langtang hinauf, bis wir hoch über dem Zusammenfluss der beiden Bäche waren. Nima Lama zufolge gab es etwa 300 Meter oberhalb einen guten Lagerplatz, den wir von unserem Standort aus noch nicht sehen konnten. Wir beschlossen, dort unser Lager zu errichten, am Nachmittag weiter in nördlicher Richtung die Bergschulter zu umrunden und uns einen Weg am Rechtsufer des Langtang Khola entlang zu erkämpfen. Dies stellte sich als glücklicher Zufall heraus, denn unsere Träger hatten ebenfalls entschieden, an diesem Tag nicht weiterzugehen.

Wir überquerten den Langtang auf einer soliden, gut erhaltenen Holzbrücke. An den fast senkrechten Abschnitten auf dem Weg nach oben standen Baumstämme als Leitern, in die Einkerbungen als Hand- und Fußtritte eingehauen waren. Wir kamen auf eine grasbewachsene Hochweide, von wo aus wir die weiße Spitze der Phurbi Chyachu sehen konnten. Sie überragte das ostwärts verlaufende Pulmutang-Tal, das wir am folgenden Tag durchwandern würden. Ein paar Hütten umgaben Kartoffelfelder, darüber thronte ein kleines abgeschlossenes *gompa* mit ein paar Furcht erregenden buddhistischen Geistern in grellbunten Farben an der Vorderseite, die sich über sich selbst lustig zu machen schienen. Wir fragten, ob wir hineingehen dürften. Doch die Träger erklärten uns, der Lama sei verreist und seine Schwiegermutter habe den Schlüssel – was so viel hieß wie: Da ist nichts zu machen. Unterhalb davon lagen schöne rasenartige Wiesen, umgeben von Bruyère- und Rhododendron-Bäumen in voller Blüte. Es sah aus wie auf einem gut gepflegten Landgut. So viel zu den unpassierbaren Schluchten des Jugal Himal.

Im Norden sahen die Dinge allerdings anders aus. Wir drei Frauen marschierten los und umrundeten die Bergschulter, bis wir wieder oberhalb des Zusammenflusses waren. Wir blieben auf gleicher Höhe zu unserem Lager und versuchten, einen Zugang zur Schlucht des Langtang Khola zu finden. Hinter den kleinen Feldern gerieten wir zuerst in ein Dickicht und kämpften uns anschließend durch das dichte Unterholz eines Nadelwaldes. Hier und da stießen wir auf große Felsen, die die Bäume überragten. Wir kamen nur langsam und schwer voran und wünschten, wir hätten eine Axt oder ein Kukri-Messer gehabt, um uns besser einen Weg durch das Dornengestrüpp bahnen zu können.

Wir bestiegen einen riesigen herausragenden Felsen und sahen soweit das Auge reichte nur unebenes dorniges Gelände vor uns. Zu unseren Füßen fiel der Boden fast senkrecht in die Tiefe, hinunter zum Bach. Wenn wir uns nach vorn beugten, konnten wir das Wasser in den Felsenkesseln unten sprudeln sehen. Die gegenüberliegende Felswand stieg steil in die Höhe. An den Hängen oberhalb würde man vielleicht eine Route flussaufwärts finden, doch die auf unserer Seite sahen leichter begehbar aus – was nicht viel hieß.

Wir hörten einen Zweig in der Nähe knacken, und Monica bemerkte trocken, wir würden uns in einem Land mit Bären befinden. Einstimmig beschlossen wir, zum Lager zurückzukehren und den Langtang Khola »ruhen« zu lassen, bis wir die anderen Täler erkundet hatten.

Bei unserer Ankunft im Lager wimmelte es überall von Sherpas, und Monica sagte: »Wir haben so viele Sherpas wie andere Leute Mäuse.« Ihre aufgeregten Kommentare und die schrillen ungebrochenen Stimmen der jungen Träger waren ohrenbetäubend. Sie wollten unbedingt alles sehen, was wir taten und aßen, und hatten keine Hemmungen – was uns zu der Auffassung veranlasste, dass es so etwas wie einen schüchternen Sherpa nicht gab. Mit großer Wahrscheinlichkeit hatten sie nie zuvor eine weiße Frau gesehen, jedenfalls bestimmt nicht in ihren eigenen Tälern und noch dazu mit Zelten, Luftmatratzen und Ferngläsern ausgestattet.

Wir entschieden, es sei am besten, wenn sie ihre Neugierde ein für allemal befriedigten. Ganz fasziniert waren sie von der Karte, und einer legte sogar seine Wange auf Monicas Schulter, um besser sehen zu können. Als wir ihnen ihre eigenen Berge und Täler zeigten, schienen sie die Darstellungsweise auf der Karte zu begreifen und konnten auch andere Dinge darauf wiedererkennen. Kompass, Scheren, Taschenlampen – alles musste genau untersucht und wenn möglich mitgenommen werden. Bevor wir es verhindern konnten, schnappten sie unsere Messer aus den Schutzhüllen. Trotzdem verloren wir während der ganzen Zeit unseres Zusammenseins nur eine Zeltplane – und die blieb versehentlich auf einem Busch liegen.

Am späten Nachmittag brachte uns eine alte Frau aus den Hütten in der Umgebung heiße, in der Schale gebackene Kartoffeln als Geschenk. Sie lachte mit heiserer Stimme, als wir ihr pantomimisch für ihre Wohltat dankten, uns um die größten Kartoffeln stritten und uns begeistert über ihren Geschmack äußerten. Unsere Freude war echt, denn unsere Menüs hatten allmählich ihren Reiz verloren, und wir waren für jede Abwechslung auf dem Speiseplan dankbar.

In dieser Nacht wollten wir unser eigenes Feuer haben, denn es wurde mittlerweile viel kühler, wenn die Sonne verschwand. Außerdem sahen wir nicht ein, dass jeder außer uns gesellige Lagerfeuer-Abende verbrachte. Wir mussten nur ein oder zwei Zweige für unser Vorhaben aufsammeln, als auch schon Sherpas und Träger damit begannen, abgestorbene Bäume für uns klein zu hacken. Um ehrlich zu sein, rührte der Enthusiasmus der Träger eher aus dem Verlangen, unbedingt unsere Holzaxt auszuprobieren, die auf sie bis dahin einen recht nutzlosen Eindruck gemacht hatte. Nachdem sie ein wenig damit herumgealbert hatten, holten sie jedoch ihre Kukri-Messer heraus, die für alle Zweige, außer den ganz dicken, besser geeignet waren.

Unser Lagerfeuer war eine Fehlentscheidung: Es erlaubte den Sherpas, uns noch bequemer zu beobachten, und wir fanden keine Ruhe. Einmal saßen sie alle um uns herum und wärmten sich den Rücken am Feuer, das wir vor lauter Sherpas nicht mehr richtig sehen konnten. Tensing Lama war in Höchstform. Sobald wir uns untereinander ansprachen, tat er so, als ob er den Gedanken aufnehmen und an unserem Gespräch teilnehmen würde, oder er erfand Wortspiele in seiner eigenen Sprache dazu. Die anderen fanden das so urkomisch, dass er seine besten Witze alle mehrmals wiederholte. Auf unserem späteren Rückweg nach Kathmandu, als wir ihm besser vertraut waren, zeigte sich Tensing Lama übereifrig in seinem Bemühen, die anderen in ihre Schranken zu weisen.

Zur Abendessenszeit erklärten wir, dass wir lieber allein essen würden. Daraufhin – und nach einem oder zwei Anstößen von Mingma – verließen sie uns widerwillig, wohl in der Meinung, unser Verhalten sei sehr unkameradschaftlich. Nach dem Essen sangen wir ein wenig, und einige der Jüngeren schlichen sich zurück, um zuzuhören.

Bevor ich in meinen Schlafsack kroch, zog ich mich noch kurz in die Büsche zurück. Einen Augenblick später erschienen zwei oder drei Träger mit einer riesigen Bambusfackel. Diskret machte ich einen Schritt nach hinten, aber mein Fuß landete in der Luft. Im selben Moment vernahm ich, leider zu spät, laut und warnend das Rauschen des Baches weit unten. Im Fallen packte ich willkürlich zu und erwischte einen Ast, der unter meinem Gewicht hin und her schaukelte, aber hielt. Ich kraxelte schnell wieder nach oben. Am nächsten Morgen sah ich, dass ich im Dunkeln beinahe Hunderte von Metern zum Pulmutang Khola hinabgestürzt wäre.

An diesem Morgen kamen wir nicht sehr früh los. Die meisten Träger hatten in einer Höhle geschlafen, doch einige lagen unter einer Plane, die sie wie eine Bettdecke bis zur Nasenspitze gezogen hatten. Nach unserem Frühstück waren sie darunter immer noch mit ihrer Morgentoilette beschäftigt. Erst um acht Uhr hatte Mingma alle auf den Beinen, aber schon nach der ersten Wegbiegung entdeckten wir sie bei einer »Pause«, mit schlecht verborgenem Grinsen wie ein Haufen ungezogener Kinder.

Allmählich näherte sich der Bachlauf der Höhe unseres Pfades, der oberhalb davon auf- und abstieg wie eine Achterbahn. Mal wanderten wir durch hohes Gras, mal durch Moosvorhänge, an denen durchscheinendes Zeug hing, das eher in die Filmkulisse eines Gruselfilms passte als in einen echten Wald.

Bei einer Pause hörten wir Murari mit der Sherpa-Sprache kämpfen. Er war ein intelligenter Bursche, sehr lernbegierig, aber die Aussprache bereitete ihm die gleichen Schwierigkeiten wie uns, und seine Bemühungen wurden genauso belächelt. Im Moment waren wir alle mit diesem Thema beschäftigt, und Ang Droma – weit davon entfernt, Analphabetin zu sein, wie wir zunächst vermutet hatten – ließ Murari unsere Zahlen in Nepali-Schrift für sie aufschreiben. Den restlichen Vormittag marschierten wir im Rhythmus unseres Gesanges, »*chik, ni, soong, shi, . . .*«, und die Sherpas echoten »eins, zwei, drei, vier, . . .«.

Es erschien uns angebracht, die vorderen Träger mit einer Zigarette zu belohnen, um guten Willen zu zeigen und die hinteren zu motivieren, schneller zu gehen. Doch das einzige Ergebnis war, dass Tensing Lama von da an ständig Zigaretten von mir erbettelte – englische Zigaretten waren ein besonderer Genuss. Sie drehten sich ihre eigenen aus grobem Tabak, eingerollt in ein Blatt, und »sogen« an ihnen aus der geballten Faust.

Während einer weiteren Pause erfand Ang Droma, die gern Süßigkeitenpapier in die Luft warf und dann zuschaute, wie es vom Wind weggeblasen wurde, ein neues Spiel. Sie wickelte Steine in das Papier und legte sie auf den Weg, um die anderen auszutricksen. Es gab jedes Mal endloses Gelächter und Spötteleien, wenn jemand sich draufstürzte. Sherpas gehen sehr sparsam mit ihren Witzen um – und ein guter wie dieser erfreut sie wochenlang.

Nach ungefähr einer Stunde erreichten wir ein paar Bambushütten, vor denen eine kleine Familie ihre Tiere – halb Yak, halb Kuh – grasen ließ. Unsere Träger hielten für eine Mahlzeit und einen kleinen Schwatz an, und es gab keine Möglichkeit, sie zum Weitergehen zu bewegen. Wir fühlten uns wie Schulmeisterinnen mit einer aufmüpfigen Klasse. Evelyn machte den größten Eindruck, indem sie in ihrer ruhigen Art jeden Einzelnen zum Weitergehen aufforderte. Nur ein Bursche mit einem dünnen Bart und einer Mundharmonika widersetzte sich ihr offen und versuchte, sich über sie lustig zu machen. Wir beschlossen, ihn bei der nächsten Gelegenheit loszuwerden.

Um die Mittagszeit kamen wir an den Zusammenfluss des Pulmutang und eines breiten Baches, der zu unserer Linken in ihn einmündete. Wir entschieden, es müsse der Rakhta Khola sein, der uns zum Dorje-Lakpa-Gletscher führen würde. Doch Nima Lama war der Meinung, wir sollten ihn überqueren und ihm nicht folgen. Besorgt schauten wir nach, ob sein Weg am anderen Ufer entlangführte. Aber wir sahen gleich, dass dies nicht der Fall war. Der Rakhta Khola kam direkt oberhalb seiner

Mündung in den Pulmutang aus einer riesigen Spalte im nackten Felsen. Diese Schlucht bildete, wie ein schmaler Durchgang zwischen zwei übergroßen Wohnblöcken, den Zugang zu unserem Gletscher. Wir waren sicher, dass es auch jetzt – beim Tiefststand des Baches – unmöglich wäre, sich einen Weg durch diese Schlucht zu erkämpfen.

Sorgfältig untersuchten wir die Abhänge auf beiden Seiten des Baches. Rechts waren riesige Felswände, spärlich mit Gras bewachsen. Links war ein steiler, bedrohlich wirkender Vorsprung. Durch die wenigen Bäume, die darauf wuchsen, sah man den nackten Fels. Wir vermuteten, dass es eine Route über diesen Vorsprung geben würde, allerdings keine für Menschen mit Traglasten. Später entdeckten wir, dass die Einheimi-

Die »Brücke« über den Rakhta Khola. Es gab keine Möglichkeit, diesen reißenden Bach zu durchwaten.

schen tatsächlich einen Weg dort hinauf mit ihren Ziegen gefunden hatten. In der Zwischenzeit war jedoch jeder, der von der Existenz dieses Weges wusste, sorgsam darauf bedacht, nichts zu erwähnen – aus Angst, uns auf abwegige Gedanken zu bringen.

Der Bach war sogar zu dieser Zeit schwer zu überqueren, und wir mussten eine Brücke bauen. Wir fanden drei Kiefern, die schon früher als Brücke gedient hatten und danach sorgfältig beiseite geschafft worden waren, und legten sie über den wilden Mittelteil des reißenden Baches. Mit Steinen verkeilten wir sie grob. Die Sherpas gingen völlig unbekümmert über die Brücke, obschon die Kiefern manchmal ein wenig unter den Füßen wegrollten.

Es war halb zwei Uhr nachmittags, als Evelyn mit dem letzten Träger das andere Ufer erreichte. Alle verkündeten, wir müssten hier unser Lager aufschlagen, da dies der letzte Lagerplatz auf einer sehr langen Strecke sei. Wir misstrauten dieser Aussage zwar, wussten aber nichts dagegen einzuwenden. Soweit wir sehen konnten, gab es auch am Ufer des Rakhta Khola keinen Lagerplatz, und wären wir trotzdem auf die Idee gekommen, dort zu lagern, hätte dies mit Sicherheit zu einem empörten Aufschrei geführt. Die Sherpas verbreiterten schon einige kleine Lichtungen im Wald oberhalb des Baches, und in erstaunlich kurzer Zeit hatten sie genug Platz für die Zelte geschaffen. Die einzelnen Lichtungen lagen alle nebeneinander und waren mit Stufen und durch die Bäume führenden Gängen verbunden. Das ganze Lager wirkte wie ein schlecht geplantes, labyrinthartiges Haus, es verströmte jedoch auch die gemütliche, wohlige Atmosphäre einer derartigen Unterkunft. Die Träger fanden heraus, dass man drei seltsam klingende Töne erzeugen kann, indem man einen frisch geschnittenen Stock an einem Wasserkanister reibt. Sie verbrachten den ganzen Nachmittag damit, auf diesem Instrument zu improvisieren.

Monica und Evelyn gingen ein Stück flussaufwärts, um sicherzugehen, dass es nicht doch eine gangbare Route entlang des Rakhta Khola gäbe. Ich nahm ein Bad in einem kleinen Waschbecken aus einer Segeltuchplane und setzte alles im Zelt gründlich unter Wasser – außer mir selbst. Unterdessen stolperten die beiden anderen über tiefes Geröll und sprangen von einem Felsbrocken zum nächsten, während ihnen das Wasser an die Fersen schwappte. Direkt unter der Felsspalte der Schlucht verengte sich der Bach, und das Wasser drängte in einem mächtigen Schwall zwischen riesigen, weit auseinanderliegenden Felsen hervor. Während des Monsuns war diese Stelle bestimmt schrecklich. Die Tore der Schlucht erschienen ihnen nun wie die Wanderfelsen der *Ilias*, bereit, über jedem zusammenzustürzen, der sich zwischen sie wagte. Sie waren froh darüber, nicht weitergehen zu können.

Auf dem Rückweg nahmen sie einen höher gelegenen Weg, machten aber keine neuen Entdeckungen, außer dass Monicas neue Stiefel – speziell für sie angefertigt – an den Fersen zu weit waren. Hätten wir viel im Fels klettern müssen, wäre dies eine ernst zu nehmende Beeinträchtigung gewesen, da sie ihre Füße in diesen Stiefeln an heiklen Stellen nicht genau platzieren konnte. In Schnee und Eis fiel diese Behinderung nicht so sehr ins Gewicht.

Wir begannen unter Kurzatmigkeit zu leiden und trafen überall auf bemooste Bäume. Daher vermuteten wir, nun auf einer Höhe von etwa 3500 Metern zu sein. Um diese Schätzung zu überprüfen, holten wir unsere geliehenen Höhenmesser heraus. Aus verschiedenen Gründen hatten wir keine Zeit mehr gehabt, sie vor unserer Abreise aus England näher zu begutachten. Jetzt stellten wir fest, dass beide keine Höhen über 2500 Meter anzeigten. Auch wenn wir ihre Summen zusammenzählten, waren wir nicht in der Lage, den Himalaya zu vermessen.

Da Mingma unseren Ärger wegen der Kürze des heutigen Marsches spürte, schlug er einen frühen Aufbruch für den nächsten Morgen vor. Wir gingen um sechs Uhr früh los und kamen nach kurzer Zeit zu einer großen Höhle, die laut Überlieferung einst tausend Lamas während einer tibetischen Invasion Schutz bot. Die Eindringlinge mussten über einen Pass am Ursprung des Nosem Khola oder noch weiter von Süden gekommen sein und drängten die einheimischen Stämme in ihre Bergtäler. Einen Moment lang spielten wir jedoch mit dem Gedanken, sie seien über einen Pass des hufeisenförmigen Jugal-Gebirgszuges gegangen, den wir nun wiederentdecken würden. Die Träger entzündeten ein Feuer aus Bambusstöcken in der Höhle, um uns die verborgenen Rauchabzüge zu zeigen.

Unser Pfad führte nun durch einen Wald, dessen Boden mit modrigen Blättern und leuchtenden Primeln bedeckt war. Es war noch zu früh im Jahr für die meisten Blumen, und es gab immer noch vereinzelte Schneeflecken, wie Abfall, der bei einem Picknick zurückgelassen wurde. Nach dem Wald kamen wir auf eine breite offene Hochweide, durch die ein klares Bächlein floss, das augenscheinlich nicht von einem Gletscher kam. Diese Hochweide wäre ein perfekter Lagerplatz für die vorangegangene Nacht gewesen, und wir waren ärgerlich, dass man uns nichts davon gesagt hatte. Die Männer von Tempathang sahen das Ganze nicht als Enttäuschung an, sondern lediglich als eine Methode, ungeduldigen Fremden, die nicht erkennen konnten, dass am Ende doch alles auf dasselbe hinausläuft, mit Humor zu begegnen.

Sie erklärten uns nun, der klare Bach sei das einzige saubere Wasser für die nächsten Kilometer – die Ablagerungen in Gletscherwasser können gesundheitsschädliche Reizungen hervorrufen – und schlugen vor, hier zu frühstücken. Der anschließende Wegabschnitt sei sehr steil, sagten sie, und deshalb müssten sie sich dementsprechend stärken. Wir hatten solche Geschichten schon früher von ihnen gehört und herausgefunden, dass es sich immer nur um eine leichte Steigerung des Gefälles handelte. Der frühe Aufbruch erschien uns als Farce, und wir schauten niedergeschlagen zur Phurbi Chyachu, der wir uns nun, ganz gegen unseren Willen, näherten. Sie überragte uns, und wir erkannten einen steilen Gletscher, schwieriger als alle, denen wir je begegnet waren. Es handelte sich nicht um den Hauptgletscher der Phurbi Chyachu, den Phurbi Chyachumbu, der noch außer Sichtweite war, doch wir waren überzeugt, dass wir auf den Phurbi Chyachumbu zusteuerten und dass er mit Sicherheit genauso steil und schwierig sein würde wie dieser niedriger gelegene.

Unsere Sherpas entdeckten wieder ein Gemüse, dieses Mal eine Art Kresse, die in Butter gekocht einen angenehmen nussigen Geschmack hatte. Wir halfen Ang Droma, davon in ihrer Schürze zu sammeln.

Der Weg bog nun plötzlich nach Norden ab und führte steil bergauf. Diesmal hatten unsere Träger also die Wahrheit gesagt. Wir kletterten etwa 900 Meter hinauf, und die Steigung blieb die ganze Zeit über konstant. Wir atmeten geräuschvoll und keuchend und stützten uns beim Gehen auf unsere Pickel. Unseren Trägern schien das jedoch wenig auszumachen. Sie stiegen unverdrossen und ruhig mit ihren Lasten bergauf und beobachteten unsere Bemühungen mit verstecktem Vergnügen. Diesmal bekamen sie nicht von uns zu hören, dass sie schneller gehen sollten. Wir waren viel zu sehr damit beschäftigt, selbst mitzuhalten.

Jetzt hatten wir einen vollständigen Blick auf die Phurbi Chyachu, von ihrer massiven Felsenspitze bis an den Rand ihrer Eisflächen, die in schmutzigen, übereinandergeschobenen Moränen endeten. Wir fragten die Träger nach der Bedeutung ihres Namens und erwarteten eine bedeutungsschwere Antwort. »Oh! Er bedeutet, der Berg sieht einem Hühnchen ähnlich«, erwiderten sie unbestimmt.

Endlich wurde es weniger steil, und die Träger hielten eine Pause für angebracht. Wir ließen uns neben einem hohen Felsen fallen, der den Sherpas als »Elefantenkopf« bekannt war. Er hatte so wenig Ähnlichkeit mit einem Elefantenkopf oder irgendeinem anderen Teil eines Elefanten, dass wir uns fragten, ob die Einheimischen ihre Berge und Wahrzeichen wohl genauso freizügig benannten wie Wirte ihre Kneipen.

»Ihr musstet euch ganz schön anstrengen, nicht wahr?« fragte einer der Träger grinsend. Es gab keinen Zweifel, dass dieser Anstieg am Ende des letzten Tages zu viel für eine beladene Gruppe gewesen wäre.

Der Platz, den Nima Lama für unser Basislager ausgewählt hatte, sei nun sehr nahe, erklärte er uns. Wir erreichten ihn kurze Zeit später: ein breiter Vorsprung auf etwa 4400 Meter Höhe, der den Boden eines Kars, einer Mulde, bildete. Der Ort hieß Pomba Serebu, und entgegen unseren Erwartungen lag kein Schnee mehr dort. Oberhalb war eine Wand aus Felsnadeln, unterbrochen durch weitgefächerte Schneerinnen, die uns nun vom Dorje-Lakpa-Gletscher trennten. Das *kar* senkte sich jenseits des Randes, an dem wir standen, und dort lag ein kleiner Teich, umgeben von dachlosen Stein-Schutzhütten. Die Hirten aus Tempathang bedeckten diese Unterstände mit Bambusmatten und verwendeten sie als Schutz, wenn sie mit ihren Yaks vor der Monsunzeit heraufkamen. Wir konnten uns nicht vorstellen, wie sie mit ihren Tieren über den Rakhta Khola und dann hinauf zu dieser Stelle gelangten, aber wenn sie es einmal geschafft hatten, mussten sie oben bleiben, bis die Regenzeit vorbei war und der Wasserstand sich gesenkt hatte.

Die Schutzhütten erinnerten uns an Hochland-Katen, und um sie herum herrschte die unheimliche Atmosphäre einsamer Landstriche in Nord- und Westschottland. Wir zogen es vor, in die Senkung hinunterzugehen, wo wir eine flache Wiese zwischen schützenden Felsen entdeckten. Ein klarer Bach aus dem Teich floss hindurch, und auf einer Seite ragte ein einzelner Felsvorsprung hervor – ein idealer Biwakplatz für unsere Träger. Es gab genug Wacholderbüsche und andere Zwergkoniferen als Feuerholz. Abgesehen davon, dass Pomba Serebu möglicherweise eine Sackgasse war, schien es der ideale Standort für ein Basislager zu sein.

Wir wollten die Männer aus Tempathang möglichst schon am nächsten Tag ausbezahlen, daher durften wir keine Zeit verlieren, sondern mussten herausfinden, ob wir hier in einer strategisch guten Lage waren oder nicht.

Nach dem Mittagessen trennten wir uns und machten zwei Erkundungsgänge. Monica und ich begannen die unkomplizierteste der steilen Schneerinnen in der Felswand über dem Lager hinaufzuklettern. Wir hofften, einen Weg über diese Wand hinaus zu finden oder zumindest zu sehen, was für Möglichkeiten auf der anderen Seite lagen. Evelyn und Mingma überquerten den grasbewachsenen Vorsprung, der das Kar im Osten begrenzte, um einen Blick auf den Hauptgletscher der Phurbi Chyachu zu werfen und herauszufinden, ob es eine gangbare Route durch das Eis und den Gletscher hinauf gäbe. Wenn unsere Erkundungen fehlschlugen, blieb uns nichts anderes übrig, als umzukehren und zu versuchen, einen Weg durch eine der anderen Schluchten, an denen wir weiter unten vorbeigegangen waren, zu suchen.

Monica und ich hatten wenig Erfolg. Der Schnee in der Rinne war weich und matschig, seine Oberfläche hatte durch Wind und Wetter eine seltsame, bienenwabenähnliche Struktur. Zwei Lawinenspuren verliefen an beiden Seiten. Wir sahen immer wieder nach unten und dachten, im schlimmsten Fall würde uns eine Lawine »nur« auf das Geröll werfen. Andererseits ist es auch nicht besonders angenehm, sich an Steinen aufzuschrammen, und wahrscheinlich würden wir genug Blessuren abbekommen, um uns für den Rest der Expedition im Basislager aufhalten zu müssen.

Ungefähr auf halber Höhe der Rinne ruhten wir uns auf einer Felsplatte aus. Es begann zu schneien, und lange Nebelschwaden zogen um die Gipfelkette. Wir konnten nun in einen nach links führenden Seitenarm der Rinne sehen, der in einer Gruppe steiler bewachsener Felsen endete, die obendrein noch locker zu sein schienen. Unserer Ansicht nach bot die Hauptrinne die bessere Route, aber es lohnte sich nicht, noch mehr zu riskieren. Es stand jetzt fest, dass wir auch von oben nichts sehen würden. Der Nebel wurde immer dichter, und die verbleibende Aussicht schien wenig reizvoll. Wir schlitterten wieder abwärts, immer mit einem Fuß steckenbleibend, und kämpften uns rutschend den Abhang hinunter. Unsere erste Begegnung mit dem Schnee des Himalaya war nicht besonders ermutigend.

Evelyn hingegen war aufgrund ihrer Neuigkeiten so freudig erregt, dass sie uns entgegenkam. »Wir haben wirklich etwas gefunden«, rief sie uns entgegen. Mingma und sie hatten von oben auf den Phurbi-Chyachumbu-Gletscher hinabschauen können, der in einer überdimensionalen gefrorenen Kaskade ins Pulmutang-Tal abfiel. Evelyn hatte einen Weg hinunter zur Moräne entdecken können. Er erreichte die Moräne ungefähr auf halber Höhe dieses Eiswasserfalles, den wir ihrer Meinung nach durch eine große offene Bergschrund, die auf der linken Seite einen Korridor bildete, umgehen konnten. Durch den Nebel hatte sie einen Blick auf eine glatte, fast ebene Gletscherfläche oberhalb erhaschen können, eine Art Straße ins Herz des Jugal Himal und an die tibetische Grenze, versicherte sie uns. Das war mehr, als wir je zu hoffen gewagt hatten.

Bei unserer Rückkehr ins Lager wurden wir von den Sherpas mit »Salem« begrüßt, sie lächelten und waren offensichtlich erfreut darüber, dass wir in ihren Augen unseren Ruf als Bergsteigerinnen nun vollständig wiederhergestellt hatten.

Alle Sherpas – Bergsteiger und Träger – feierten in dieser Nacht lustig und vergnügt im Lager, und es dauerte lange, bevor der Letzte mitten im Satz einschlief. Wir erkannten, dass die Einheimischen unseren Plänen, ihre Bergwelt zu erforschen, sehr unbekümmert gegenüberstanden. Sie betrachteten die Gipfel anscheinend nicht als sakrosankt, und es schien sie nicht sonderlich zu kümmern, ob wir sie erreichten oder nicht, solange wir nur für interessante neue Abwechslung und Gelegenheit zum Feiern sorgten.

Neue Siebentausender

Wir machten einen Tag Pause, waren jedoch, wie gewöhnlich, beschäftigter als an vielen unserer Marschtage.

Alle Tempathang-Männer zahlten wir bis auf Nima Lama und den aufgeweckten jungen Lakpa aus. Die beiden blieben, um uns zu helfen, Lasten zum Beginn des Gletschers zu tragen, und um einige ihrer Landsleute für unsere spätere Rückkehr nach Kathmandu zu holen. Mingma hatte Schwierigkeiten, überhaupt jemanden zum Dableiben zu überreden, und bot ihnen schließlich, ohne uns zu fragen, die volle Bezahlung für die Zeit im Basislager. Wir machten viel Aufhebens um diese Sache, obwohl wir seine Versprechungen einlösten. Es ging uns darum, das heute so weit verbreitete Missverständnis auszuräumen, Expeditionen verfügten über Geld wie Heu. Die Sherpas waren absolut aufrichtig, was sie aber nicht daran hinderte, uns bei jeder sich bietenden Gelegenheit den letzten Pfennig aus der Tasche zu ziehen. Sie schienen generell den Eindruck zu haben, das würde uns nicht wehtun.

Monica überredete die Männer zu einem Gruppenfoto, bevor sie gingen. Sie verloren ihre ganze Lebhaftigkeit und standen so steif und formell da wie eine viktorianische Großfamilie. »Könnt Ihr nicht lachen?«, fragte sie. Die Frage kam ihnen so komisch und absurd vor, dass sie in ein herzliches schallendes Gelächter ausbrachen, sich auf dem Boden wälzten vor Vergnügen, und es dauerte lange, bevor wir sie zum Aufhören bewegen konnten.

Anschließend mussten Evelyn und ich für uns selbst und die Sherpas der Höhe entsprechende Lebensmittelrationen aussuchen, um ausreichend für einen fünf- oder sechstägigen Erkundungsgang zum Phurbi-Chyachumbu-Gletscher versorgt zu sein. Meine Methode bestand darin, alles zu meinen Füßen anzusammeln, bis es mir genug erschien. Evelyn hingegen sortierte verschiedene Lebensmittel auf verschiedene kleine Haufen, Sardinen hier, Zucker dort, und beschwerte sich anschließend, es sei nicht genug von dem da, was sie mochte. Sie schlich sich sogar mit meiner Lebensmittelliste davon und ließ mir keine Ruhe, wenn sie irgendeine Leckerei in einer Kiste entdeckt hatte, die normalerweise erst in drei oder vier Wochen geöffnet werden sollte, bis sie zum Beispiel einen Vorschuss an Nüssen oder gekochtem Schinken bekam.

Wir überprüften noch einmal die gesamte Bergausrüstung, zündeten die höhentauglichen Primuskocher im Freien an und bauten die Zelte auf. Eines davon, das wir geliehen hatten, war besonders schwierig aufzustellen. Die Zeltstangen mussten durch Schlitze in der Außenhaut der dicken Zeltplane gesteckt werden, und es war fast unmöglich, dies zu schaffen, während sie gleichzeitig verbunden blieben. Mitten in einem Schneesturm wäre das mit Sicherheit sehr aufreibend. Mingma entwickelte eine heftige Abneigung gegen dieses Zelt und fragte, ob er stattdessen das Palomine-Zelt für die Sherpas nehmen dürfte. Das Palomine-Zelt würde starken Winden zwar nicht standhalten, aber es hatte ein Überzelt, und so beschlossen wir, es zu versuchen.

Nachts benutzten wir mittlerweile schon zwei Schlafsäcke: unseren üblichen, den wir auch auf unseren Wochenendtouren dabei hatten, mit Tuch warm gefüttert, und darüber einen speziellen Polarschlafsack mit Daunenkapuze, in der Werbung etwas taktlos als »Sarg-Typ« bezeichnet.

Wir holten unsere Netzhemden hervor, die einen Luftraum zwischen Haut und wollener Unterwäsche frei ließen und damit für einen idealen Wärmeausgleich sorgten, so dass der Körper weder zu warm noch zu kalt wurde. Monica war von dem ihren so begeistert, dass sie erklärte, sie werde nie mehr ohne es fortgehen. Wir gaben Mingma eine Uhr, und er demonstrierte den anderen sofort, dass er mit ihrer Funktions-

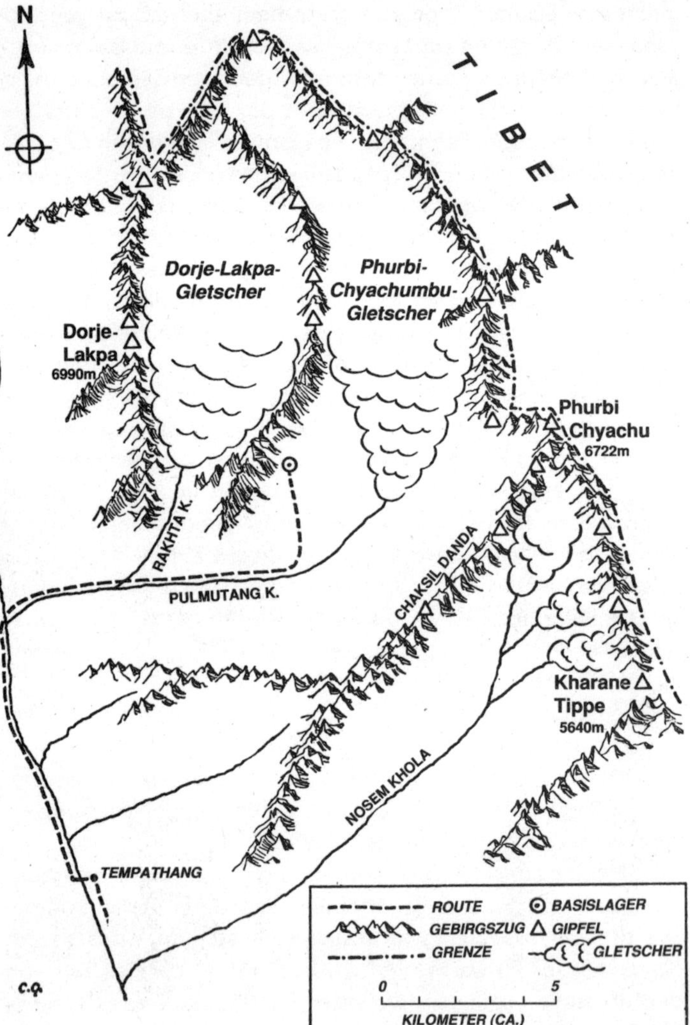

N
TIBET
Dorje-Lakpa-Gletscher
Phurbi-Chyachumbu-Gletscher
Dorje-Lakpa
6990m
Phurbi Chyachu
6722m
RAKHTA K.
LANGTANG K.
PULMUTANG K.
CHAKSIL DANDA
Kharane Tippe
5640m
NOSEM KHOLA
TEMPATHANG
ROUTE
BASISLAGER
GEBIRGSZUG
GIPFEL
GRENZE
GLETSCHER
0
5
KILOMETER (CA.)
C.Q.

weise bestens vertraut war. Er war zwar gut in der Lage, die Zeit nach dem Sonnenstand zu bestimmen, aber der Besitz einer Uhr hatte den beabsichtigten Nebeneffekt, ihn dazu zu bringen, die Sherpas beizeiten zum Aufbruch zum Gletscher zu bewegen.

Am nächsten Morgen, dem 24. April, erreichten wir den oberen Rand des grasigen Vorsprungs, den Evelyn mit Mingma umrundet hatte. Weit unten sahen wir die Moräne des Phurbi-Chyachumbu-Gletschers, ein Haufen schneebedeckter Steinbrocken am Rande von zerborstenem Eis. Keines von beidem erschien uns besonders einladend, und außerdem war es bestimmt nicht halb so leicht, diesen unwirtlichen Ort zu erreichen, wie es nach Evelyns Aussagen geklungen hatte. Beim Abstieg würden wir uns links halten müssen und zwei tiefe, mit Schnee gefüllte Schluchten überqueren, die jedoch auf beiden

Der Phurbi-Chyachumbu-Gletscher. Den Eiswasserfall im Vordergrund überwanden wir als ersten.

Seiten von Schlamm und Geröll, wie Schlackenhalden, begrenzt waren. In der ersten entdeckten wir Unheil verkündende braune Streifen im Schnee – Spuren herabstürzender Felsbrocken. In der Mitte hatte eine kleine Lawine einen Hang mit gefrorenem Schlamm freigelegt, einige Felsbrocken steckten darin, genauso vergänglich wie Rosinen in einem Knödel. Wir benutzten diese Felsen zum Durchqueren der Schlucht und kickten lockeres Geröll weg. Ang Droma hatte Schwierigkeiten mit einem nachlässig verschnürten Bündel Feuerholz, das sie unterwegs gesammelt hatte. Evelyn musste sie, selbst rückwärts gehend, an der Hand führen, damit sie die Steine überqueren konnte. Murari hingegen war sehr schnell und trittsicher und nahm nur meinen schwarzen Regenschirm als Stütze.

Daher überraschte es uns, als er ankündigte, er würde zurückkehren – umso mehr, da er an diesem Morgen so begierig gewesen war, uns zu begleiten. Wir sagten ihm, er solle an Ort und Stelle bleiben, bis Ang Droma und die Träger zurück wären.

Zur selben Zeit fing es an zu schneien, früher als am Vortag. Wir bemerkten noch nicht, dass eine monsunbedingte Luftströmung eingesetzt hatte, die nachmittags regelmäßig Wolken und Schnee mit sich brachte. Auf unserem Marsch hatten wir die Gipfel den ganzen Tag über klar sehen können. Jetzt mussten wir froh sein, wenn es bis um ein Uhr mittags wolkenlos blieb. Meistens zogen sie jedoch schon um die Mittagszeit auf und kamen überhaupt jeden Tag früher, je mehr Zeit verging. Das behinderte unsere Erkundungstouren mehr als einmal.

Allein zurückgelassen erkältete sich Murari, außerdem konnte er, in der Stadt aufgewachsen, die Einsamkeit im Nebel nicht lange aushalten. Schließlich kam er bis zum Lager an der Moräne mit. Die raue Kälte und der hässliche Gletscherbruch sagten ihm jedoch so wenig zu, dass er nicht mehr mit wollte. Das war in Ordnung, trotzdem machte es uns traurig. Er besaß einen empfindsamen, abenteuerlustigen Geist und eine gewisse

Behändigkeit, allesamt Eigenschaften eines guten Bergsteigers, und wir sahen es nicht gern, dass diese nicht zum Einsatz gelangen würden.

Die Träger waren barfuß über den Schnee marschiert und trugen keine Handschuhe. Nima Lama zog die langen wollenen Ärmel seines Hemdes herunter, aber Lakpa, der charmant war und ein guter Schauspieler, hatte es geschafft, von Evelyn ein Paar Handschuhe geliehen zu bekommen. Jetzt wollte sie sie zurückhaben. Ein ungläubiger Ausdruck kam in seine Augen, und kurz darauf schwammen sie in Tränen. Er blies theatralisch auf die Finger, die schon aus den Handschuhen hervorschauten, und Evelyn brachte es nicht übers Herz, auf ihrer Forderung zu bestehen. Zudem fiel ihr ein, dass sie ja ein Paar Ersatzhandschuhe in ihrem Rucksack hatte. Anscheinend existierte das Wort »leihen« bei den Sherpas nicht.

Wir schickten Nima Lama und Lakpa zusammen mit Bahu weg und gaben ihnen noch ein paar Zigaretten als Bakschisch mit. Murari wollte auch eine, zur Stärkung für den gemeinsamen Rückweg mit Ang Droma.

Anschließend machten wir uns daran, unser neues Quartier zu untersuchen. Gletschermoränen sind niemals von bemerkenswerter landschaftlicher Schönheit. Diese hier erinnerte mich an eine Bahnhofstoilette. Das Eis ähnelte ungewaschenen Kacheln, das Rumpeln der herabstürzenden Steine und Lawinen erinnerte an den Klang von Zügen, die willkürlich kommen und gehen. Die Séracs und Eisblöcke oberhalb bildeten obszöne Formen, die sich über den Betrachter lustig zu machen schienen. Wir befanden uns auf einer kleinen Anhöhe, geschützt vor herabstürzenden Eisbrocken und Steinschlag. Da es unser erstes richtiges Himalaya-Lager war – von dem niemand behauptet hatte, es würde romantisch oder gar bequem sein –, richteten wir uns ohne Klagen ein. Im Großen und Ganzen waren unsere Hochlager weit komfortabler als manch andere, die ich unter den arktischen Bedingungen eines schottischen Winters schon aushalten musste und in denen ich weniger gut ausgerüstet war und niemand mein Abendessen zubereitete.

Wir drei Frauen besaßen zwei kleine Bergzelte für uns: zwei Memsahibs in einem, eine allein im anderen. Wir wechselten uns ab, um unsere Beziehungen zu schonen. Manchmal empfand ich es wirklich als Erleichterung, ein Zelt für mich allein zu haben, es nach meinen Vorstellungen zu gestalten (was nicht unbedingt aufgeräumt und ordentlich bedeutete) und die Unterwäsche wechseln oder die Nase schnäuzen zu können, ohne dass sich jemand dadurch gestört fühlte. (Die anderen behaupteten, meine Nase würde beim Schnäuzen wie eine Trompete klingen, und sie könnten daran die Zeit zum Aufstehen oder Ins-Bett-Gehen ersehen – was ich stark übertrieben finde.) Zu anderen Zeiten hätte ich aber auch gern gewusst, worüber die anderen lachten und sich unterhielten.

Zum Essen trafen wir uns gewöhnlich im Zweierzelt, wo dann ein Zustand mittleren Chaos herrschte: Töpfe, die unsicher auf Rucksäcken wackelten, und Marmelade, die langsam in einen Schlafsack tropfte. Die Aufgabe, Kekse zu verteilen und Getränke zuzubereiten, fiel derjenigen zu, die zu langsam gewesen war und infolgedessen mit dem übrig gebliebenen Platz in der Nähe des Eingangs vorlieb nehmen musste.

Am nächsten Morgen schneite es immer noch, leise und stetig. Der Schnee bedeckte unsere Zelte, unsere Spuren und die Gletscherspalten, als wenn er alles unter einer formlosen weißen Decke verbergen wollte. Ich war unverkennbar krank und konnte meinen Kopf kaum heben. Er fühlte sich an wie in einer Schraubklemme. Ich konnte mir das nicht erklären, da wir nicht viel höher als im Basislager waren, wo ich keine Symptome von Sauerstoffmangel hatte. Seltsamerweise war dies das einzige Mal, dass ich je an Höhenkrankheit litt. Die Akklimatisierung schien für mich wie das Durchbrechen einer Schallmauer zu sein. War die kritische Höhe erst einmal überwunden, hatte ich keine großen Probleme mehr, abgesehen von geringem Appetit und natürlich Kurzatmigkeit. Monica nannte es »Akklimatisieren mit einem Klick«, als wenn man einen Schalter umlegt – in ihrem Fall auf dem harten Anstieg zum Basislager.

Ich stellte mit Erleichterung fest, dass die Höhenkrankheit keine rein psychische Reaktion oder das Ergebnis einer bestimmten mentalen Verfassung ist. Monica hatte eher verharmlosend darüber gesprochen, um mir Mut zu machen.

»Ich denke, jeder ist im Allgemeinen in der Lage, die Höhenkrankheit zu überwinden, wenn er entschlossen genug ist«, sagte sie. »Die meisten Menschen hätten nur halb so viele Schwierigkeiten damit, wenn sie noch nie davon gehört hätten. Die beste Methode ist, so zu tun, als ob es sie gar nicht gibt.« Als ich das hörte, wurde ich noch ängstlicher und war mir sicher, mein akutes und besonders langes Leiden sei ein eindeutiger Beweis meiner fehlenden Willenskraft und meiner Neigung, mir alles Mögliche (und Unmögliche) vorzustellen. Trotzdem ging die Krankheit schnell vorbei, und ich hatte von da an keine Probleme mehr mit dem Essen.

Evelyn hingegen hatte vernünftigerweise keinen Gedanken an das Thema verschwendet. Doch jetzt litt sie mehr als ich, manchmal sogar mehrere Tage hintereinander, obschon sie sicher auf angenehmere Weise höher gekommen wäre, wenn wir mehr Zeit in den Bergen verbracht hätten.

Wir beschlossen, uns angesichts der schlechten Wetterverhältnisse nicht in unbekanntes Territorium zu wagen, doch am Nachmittag besserte die Lage sich etwas. Da Monica die fitteste von uns dreien war – Evelyn fühlte sich auch ein wenig flau in dieser Höhe –, zog sie mit Mingma und Ang Temba los, um eine Route durch den Eiswasserfall oberhalb des Lagers ausfindig zu machen. Wir beobachteten sie besorgt bei ihrem Aufstieg durch den enger werdenden Korridor des Bergschrunds, der auf halber Strecke an einem Gewirr von Séracs und Eiszinnen vorbei und hinauf zum oberen Teil des Gletschers führte. Dieser Korridor war durch Steinschlag sehr gefährlich und unsicher, und wir hatten ihn als Durchstiegsroute schon verworfen. Am Nachmittag klang es nach einem offenen Kampf, als einige Felsbrocken ganz in der Nähe des Lagers herabstürzten und alles auf ihrem Weg niederwalzten, wie um ihrer Wut über den unfreiwilligen Ortswechsel Luft zu machen. Evelyn und ich waren erleichtert, als wir sahen, dass die anderen sich aufs Eis in Sicherheit gebracht hatten. Wir entdeckten sie anschließend nur noch ab und zu, wenn sie über riesige schneebedeckte Blöcke kraxelten oder auf Eistürmen thronten.

Monica musste dieser Erkundungsgang wie ein topografisches Labyrinth-Spiel vorgekommen sein, gespielt in vollem Ernst. Mal waren sie auf einer falschen Spur in einer Sackgasse, wo ein riesiges schwarzes Eisloch als Strafe für jede falsche Bewegung wartete. Mal fanden sie den richtigen Weg und wurden durch eine strahlende aufwärts führende Brücke belohnt, die sie ins nächste Verwirrspiel führte. Mingma schlug mit Kraft und Elan Tritte ins Eis – in solchen Situationen war er in seinem Element –, und Monica folgte und schlug Zwischenstufen. Das Ergebnis passte genau für ihre Schrittlänge. Doch trotz der Séracs, die weiter oben drohend aufragten, und der Gletscherspalten, die unten lauerten, wollte Mingma nicht am Seil gehen.

Diese Abneigung gegen das Anseilen war das einzige Problem mit unseren Sherpas. Sie richteten sich nach unseren Wünschen, respektierten unser Urteil, und obschon Mingma hervorragende Routenvorschläge einbrachte, überließ er uns immer die letztendliche Entscheidung. Mingma und Ang Temba zeigten beim Klettern mehr Initiative als die anderen, und Mingma, ein kompetenter und erfahrener Bergsteiger, war besonders gern der Führer. Wir hinderten sie nicht, denn es war besser, die harte Arbeit beim Spuren und Tritte-Schlagen mit den Sherpas zu teilen; sie besaßen sichtlich mehr Kraft als wir. Als zusätzliches positives Ergebnis identifizierten sie sich mehr mit unserem Vorhaben. Sie fanden es nicht merkwürdig, dass Frauen so ein Unternehmen anpackten, da ihre eigenen Frauen zäh und abenteuerlustig sind, auch wenn sie nicht in Schnee und Eis klettern. Sherpas werden jedoch nicht von ihren Frauen bestimmt, und wenn wir taktlos die Führung übernommen hätten, wären die Folgen katastrophal gewesen.

Wir waren froh, dass Mingma und Ang Temba eine Art echten Bergsteigergeist besaßen und Abenteuer liebten – auch wenn diese Eigenschaften mit einer unbekümmerten Missachtung objektiver Gefahr einhergingen (mit Ausnahme von Steinschlag, den sie mit großem Respekt behandelten). Bis jetzt haben wenige Sherpas um ihrer selbst willen Berge bestiegen, und keiner plante eine Expedition für sich selbst. Tenzing bildet eine bemerkenswerte Ausnahme, und andere werden ihm folgen. Möglicherweise werden die Sherpas schließlich Bergführer und Expeditionsleiter, vergleichbar mit schweizerischen Führern, die besser klettern als Amateure und deren Vorfahren schweizerische Bergbauern des mittleren 19. Jahrhunderts waren. Noch wissen die Sherpas wenig über den Umgang mit Karte und Kompass oder über Bergrettung, aber es gibt schon eine Bergführer-Schule für sie in Darjeeling.

Das Seil wurde angelegt, und Mingma zeigte Ang Temba flüchtig, wie man sich sicherte. Ang Temba hieb seinen Pickel vier bis fünf Zentimeter in den Schnee, was im Fall eines Sturzes keinen ausreichenden Halt bieten würde. Im Gegenteil: Dann wurde das Seil eher zur Gefahr als zum Lebensretter. Monica musste mehrere Male auf einer besseren Sicherung bestehen.

»Thik hai, Memsahib«, antwortete Ang Temba fröhlich, was so viel hieß wie: alles in Ordnung. Das einzige Heilmittel für ihn war unserer Meinung nach ein Sturz direkt in eine Gletscherspalte – aber wir hofften, dass dies nicht im Verlauf unserer Expedition geschehen würde.

Vor ihrer Rückkehr erreichten sie den fast ebenen Teil des Gletschers ganz oben. Monica kam zurück zum Zelt und überschüttete uns mit ihrem Enthusiasmus und Schnee.

»Es gibt einen ganz ausgezeichneten Weg durch den Eisfall«, sagte sie. »Wir können geradewegs den Gletscher hinaufsteigen.« Mingma stand draußen herum, um auch Anteil an der Übermittlung der guten Neuigkeiten zu haben. Alles, was wir von ihm sehen konnten, war sein breites Grinsen – wie ein Honigkuchenpferd.

Der folgende Tag war klar und schön, und ich fühlte mich wieder gut. Ich war so glücklich, dass ich vor fünf Uhr aufstand. Die anderen fanden meine Lebensfreude um diese Zeit unpassend, und die Sherpas, die auf dem Marsch solche Frühaufsteher gewesen waren, waren nicht so einfach aus ihren Überlebensanzügen auf den Gletscher zu bekommen. Der Morgen war bitterkalt, und die Sonne wollte erst ganz zuletzt auf unseren Lagerplatz scheinen. Der Schnee war blau und eisenhart, man sah kaum unsere Fußspuren, und meine Finger wurden sofort gefühllos. Schließlich standen Evelyn und Monica auf und saßen in sämtlichen Kleidern, die sie besaßen, auf den Luftmatratzen. Frierend und mit vorwurfsvollem Blick warteten sie, dass die Sonne uns erreichte. Endlich schien sie auf unser unbewegliches Lager und brachte – wie der Kuss, der die schlafende Schönheit erweckt – Leben und Glitzern in den Schnee, die Sherpas und uns selbst.

Ich möchte nicht den Eindruck erwecken, wir hätten während dieser Zeit auch nur im Mindesten hübsch ausgesehen. Das Waschen hatten wir bald aufgegeben in diesem Lager, da wir unseren gesamten Wasserbedarf durch Schneeschmelzen decken mussten. Wir befanden uns in einer sauberen Welt, und es war eh viel zu kalt ... Unser Haar wurde kraftlos und strähnig, obschon wir es hin und wieder kämmten. Ich verbarg meines abwechselnd unter einer gelben Kappe oder der Kapuzenmütze, die wie eine Perücke aussah. Monicas bleichte aus und wurde sehr trocken, da sie vor der Abreise eine zu starke Dauerwelle hatte machen lassen, außerdem begann es auszufallen. Sie öffnete eine unserer Rizinusöl-Kapseln und massierte den Inhalt in ihr Haar.

Entgegen einiger weit verbreiteter Behauptungen in der indischen Presse verwendeten wir kein Make-up oder Lippenstift auf unseren Klettertouren, geschweige denn in 7000 Metern Höhe. Das wäre sogar extrem gefährlich gewesen. Auch unter einer dicken Schutzschicht Gletschercreme, die wie ein Theater-Make-up für eine unangenehme Charakterrolle wirkte, wurden wir durch die aggressive ultraviolette Sonnenstrahlung auf dieser Höhe, noch verstärkt durch die Reflexion vom Schnee, verbrannt. Meine Lippen, die ich nach Atem ringend immer geöffnet hatte, erlitten innen schwere Verbrennungen an den Stellen, wo die Creme weggeleckt war. Der Genuss von Orangensaft wurde dadurch zu einer speziellen Qual für mich.

Jedes Mal, wenn wir das Lager verlegten, mussten wir all unsere Sachen mitnehmen – wie Zigeuner. Manchmal versteckten wir einen Teil der Lebensmittel, wir konnten es uns jedoch nicht leisten, die Zelte in »Nebenlagern« zurückzulassen. Es dauerte oft lange, alles in der Kälte zusammenzupacken, wenn auch die Sherpas mit der Zeit immer mehr Übung bekamen. Normalerweise mussten wir warten, bis die Sonne die Zelte erreichte, den glitzernden Eisüberzug darauf wegschmolz und man die am schneebedeckten Boden festgefrorenen Zeltplanen überhaupt lösen konnte.

Es war schon weit nach acht Uhr am ersten Morgen, als wir den weitläufigen Irrgarten des Eiswasserfalls endlich betraten. Mingma ging mit seiner Last früher als die anderen los. Er befreite die Eisstufen vom Neuschnee und hatte die Hälfte der ersten Steigung schon hinter sich, bevor wir ihn erreichten. Wir hatten keine andere Wahl, als uns – in verkrampfter Haltung – anzuseilen. Mingma führte die erste Seilschaft, Evelyn die zweite. Ich ging hinter Mingma, da ich eher in der Lage war, ihn bei einem Sturz zu halten, als Monica, die klein und leichtgewichtig ist. Es war etwas nervenaufreibend, da er durch seine kopflastige Traglast sehr in Bedrängnis geriet und deswegen bei jeder wichtigen Bewegung die gleichen kleinen Panikschreie ausstieß wie beim Glücksspiel. Glücklicherweise folgte dann auch jedes Mal ein Triumphschrei wie nach einem gelungenen Wurf mit dem Würfel.

Einmal mussten wir eine schmale Brücke aus Eis überqueren. Ein anderes Mal erkletterten wir eine Eiswand, die in einer messerscharfen Kante endete, und mussten über eine unerwartete Gletscherspalte dahinter springen. Wir waren so konzentriert, dass wir die aufziehenden Wolken erst bemerkten, als wir von ihnen verschlungen wurden.

Als wir den ebenen Teil des Gletschers oben erreichten, immer noch mitgenommen vom Kreuzundquer der Gletscherspalten, konnten wir die Auswüchse einer langen schneebedeckten Hauptmoräne sehen, die nach oben in den Nebel führte: das Rückgrat des Gletschers sozusagen. Dieses Stück peilten wir mit dem Kompass an – 15 Grad –, bevor der Nebel sich ausbreitete, und folgten der Richtung über eine Stunde lang nach oben. Da wir uns auf einfacherem Gelände befanden, nutzten wir vorher noch die Gelegenheit und hielten an, um die Plätze am Seil zu wechseln. Monica übernahm anstelle von Mingma die Führung, weil wir unsere eigene Route bestimmen wollten. Sie erklärte ihm, dass sie, sollte sie plötzlich in eine unvorhergesehene Gletscherspalte stürzen, bei dieser Marschfolge ohne Schwierigkeiten wieder herausgezogen werden könnte. Sie wäre wie eine Erbse an einem Bindfaden im Vergleich zu der Masse von Mingma und seiner Ladung. Das zeigte sich wenig später, als sie tatsächlich in eine versteckte Gletscherspalte rutschte – allerdings nur in Hüfthöhe. Sie sagte, es sei wie durch ein Dachfenster zu brechen, das Eis klirrte weit unten wie Glas.

Die Wolken rissen nur selten und wenig auf. Der Gletscher schien immer schmaler zu werden, und von links mündete ein neuer Eiswasserfall ein. Wir beschlossen, hier unser Lager zu errichten, solange wir noch vor Lawinen sicher waren. Wir entdeckten eine ebene Stelle, und Mingma stapfte mit Ang Temba auf und ab, um den Schnee niederzutrampeln und einen Standplatz für die Zelte zu bekommen. Diese regelmäßige Aufführung nannten wir den »Zelt-Tanz«. Inzwischen trampelten wir selbst auch einen Pfad über zwei Gletscherspalten zur anderen Seite des Gletscherrückens, wo wir in Deckung waren und nicht gesehen werden konnten.

Die Sherpas beobachteten immer genau, welchen Felsblock oder welche Vertiefung wir wählten und suchten sich dann ruhig einen anderen Platz, meistens weniger leicht erreichbar. Wenn sie eine von uns beim Zurückkommen von der Toilette trafen, taten sie so, als ob sie uns überhaupt nicht bemerkten, und im Fall, dass es die erste Begegnung am Morgen war, begrüßten sie uns erst beim nächsten Treffen.

Dieser Nachmittag verlief nach dem gleichen Schema wie viele andere. Wir saßen in den Zelten, einen Schlafsack um unsere Füße oder Schultern gewickelt, und hörten auf das harte Prasseln oder sanfte Fallen des Schnees, der auf dem Zeltdach erst gefror, dann in Eisplatten zerbrach und zu Boden rutschte. Ang Temba brachte uns grünen Tee oder ein Gebräu namens *ovocha*, was auf dieser Höhe eher genießbar war, und dazu Sardinen und Kräcker. Oft sang er ein kleines Lied, das er gerade erfunden hatte, um einen bestimmten Vorfall im Lager zu besingen. Eines, das er anlässlich des neu gelernten Wortes »Rosine« komponierte, lautete folgendermaßen:

Gudrun, Rosine,
gudrun, Rosine; gudrun,
Rosine, gudrun, Rosine.

Er brachte uns auch unser Abendessen, und wenn die Sherpas sich etwas Besonderes ausgedacht hatten, zum Beispiel Lachs, erschien Kusung ebenfalls, streckte seinen Kopf durch den Eingang und rief »Salaam, Memsahib«. Dabei grinste er vielsagend, wie um zu zeigen, das Ganze sei seine Idee gewesen, und lehnte sich dann zurück, um die erwünschte Wirkung zu beobachten.

Wir lasen oder schrieben bis abends, am liebsten hatten wir Bücher mit einem wirklichkeitsnahen, realen Thema. Man hatte uns geraten, uns geistig zu beschäftigen, und dies war wahrhaftig wichtig, obwohl Evelyn meinte, ihr Studium der »Angewandten Physiologie« ginge zu weit. Ich las am liebsten *Die graue Eminenz*, dessen Inhalt ich bei oberflächlichem Überfliegen nicht verstehen konnte. Monica verbrachte einen Großteil ihrer Zeit mit den Bekenntnissen von Rousseau. Mit der Zeit wurden seine Ausführungen allerdings ein wenig langweilig und *Die Brüder Karamazov* erregten mehr Interesse – bis sie entdeckte, dass ich vergessen hatte, Teil II auf die Expedition mitzunehmen. Monica verbrachte viel Zeit mit der Planung einer neuen Garderobe, Evelyn und ich widmeten uns dagegen eher der Zusammenstellung herzhafter, um nicht zu sagen erlesener Mahlzeiten. Manchmal hatte ich ein starkes Bedürfnis nach guter Musik, auch wenn ich zu Hause eher selten Musik höre.

Nach dem Abendessen krochen wir in unsere doppelten Schlafsäcke. Unsere nassen Socken und Handschuhe legten wir zwischen die zwei Daunenschichten, damit sie trockneten. Auch unsere Stiefel mussten wir hineinnehmen: Sie lagen die ganze Nacht an unseren Füßen wie eine kalte *chapati* im Magen. Trotzdem waren sie am nächsten Morgen oft steif gefroren.

Das Einzige, was mich nachts wirklich störte, war, dass ich mit dem Kopf nicht ganz im Schlafsack schlafen konnte, wie ich es zu Hause unter der Decke tat. Wenn ich es versuchte, wachte ich jedes Mal verzweifelt nach Luft ringend auf und mein Gesicht berührte den eiskalten Reißverschluss. Es war schlimm genug, mit dem Kopf draußen zu schlafen, denn wenn ich mich umdrehte – oder auch nur daran dachte und mich dann wieder anders besann –, erwachte ich keuchend wie nach einer großen Anstrengung.

Am nächsten Morgen wölbten sich die Zeltwände unter dem Gewicht des Neuschnees nach innen. Ein oder zwei Schläge dagegen erledigten das Problem, und die Sonne schien ins Zeltinnere. Ich kämpfte mich völlig verschlafen aus meinem Schlafsack und hatte keine Ahnung, was mich erwartete. Die eindrucksvolle Szenerie und die eiskalte Luft draußen brachten mich jedoch sofort zu Bewusstsein. Am oberen Ende des Gletschers ragte ein Gipfel empor, den ich vorher niemals gesehen hatte, schön geformt mit herrlichen Zinnen. Er glühte förmlich im warmen gelben Licht der frühen Morgensonne. Vor dem strahlend blauen Himmel stach er buchstäblich hervor. Ich fühlte mich, als ob ein plötzlicher zauberhafter Musikakkord den Himmel erklingen ließe, und hätte am liebsten laut aufgeschrieen. Das tat ich dann auch: Ich schrie, worauf die anderen aufschauten und jegliches Gemurmel sofort verstummte.

Jeder Morgen in unseren Hochlagern barg das gleiche Gefühl von Erregung; ein Gefühl, das uns nicht unbedingt aus unseren Schlafsäcken trieb, aber – und das war das Besondere daran – das man im Voraus und in aller Ruhe genießen konnte. Wir wussten nie, was uns erwartete, wenn wir morgens hinausschauten; welche neuen unbestiegenen namenlosen Berge aus dem Nebel des vorhergegangenen Tages aufgetaucht waren, welche neuen und vielleicht erschreckenden Seiten der Berge, die wir schon gesehen hatten, jetzt erschienen, um uns aufzurütteln und etwas bescheidener zu machen. Hätte ich jemals mit dem Gedanken gespielt, mich in diesen Bergen beweisen zu müssen, so ließ ich ihn jetzt für immer ziehen.

Die Sonne erreichte uns an diesem Morgen früher, und die weite glatte Schneefläche um uns herum glitzerte und funkelte im Morgenlicht. Wir kamen gut voran, obwohl Evelyn sich einmal plötzlich in den Schnee übergeben musste. Die Sherpas murmelten mitfühlende Worte und wandten sich höflich ab, ohne viel Aufhebens zu machen. Das Schlimmste war, dass es ihr danach nicht besser ging. Sie ging trotzdem weiter, langsam und tapfer, hielt dabei oft an, um ihre beschlagene Schutzbrille zu putzen, und putzte ebenso oft ihre Schutzbrille, um anhalten zu können.

Auch wenn ich mit ihr mitfühlte, konnte ich doch meine Erregung nicht verbergen. Wir überquerten einen schmalen Steg am oberen Rand des unteren Gletscherabschnitts, der anschließend in ein riesiges weißes Hufeisen führte, umgeben von atemberaubenden Gipfeln und ihren zugehörigen Gletschern, die sich endlos über den Hauptgletscher erhoben. Wir waren die Ersten, die hier waren und dies alles sahen!

Für die meisten Menschen ist es unmöglich, solch intensive Gefühle, wie wir sie nun erlebten, lange zu ertragen. Und so nahmen nüchterne, triviale Dinge viel von unserer Zeit und Aufmerksamkeit in diesem großartigen Hufeisen in Anspruch, das durch nichts in unserer Vorstellung übertroffen wurde. Wenn ich jetzt an diese trivialen Dinge zurückdenke – wie Ang Tembas Art, seinen Pickel verkehrt herum zu tragen und zum Spaß lustige Muster im Schnee zu hinterlassen –, dann erlebe ich in einem Moment die ganze Großartigkeit unserer Situation wieder, unser Staunen und das unbeschreibliche Glück, das wir dort empfanden.

Als wir schließlich wohlbehalten oben in diesem neuen Kessel angelangt waren, beschlossen wir, dort zu lagern. Der Nebel zog sich schon zusammen, löschte die prachtvolle Arena um uns herum aus und umgab uns stattdessen mit grauen, undefinierbaren Wänden. Trotzdem hatten wir noch gesehen, dass der Rand unseres Beckens, der im Norden und Osten das Grenzgebirge zwischen Nepal und Tibet bildete, zwischen der Phurbi Chyachu und dem wohlgeformten Gipfel, den wir vom oberen Teil unseres Gletschers aus entdeckt hatten, abfiel. Wir konnten diesen Abhang möglicherweise über einen steilen Vorsprung oberhalb des Lagers erreichen und von dort einen Blick nach Tibet werfen. Außerdem wollten wir eine bessere Sicht auf die Nordflanke der Phurbi Chyachu haben, deren Gipfelhang zuerst steil anstieg, dann jedoch flacher wurde. Dieser Hang ist an manchen Stellen nicht fester als eine dünne Eisplatte, doch noch wurden wir durch seine geringe Steigung zu der Annahme verleitet, wir könnten eine Route dort entlang finden. Gleichzeitig wollten wir den schönen Gipfel im Norden des Abhangs untersuchen, der uns sehr faszinierte. Wir nannten ihn mittlerweile *Ladies-Peak* (»Damen-Gipfel«) –

Blick auf die Phurbi Chyachu von einem hohen Pass zwischen Nepal und Tibet aus

etwas vorschnell, wie wir bald erkennen sollten. Seine Westseite stieg im unteren Teil steil an, unsere unerfahrenen Augen entdeckten jedoch eine breite Zinne, die wir vielleicht erklettern konnten.

Als wir Halt machten, sank Evelyn sofort auf einer großen Reisetasche in sich zusammen, und Ang Temba und Chhepala legten sie so bald in ihr Zelt, dass es schien, als hätten sie es um sie herum aufgeschlagen. Chhepala hatte schnell unseren Schlafturnus in den Zelten begriffen und ordnete unsere Taschen und Schlafsäcke immer entsprechend richtig zu. Kusung jedoch konnte es sich nicht merken und schaute jedes Mal bestürzt, als ob er sagen wollte: »Sie werden doch nicht schon wieder gewechselt haben?«

Am nächsten Morgen erwartete uns eine weitere Überraschung. Wir entdeckten westlich von uns einen Doppelgipfel, dessen felsige und eisige Flanken im warmen Sonnenlicht erstrahlten. Einer war etwas höher als der andere, und sie glichen dem Berg, den wir aus der Ferne als Dorje Lakpa identifiziert hatten. Es dauerte nicht lange, um von dieser Feststellung zu der Überzeugung zu kommen, dass der Berg vor uns tatsächlich der Dorje Lakpa war. Und da wir uns frei fühlten, der Landkarte keinen Glauben mehr zu schenken, entwickelten wir die hübsche Theorie, es gäbe nicht zwei Hauptgletscher im Jugal Himal, sondern nur einen. »Jedenfalls«, so argumentierten wir in unserer Unschuld, »kann es im Jugal-Gebirge nicht zwei so große Gletscher geben wie den, den wir gerade erforschen.« Die Bergkette oberhalb unseres Basislagers trennte uns nur von den kleinen Gletschern des westlichen Tals, so dachten wir, und sämtliche Hauptgipfel des Jugal-Hufeisens lagen nun in einem einzigen prachtvollen Bogen über uns.

Evelyn fühlte sich besser und beschloss, mit uns zu dem Abhang am Gipfelrand zwischen dem Ladies-Peak und der Phurbi Chyachu zu klettern. Der steile Hang im Osten, der zu der Stelle hinaufführte, schimmerte seidig-blau – ein Zeichen dafür, dass Eis unter der Schneeschicht verborgen war. Es gab dort keine Gletscherspalten, außer ganz oben, allerdings konnte er leicht zu einer gigantischen und rasanten Rutschbahn werden. Nach kurzer Überlegung zog ich meine Steigeisen an.

Ich war an der Reihe, eine Seilschaft zu führen, Mingma übernahm die andere. Ohne seine Traglast schoss er jetzt in einem solchen Tempo voran, dass Evelyn regelrecht hinterhergezogen wurde und alle 50 Meter eine Pause verlangen musste. Wäre sie in ihrer Geschwindigkeit gegangen, hätte sie ohne Schwierigkeiten durchlaufen können. Ich selbst hatte nichts gegen die Stopps und stellte mich mit meiner Gruppe jedes Mal zu den anderen. Monica allerdings war sehr fit und schritt schwungvoll voran. Sie und Mingma hätten sich von uns anderen trennen sollen und vorauseilen, da die Wolken sich schon über uns zusammenzogen. Doch daran dachten wir nicht rechtzeitig.

Monicas gute Kondition lag nicht nur daran, dass sie im Sikkim schon auf 6000 Metern Höhe geklettert war und sich daher beim zweiten Mal leichter akklimatisierte. In niedrigen Höhen ist sie sowohl in der Ebene als auch bergauf eine schnelle Läuferin. Als kleines Kind und als Jugendliche verbrachte sie viel Zeit in den Dschungelgebieten Südindiens in dem Versuch, ihrem schnell vorauslaufenden, zerstreuten Vater nachzukommen – auf der Spur nach dem großen Abenteuer. Monica ist nur 1,55 Meter groß. Es gibt zwar keine Idealgröße für einen Mann beim Bergsteigen im Himalaya – das beweisen die vielen unterschiedlichen Everest- und Kangchenjunga-Teams. Es könnte jedoch sein, dass kleine Frauen in großen Höhen Vorteile haben, vorausgesetzt sie sind widerstandsfähig und beherzt. Claude Kogan, die höher als jede andere Frau auf der Welt war, erreicht ohne Schuhe eine Größe von knapp 1,52 Metern. Meiner Meinung nach wird die erste Frau, die je auf dem Everest-Gipfel steht, zartgliedrig und zierlich sein.

Irgendwie haftete die Schneeschicht am darunter liegenden Eis, so dass wir Stufen hineintreten konnten. Wir stiegen die linke Seite eines langen weißen Vorsprungs hinauf, der dem

Gipfel zu immer steiler wurde. Das Eis glitzerte trügerisch. Wir hielten alle gleichzeitig an, um unsere Steigeisen anzuziehen – bis auf Ang Temba, der sie nicht mitgenommen hatte, weil er der Meinung war, seine seien zu groß. Er bedauerte als Einziges, dass nun alle um den Spaß kamen, ihn in seinen Steigeisen herumschlittern zu sehen.

Ich stellte fest, dass meine angeblich narrensicheren Steigeisenverschlüsse, die in Kathmandu so einfach und elegant zu funktionieren schienen, jetzt an den Schnallen durch Eis blockiert waren. Ang Temba bog sich um den einen Stiefel, Chhepala um den anderen, jedoch ohne Erfolg. Die Dinger waren nicht zuzukriegen. Kusung bot mir ein Stück Schnur an, glücklich, endlich eine Idee zu haben, aber nach ein paar Schritten zerriss sie. Also beschloss ich, Stufen ins Eis zu schlagen – was wir für Ang Temba eh machen mussten. Weder die dünne Schneedecke noch das unnachgiebige Eis würden einen gut geführten Pickel davon abhalten, ihm als Sicherung zu dienen.

Ich überschritt den Gipfelpunkt und fühlte mich, als würde ich eine riesige umgedrehte Puddingschüssel hinaufkraxeln. Ang Temba zockelte hinter mir her.

Wir kamen zu einer kleinen Bodensenke am oberen Ende des Vorsprungs, etwa 150 Meter unterhalb des Grenzgebirgsrückens. Feuchter Nebel sammelte sich schnell in dieser Senke, und es gab keine Hoffnung, dass er sich heute wieder auflösen würde. Wir konnten von oben überhaupt nichts erkennen. Es war also unmöglich weiterzugehen.

Wir trösteten uns mit dem Gedanken, dass dieser Aufstieg gut für die Akklimatisierung war – wir erreichten wahrscheinlich eine Höhe von 5600 Metern, auch wenn wir zu dieser Zeit davon überzeugt waren, uns auf 6000 Metern zu befinden – und machten uns auf den Rückweg nach unten. Als wir bei meinen Eisstufen ankamen, bat ich Kusung und Ang Temba, vorsichtig zu gehen. Ich wollte ihnen begreiflich machen, dass ich sie hier nicht genügend sichern konnte. Doch sie schlitterten recht unbekümmert herum, hieben mir zuliebe größere

Stufen ins Eis, die jedoch mit den schon vorhandenen überhaupt nicht übereinstimmten.

Rückblickend erscheint mir dieser Moment haarsträubend, doch zu dieser Zeit war ich einfach nur verärgert. Die Höhe machte uns anscheinend weniger ängstlich, sogar etwas weniger verantwortungsvoll als auf Bergtouren in niedrigeren Lagen.

Die Berge vor uns waren dagegen nicht weniger Furcht einflößend als in unseren Vorstellungen, und wir bewegten uns dementsprechend überlegt und umsichtig zwischen ihnen. Der erste Anblick einer entsetzlichen Gletscherspalte – wie das Tor zur Unterwelt, das sich zu Persephones Füßen öffnete – hinterließ einen unauslöschlichen Eindruck, und wir werden uns immer mit Ehrfurcht daran erinnern. Doch nun betrachteten wir sie aus einer gewissen sachlichen Distanz. Paradoxerweise fühlte ich mich zu Hause oder in den Alpen vor einem neuen Expeditionstag immer viel aufgewühlter und ängstlicher. Das war einer der Punkte, in denen sich das Bergsteigen im Himalaya von meinen bisherigen Erfahrungen unterschied und in gewisser Weise auch vergnüglicher war – zumindest bis wir eine Höhe von rund 6000 Metern erreichten, wo jeder Schritt so viel Anstrengung kostet, dass er nur noch schmerzvoll ist.

Anscheinend trafen wir Vorsichtsmaßnahmen eher aus Gewohnheit und aufgrund unseres Trainings als aus irgendeinem Angstgefühl heraus. Schon allein aus diesem Grund hielten wir es für die meisten Mitglieder einer Himalaya-Expedition für sehr wichtig, frühere Bergsteigererfahrung in Schnee und Eis zu besitzen.

Dieser Verlust an Ängstlichkeit, manchmal bis hin zu völliger Gelassenheit, in Verbindung mit einem konstanten Bewusstsein unserer Umgebung hatte eine unerwartete Wirkung auf unsere Beziehungen untereinander. Entgegen aller Erwartungen waren sie immer gut in den Bergen. Die meisten Bergsteiger mit Himalaya-Erfahrung behaupten, die besten Gefährten von Wochenendtouren könnten sich in den hoch gelegenen Lagern plötzlich nicht mehr ausstehen, jede Schwäche käme überdeutlich zum Ausdruck, jede Eigenheit würde zum untragbaren Ärgernis. W. H. Murray geht gar so weit zu sagen: »Ich hätte jeden meiner Begleiter in regelmäßigen Abständen mit Vergnügen erschlagen, wären da nicht die lästigen Erklärungen gegenüber den Angehörigen gewesen.« Daher zählt bei der Auswahl der Mitglieder großer Expeditionen ein ausgeglichenes Temperament genauso viel wie bergsteigerische Fähigkeiten.

Einige dieser Himalaya-Bergsteiger sind der Meinung, die Höhe sei für die genannten Schwierigkeiten nicht verantwortlich, zumindest nicht bis zu einer Höhe von 6000 Metern, sondern es läge vielmehr am Zusammenleben in Zelten über einen langen Zeitraum, in Unbequemlichkeit und Langeweile. Das konnten wir aus unserer Erfahrung nur bestätigen. Wir waren versucht zu folgern, Frauen könnten diese Unannehmlichkeiten besser aushalten – und sich während der langen Stunden in den Basislagern sinnvoller beschäftigen.

Jedenfalls war der einzige Effekt, den die Höhe auf unsere Beziehung hatte, dass wir freundlicher miteinander umgingen. Evelyn verlor zwar zeitweilig ihre gewohnte Lebhaftigkeit, dafür erlangte sie jedoch eine neue Würde und zeigte sich sehr selbstlos und besorgt, dass sie uns aufhalten könnte – was sie nicht tat. Sie entwickelte eine wunderbare, bis dahin nicht gekannte Art. Im indischen Flachland, wo wir der Hitze, dem Staub und der dauernden Unsicherheit, die richtigen Dinge zu Reportern und Zollbeamten zu sagen, ausgesetzt waren und Listen, Zeitungsüberschriften und Artikel in Zügen und Warteräumen tippen mussten, hatten wir uns gestritten. Zu dieser Zeit hatten wir die kleinen Unstimmigkeiten und Zankereien, die man uns für die Berge vorausgesagt hatte.

Eigentlich wollten wir am nächsten Tag in einem schnellen Aufstieg zum Grenzgebirge hinaufkommen, aber die Gelegenheit war vorbei. Es war ein verdrießlicher Morgen, und eisengraue Wolken umhüllten schon jetzt die Bergspitzen. Unsere

Lebensmittel gingen bald zu Ende, und wir mussten am selben Tag wieder zum Basislager zurückkehren. Also taten wir dies schnell und entschlossen, denn wir wollten unbedingt wiederkommen, um den Gletscher so bald wie möglich genauer zu untersuchen.

Eine Zeit lang gingen wir ohne Seil auf einer festen Schneeunterlage. Zwei Lämmergeier, die bärtigen Himalaya-Geier, glitten über unsere Köpfe hinweg. Sie bewegten kaum ihre Flügel, und wir stellten uns vor, wie sie uns mit gesenkten Augenlidern musterten. Bei diesem Wink auf unsere Sterblichkeit hielten wir an und bestanden darauf, uns anzuseilen, obwohl wir noch weit oberhalb des Eisfalls waren und Mingma das Ganze kleinlich fand. Nicht lange danach sank er selbst kurz hintereinander in zwei oder drei Gletscherspalten, auch wenn er durch seine Traglast oben gehalten wurde, die sich in dem durch seinen Körper entstandenen Loch verklemmte. Beim zweiten Mal eilte ihm Ang Temba zu Hilfe und begab sich selbst auf den Schnee, der sich als unsicher erwiesen hatte, anstatt ihn von einem festen Standort aus zu sichern. Evelyn und ich riefen ihm gleichzeitig nach, verwendeten in unserer Aufregung jedoch den falschen Namen.

»Kusung! Zurück, Kusung!«, schrieen wir.

Der arme alte Kusung drehte sich um, als wollte er sagen »Wer? Ich?«, während Ang Temba weiterhin so herumturnte, dass er selbst und Mingma jeden Augenblick in die Tiefe stürzen konnten.

Im Nebel hatten wir Schwierigkeiten, den Anfang unserer Route den Eiswasserfall hinunter zu finden. Der Schnee hatte unsere Spuren völlig fortgewischt, wie eine penible Hausfrau, die sauber macht, noch bevor die Gäste Zeit hatten zu gehen. Die Wolken waren von einem Sturm herangetrieben worden, der nun immer stärker wurde. Die Düsterkeit wurde durch kurze Blitze und den sanft fallenden Schnee etwas erhellt, immer wieder vom Donnergrollen unterbrochen. Unsere Schneebrillen waren völlig verschneit, was besonders für Monica schlimm war, da in ihrer Brille die Gläser eingesetzt waren, die sie normalerweise als Sehhilfe trug. Sie konnte nun weder mit noch ohne sie sehen. Außerdem behauptete sie, sie könne ohne ihre Brille auch nicht hören. Wir nahmen diese Aussage nicht so wörtlich, bis wir bemerkten, dass sie jedes Mal nach ihrer Brille griff, wenn die Unterhaltung interessant wurde.

Mingma hatte solche Angst, auf dem letzten kurzen Stück durch den Bergschrund in Steinschlag zu geraten, dass er einfach hindurchrannte. Dabei zog er Monica über die Stufen im Eis hinter sich her, so dass sie sich ihr Knie wieder aufschlug.

Als wir uns dem Lager näherten, hörten wir plötzlich einen Schrei und ein Krachen, das Bahu ankündigte. Mingma hatte ihm aufgetragen, täglich ab dem fünften Tag unseres Aufbruchs am Fuß des Eisfalles nach uns Ausschau zu halten. Er schien sehr froh, uns zu sehen – zweifellos weil er nun nicht mehr jeden Tag heraufkommen musste, um uns zu treffen – und brachte warme Yak-Milch in einer Thermoskanne mit, ein Geschenk der Sherpas von Tempathang. Wir fanden, sie hatte einen strengen Geschmack, vermutlich infolge unsauberer Melkmethoden, was sich in allem niederschlug, für das sie verwendet wurde: Kakao, Haferbrei oder Vanillepudding.

Nach einer kurzen Pause gingen wir das letzte Stück zurück zum Basislager. Die Träger und Ang Droma begrüßten uns mit Salem, und Murari sagte recht selbstbewusst »Na, wie geht's?«. Doch das Lager entsprach nicht dem warmen, heiteren Hafen, den wir uns ausgemalt hatten. Die Zelte waren von Schneematsch umgeben und sahen zugig aus, das Feuer qualmte, und der Sturm tobte immer noch. Sollte dieses Wetter anhalten, würden wir niemals zum Grenzgebirge zurückgehen können und mehr zu sehen bekommen. Niedergeschlagen und wortlos schliefen wir ein.

Ein stürmischer Pass

Am Morgen nach unserer Rückkehr zum Basislager, dem 30. April, eilte Mingma geschäftig hin und her, um unsere »Einrichtung« zu verbessern. Er sandte zwei Träger zu den verlassenen Schutzhütten oberhalb des Lagers, damit sie eine lange kräftige Gebetsfahnenstange und Material von den halb verrotteten Bambusdächern besorgten. Die Stange befestigte er der Länge nach als elementaren Dachfirst zwischen den Zelten und drapierte die Bambusmatten und unsere Plane darüber. So entstand ein geweihter, einigermaßen wetterfester Platz für die Vorräte und die Küche. Die Freiluftküche war während unserer

Im Basislager: Chhepala backt Chapati und überwacht den Dampfkochtopf, während Mingma seine Hosen flickt.

Abwesenheit mit Steinen gefliest und mit einem Abfluss und Regalen versehen worden. Auf der dem Wind zugekehrten Seite wurde sie durch einen großen Halbkreis aus Feuerholz begrenzt, der mit Wacholder abgedeckt war, und unter einem überhängenden Felsen lag ein Stapel Anzündholz im Trockenen.

Unsere Lebensgeister waren wieder so weit erwacht, dass wir ein Bad nehmen wollten, und wir holten unsere viereckige Segeltuchwanne hervor. Die Sherpas waren nicht mehr zu bremsen bei dieser Idee und stellten sofort ein Überzelt als Badezimmer auf, damit unsere Privatsphäre gewahrt blieb, gruben innen eine Vertiefung für die »Badewanne« und eine Rinne als Abfluss. Dann stellten sie noch zwei Kannen – eine mit heißem, eine mit kaltem Wasser – neben das Bad und einen Tragekorb aus Bambus für unsere schmutzigen Kleider.

All das dachten sie sich vollkommen selbstständig und ohne unser Zutun aus. Sie hatten mächtigen Spaß daran, solche »Tricks« zu unserer Freude zu erfinden, und sie merkten sich diejenigen, die gut funktioniert hatten, zum späteren Gebrauch. Bei diesem speziellen Anlass hatten sie allerdings mehr Vergnügen als wir, da wir nun regelrecht verpflichtet waren, ein Bad zu nehmen, ob wir wollten oder nicht.

Zu meiner eigenen Unterhaltung machte ich Fotos von meinen Freundinnen in der Wanne, auf denen man die Schnee*wechten* rund um das Badezimmer und ihren gequälten Gesichtsausdruck erkennen konnte. Unglücklicherweise vergaß ich, diesen Film aus einem Päckchen herauszunehmen, das wir zum Entwickeln nach Amerika an eine bekannte Zeitschrift sandten, die eine Option auf unser Material hatte. Meine Freundinnen gerieten völlig in Panik und sahen sich schon im Evaskostüm auf der Titelseite dieser Zeitschrift. Telegramme wurden versandt und Nachrichten übermittelt, in dem Versuch, den Anstoß erregenden Film zurückzubekommen. Doch schließlich stellte sich heraus, dass der Behälter mit den Filmrollen nicht ordnungsgemäß befördert, sondern in Delhi gelandet war. Der Film wurde schnell herausgenommen, er war mit der passenden Aufschrift »Nackt 19« versehen.

Wir behandelten die durch Sonne und Schnee entstandenen Verbrennungen in unseren Gesichtern. Gott sei Dank waren unsere Metallspiegel jedoch so verkratzt, dass sie kein genaues Spiegelbild mehr erkennen ließen. Wir realisierten erst, wie rau unsere Gesichtshaut war, als wir bei einem Treffen der British Women's Associaiton (Gemeinschaft britischer Frauen) in Bombay von einer Fremden angesprochen wurden: Sie stellte sich als Schönheitsspezialistin vor und fragte mitfühlend, ob sie jeder von uns eine kostenlose Gesichtsbehandlung anbieten dürfe.

Ang Droma nahm all unsere Kleider und wusch sie gründlich. Sie schlug die eingeseiften Kleidungsstücke so lange auf Steine, bis nicht mehr viel Seife übrig war – und, wie wir vermuteten, auch nicht mehr viel von der Kleidung. Ich entwendete ihr sehr diskret etwas Unterwäsche, entdeckte jedoch wenig später Bahu, der ihr helfen sollte, wie er lustlos daran herumschrubbte. Die Farbe eines Sherpa-Hemdes verteilte sich auf unseren Netzhemden, die nun in leuchtendem Violett erstrahlten. Wir nahmen den Vorfall eher lustig auf, beziehungsweise *ich* tat das, da mein Netzhemd nicht gewaschen worden war, aber Kusungs Würde war verletzt. Er schimpfte laut mit Ang Droma und wusch die Hemden noch einmal, um die violette Färbung wieder in Ordnung zu bringen. »Schaut her! Alles muss man selber machen«, schien er sagen zu wollen.

Auch die Sherpas wuschen sich selbst gründlich und regelmäßig. Wir waren der Meinung gewesen, Sauberkeit würde bei ihnen erst an zweiter Stelle, nach der Gottesfürchtigkeit kommen, was jedoch weit gefehlt war. Alle besaßen Seife und Spiegel und benutzten heimlich unsere Nagelfeilen. Sie rasierten sich nicht, da die meisten Sherpas einen spärlichen Bartwuchs hatten, aber sie zupften sich einzelne Haare von ihrem Kinn, mit großen Pinzetten, die wie Zangen aussahen. Dabei wollten sie nicht gern beobachtet werden und drehten uns oft den Rücken zu, bis die Operation beendet war.

Sie wuschen auch ihre Kleider – häufig in unseren *dekshis*, die wir zum Kochen verwendeten – und flickten sie. Kusung hatte ein Hemd, aus dem schon so oft Flicken herausgeschnitten worden waren, dass kein Zipfel oder Ärmel mehr übrig war. Dadurch wurde die Kleidung auf löbliche Weise erhalten. Die Sherpas aus Tempathang waren diesbezüglich etwas verwilderter und sahen solche Dinge als verweichlicht an. Vielleicht war meine Nase schon zu sehr dem Land angepasst, jedenfalls nahm ich nur ihren Geruch nach Holzrauch und Bergen wahr.

Am nächsten Morgen brannte ich darauf, einen weiteren Versuch zu unternehmen, um einen Weg über den Bergrücken oberhalb des Basislagers zu finden, obwohl wir nicht länger der Meinung waren, er würde uns von dem großen Hauptgletscher trennen. Da wir zu dem Schluss gekommen waren, einen solchen gäbe es gar nicht, erwarteten wir nur eine Reihe kleinerer Gletscher auf der anderen Seite.

Monica sollte zurückbleiben, um ihr Knie zu schonen, das Evelyn noch einmal neu einbandagierte, und genug Lebensmittel für den bevorstehenden Gletschertrip zusammenpacken, während Evelyn und ich das Gelände oberhalb des Lagers auskundschafteten.

Wir umrundeten den äußeren Rand des Kars, wobei wir die Rinne, die Monica und ich an unserem Ankunftstag ausprobiert hatten, außer Acht ließen, da wir sahen, dass der Schnee dort sogar noch weicher und lockerer als vorher war. Wir hofften, einen Weg durch eine andere Rinne oder durch leichte Felsenkletterei hinauf zum Höhepunkt des Bergrückens über dem Lager zu finden, und zwar ganz auf der linken Seite, wo es weniger steil war. Wir kamen gut voran, bis unser Weg plötzlich und unerwartet ein Ende fand: Eine riesige Felswand fiel zu unseren Füßen steil ab, und wir sahen schwindelnd in ein tiefes Tal hinunter. Es dauerte einen Moment, bis wir unseren rasenden Verstand beruhigt hatten und erkannten, dass unter uns das Pulmutang-Tal lag, durch das wir hergekommen waren.

Wir konnten sogar bis zu dem kleinen grünen Flecken mit der Gompa weit unter uns sehen. Unser Basislager lag in einer kleinen Mulde, die so hübsch und sauber in den Steilhang eingebettet war, dass es aussah, als wenn sie mit einem Löffel herausgeschält worden wäre. Offensichtlich konnten wir nun also nicht weiter nach links vorrücken, sondern mussten uns den Felsen direkt über uns zuwenden. Leider waren sie sehr steil, bedrohlich, moosig und nass. Zweifellos hätten Evelyn und ich mit großer Anstrengung hinaufklettern können, aber wir entdeckten keine leichtere Route, die für beladene Menschen in Frage kommen würde. Eine schwache Möglichkeit jedoch bot eine Kluft, deren Innenwand wir nicht sehen konnten. Bevor wir die Felswand abschrieben, mussten wir hineinschauen, da diese Felskluft möglicherweise die »einfache Route« war, die wir gesucht hatten.

Eine schwarze Wolkenwand türmte sich jenseits des Tals auf und verstärkte den Eindruck seiner großen Tiefe. Die Wolken näherten sich langsam, aber unaufhaltsam, obwohl es erst elf Uhr vormittags war. Wir durften keine Zeit verlieren. Schnell hasteten wir schneeverkrustete Hänge hinauf, bis wir zu einem steilen Geröllfeld kamen, wo wir unser Tempo verlangsamen mussten. Felsbrocken türmten sich aufeinander bis zu der Größe einer altmodischen Anrichte, und zwischen ihnen lagen breite trügerische Schneefelder, die wir mit unseren Pickeln auf Trittfestigkeit untersuchen mussten, da sie große Löcher und Fallen enthielten. Am Fuß der Felsen angekommen sahen wir, dass die Kluft in Wirklichkeit nur eine Vertiefung im Fels war, deren Wand auf der uns am nächsten liegenden Seite aus einer steilen Steinplatte bestand. Diese Felsplatte war so glatt, dass sie nur einigen Schneeflocken in winzigen Rillen Halt bot. Kaum hatten wir uns ein ungefähres Bild von der wahren Beschaffenheit dieser Kluft gemacht, verschwand sie auch schon wieder. Die Wolken hatten uns eingeholt. Wie so oft erschienen sie uns zunächst weniger dunkel und bedrohlich, sobald sie uns tatsächlich verschlungen hatten. Aber trotz allem waren es

Gewitterwolken. Wind kam auf, und der Schnee peitschte hart in unsere Gesichter, die riesigen Schneeflocken erzitterten von Zeit zu Zeit durch den Donnerschlag. Keine von uns legte gesteigerten Wert darauf, durch die großen Felsbrocken unseren Rückweg nach unten anzutreten, die nun so rutschig waren, als ob man sie gerade eingeseift hätte. Wir hielten uns also weiter oben und kämpften uns einen Weg in Richtung Lager über ein Geröllfeld mit kleineren Gesteinsbrocken. Der Rückweg dauerte zweimal so lang wie der Hinweg.

Als wir die Zelte erreichten, hatte Monica schlechte Nachrichten für uns. Mingma, beunruhigt durch ihre Vorbereitungen für eine weitere Tour, hatte erklärt, der Neuschnee und auch der Schnee, der noch zu erwarten war, bilde eine tiefe weiche Schicht, was einen Aufstieg sehr schwierig und anstrengend machen würde. Die beladenen Sherpas würden bis zu den Hüften versinken, was in einem Gebiet mit Gletscherspalten ihren Tod bedeuten könnte. Er war der Ansicht, wir sollten auf eine Wetterbesserung warten, die er in vier oder fünf Tagen erwartete, bevor wir zum Phurbi-Chyachumbu-Gletscher zurückkehrten.

Ich war bestürzt. Fünf Tage! Das schien endlos zu sein, brannten wir doch so darauf, vorwärts zu kommen. Ich suchte in meinem Gedächtnis in all dem, was ich über das Bergsteigen im Himalaya gelesen hatte, nach einem Hinweis, wie wir uns nun entscheiden könnten. Es war nicht zu leugnen, dass Mingma mehr Erfahrung in Bezug auf das Wetter und die Schneeverhältnisse hatte als jede Einzelne von uns. Würden wir uns in Lawinengefahr begeben oder unser Leben riskieren, wenn wir weitergingen? Würden wir unsere Zeit verschwenden, wenig vorankommen und durch die schlechten Bedingungen den Mut verlieren? Monica fühlte, dass Mingma Recht hatte, und Evelyn neigte auch zu dieser Meinung. Ich wollte keine Entscheidung erzwingen, die sich später vielleicht als tollkühn herausstellte. Wir mussten abwarten und die Dinge auf uns zukommen lassen.

Ich verbrachte den ganzen Nachmittag damit, niedergeschlagen in den Nebel und die fallenden Schneeflocken zu starren, und machte mich schließlich auf die Suche nach einem guten Buch. Ich dachte, ich hätte es in Moravias *Die Römerin* gefunden, und freute mich darauf, alle Zweifel in den fröhlichen Passagen zu vergessen, doch schon am frühen Abend war ich bei den gemeinen und düsteren Kapiteln angelangt.

Einige *ram chikor* – Vögel, die die Sherpas *tilling* nannten – flogen über unsere Köpfe und stießen ihren seltsamen wohlklingenden Schrei, »tilling, tilling«, aus. Wie der Ruf des Brachvogels gehörte er zu verlassenen Moor- und Berggebieten.

Schließlich brach Muraris Zelt unter dem Gewicht des Neuschnees zusammen, und er musste im Biwakzelt übernachten, was er jedoch brav hinnahm. Er hatte seine anfängliche Befangenheit mittlerweile verloren und sich den anderen Jungs angeschlossen. Dem armen Kerl ging es nicht besonders gut, und wir bemerkten, dass er sich mit *horlicks* tröstete, einer Art Brei, den man Patienten in den Krankenhäusern von Kathmandu gab.

Als wir am nächsten Morgen erwachten, fanden wir alle Zelte halb begraben vor. Die Sherpas waren beim Schneeräumen. Sie schüttelten den Schnee von den Zeltwänden, als bestünde er aus großen Zuckerstücken. Alles im Lager erschien im Vergleich zu dem grellen Schnee farblos, und wir ärgerten uns sehr darüber, Schneebrillen tragen und uns mit Schutzcreme einreiben zu müssen – die in den Tuben ganz steif gefroren war –, wenn es kein Abenteuer und nichts Erhebendes zum Ausgleich dafür gab. Bahu kümmerte sich nicht darum und wurde später am Tag schneeblind.

Ein Blick in den Himmel zeigte uns, dass es noch mehr schneien würde und wir noch keinen zweiten Aufstieg zum Phurbi-Chyachumbu-Gletscher wagen konnten. Wir konnten jedoch einen weiteren Versuch unternehmen, einen Pass über den Kamm oberhalb des Basislagers zu entdecken. Wir wandten unsere Aufmerksamkeit wieder der Rinne zu, die Monica und ich an unserem Ankunftstag untersucht hatten, und brachen frühmorgens auf, in der Hoffnung, eine feste Schneeunterlage unter der Neuschneeschicht zu finden.

Als wir eine Pause machten, um Mingma von unserem Plan zu berichten, merkten wir, dass er es als Zurückweisung ansähe, wenn wir ihn ausschließen würden. Er war genauso interessiert wie wir daran, auf die andere Seite des Bergrückens blicken zu können. Wir waren gnädigerweise damit einverstanden, unsere gesamten Lebensmittel und die Ersatzkleidung in seinem Reisesack zu verstauen. Der überraschte Ang Temba wurde dazu abkommandiert, ihn zu tragen, während Mingma seelenruhig zu seinem Haferbrei zurückkehrte, in der Gewissheit, uns bald einzuholen, indem er unseren Spuren folgte.

Ang Temba war mit dem Spuren an der Reihe – wenn der Schnee besonders nass wurde, »schwamm« er regelrecht nach oben. Er war jedes Mal genauso erleichtert wie wir, wenn er abgelöst wurde. Der Schnee war so weich und matschig, dass er aussah wie ein hoher Haufen Reis und auch dessen Eigenschaften besaß. Bei jedem Schritt sanken wir ein, manchmal mitsamt unseren Skistöcken. Je höher wir kamen, desto steiler und weicher wurde der Untergrund. Kleine Schneebälle, die süßen Streuselschnecken ähnelten, kamen den Abhang heruntergerollt, getupfte Spuren hinterlassend. Hätten diese die Schneefläche gekreuzt, anstatt abwärts zu rollen, so wären sie nach meiner Vorstellung am besten mit der Aufschrift versehen gewesen »An der gestrichelten Linie abtrennen«, da der Schnee so aussah, als ob er jeden Moment abreißen und eine Lawine bilden würde.

Schließlich sprach Monica aus, was wir alle insgeheim befürchteten.

»Glaubt Ihr, dieser Hang ist sicher?«

Natürlich war er es nicht. Mittlerweile hatten wir den Felsen erreicht, wo Monica und ich beim letzten Mal umgekehrt waren. Er war frisch verschneit, und wir konnten wieder in die nach links führende Nebenrinne hineinschauen. Doch jetzt waren die vorher nicht sichtbaren horizontalen Vorsprünge und Tritte in der Felswand, die den Ausgang bildete, durch den Schnee deutlich zu erkennen. Es würde mit Sicherheit einen Weg geben! Was noch wichtiger war: Die Nebenrinne war nicht so steil und der Schnee dort war wesentlich weniger tief, was die Lawinengefahr verringerte.

Wir querten die Rinne so schnell wir konnten, und als wir die Felsen erreichten, seilten wir uns an, obwohl sich die Passage als einfach erwies. Ang Temba ging hinter Monica, die führte. Aber anstatt zu sichern, kletterte er ihr dicht auf den Fersen hinterher und war ihr im Weg. Wir schrieen ihm zu, er solle herunterkommen.

»Wie bitte?«, rief er zurück, während er so tat, als ob er völlig von der Kletterei in Anspruch genommen wäre, und fuhr einfach fort mit seiner Verrücktheit. Als er oben war, drehte er sich mit einem gewinnenden Lächeln zu uns um und fragte: »Was habt ihr gesagt?«

Das gleiche Spiel versuchte er auch oft mit Mingma.

Unterdessen brachte Monica ihre Verwunderung zum Ausdruck und stieß begeisterte Triumphschreie aus. An den genauen Wortlaut konnten wir uns später nicht mehr erinnern. Wir brüllten zurück: »Deine Kommentare interessieren uns nicht. Nimm das verdammte Seil und lass es uns selber sehen!«

Das Erste, was ich bemerkte, als ich oben angelangt war, waren sanft abfallende Schneehänge auf der anderen Seite des Höhenzuges, über die wir zu späterer Zeit wieder absteigen konnten. Also hatten wir einen echten Pass entdeckt! Als wir später von dort aus zurückschauten, erkannten wir, dass wir die einzige Stelle der Bergkette getroffen hatten, an der ein Übergang möglich war. Wären wir weiterhin dem rechten Arm der Rinne gefolgt, so wären wir oberhalb von gefährlichen schneebedeckten Felsplatten und wackeligen Zinnen herausgekommen und der Abstieg wäre dementsprechend unsicher, wenn nicht unmöglich gewesen.

Ich hatte keine Zeit, mich diesen Überlegungen hinzugeben, da meine Aufmerksamkeit plötzlich durch drei elegante weiße Bergspitzen gefesselt wurde, die hell in den blauen Himmel aufragten. Vor uns lag ein atemberaubend schöner, schwieriger Bergriese, dessen Erscheinen wir nicht erwartet hatten. Er hatte nichts Trügerisches an sich, das heißt er erweckte keinen Anschein von Zugänglichkeit. Seine drei turmähnlichen Gipfel ragten schroff, eisig und blitzend empor, im völligen Bewusstsein ihrer eigenen Unbezwingbarkeit. Sie erzeugten in uns keinerlei Verlangen, ihre Herausforderung anzunehmen. Wir saßen nur da und betrachteten sie.

Welcher Berg, um alles in der Welt, lag hier vor uns? Wir hatten das ungute Gefühl, es müsste der Dorje Lakpa sein, und einen Moment lang kämpfte die Wahrheit mit unserem Wunsch, leicht erklärbare Theorien aufrechtzuerhalten. Es handelte sich tatsächlich um den Dorje Lakpa! Die Furcht erregenden Doppelgipfel, die den Phurbi-Chyachumbu-Gletscher begrenzten und die wir für den Dorje Lakpa gehalten hatten, waren etwas anderes, namenlose Gipfel, die in unserer Karte einfach nicht verzeichnet waren.

Der Hauptgletscher des Dorje Lakpa unter uns demonstrierte umgehend seine Existenz mit einem entsetzlichen Spektakel und Donnergrollen. Es erwartete uns auch noch eine weitere Überraschung, denn dieser Gletscher hatte keinen einfachen Neigungswinkel. Er war sehr steil, schwierig und gefährlich und bot einen entmutigenden Anblick. Wir konnten von Glück sagen, dass wir ihn nicht als Erstes erreicht hatten. Er bestand aus einer Ansammlung von hoch aufgetürmten Eisbrocken, zertrümmerten Séracs und leicht verschneiten Eisspitzen. Nie zuvor hatte ich einen Gletscher in einem so völlig zerrissenen Zustand gesehen. Er sah aus wie ein riesiger Topf mit Kartoffelbrei und brach unaufhörlich mit einem gewaltigen Getöse auseinander.

Bei dem Versuch, in unserer Fantasie zwei Gletscher zu einem zusammenzuschieben, hatten wir die Größenverhältnisse

Monica blickt auf den Dorje-Lakpa-Gletscher.

des Himalaya-Gebirges vollkommen falsch eingeschätzt, was uns nun deutlich bewusst wurde.

Wir gingen ein Stück den Grat entlang, da er interessante Kletterstellen aufwies, mit unterschiedlichen Felsen und unterhaltsamen Schneehängen, und wir immer noch auf einer Höhe waren, wo man solche Dinge genießen kann. Wir sahen, dass die dritte Spitze des Dorje Lakpa von den anderen beiden entfernt und viel weiter nördlich von ihnen lag. Man konnte sie gut als getrennten Berg ansehen, der auf der Karte nicht eingezeichnet war. Es ist auch möglich, dass er sich als zugänglich erweisen könnte, aber er war ein unerreichbarer Gipfel, und wir sahen ihn nie mehr so deutlich. Dahinter befand sich der große weiße Berg, der auf dem Marsch unser Interesse geweckt hatte. Von unserem Pass aus konnten wir jedoch nur den unteren Teil seiner Westflanke sehen.

Pünktlich wie immer zogen Wolken auf, und der Jugal Himal schloss für diesen Tag seine Pforten. Gelassen traten wir den Abstieg an. Monica hatte sich abgeseilt, um ihren Anorak auszuziehen, und vergaß, sich wieder anzuseilen. Mingma stieß Ang Temba mit einem kaum verhohlenen Lachen an. Der Anblick dieser Memsahib, die sonst immer aufs Strengste auf das Anseilen bedacht war und nun gedankenverloren ohne Seil auf den einzigen prekären Hang an diesem Tag zusteuerte, war zu viel für ihn.

Man muss jedoch gerechterweise erwähnen, dass Monica, abgesehen von diesem Fehltritt, sonst sehr wachsam und geistesgegenwärtig beim Bergsteigen war. In London allerdings habe ich schon erlebt, dass sie an ihrem eigenen Haus vorbeilief, als sie mich zum Essen mitnahm, und mehr als einmal fiel ihr erst viel zu spät, oben auf einem Berg, ein, dass sie Freunde zum Mittagessen eingeladen hatte.

Bei unserer Rückkehr ins Lager begrüßte Kusung uns mit freudigen Salems und fügte dann ganz spontan mit übertriebenem Respekt hinzu: »Salaam, Ang Temba!« Dabei verbeugte er sich tief und überrumpelte diesen Spaßvogel, dem darauf so schnell keine Antwort einfiel. Ang Temba neckte Kusung die ganze Zeit, und es gefiel uns, dass dieses Mal der alte Mann einen Treffer gelandet hatte.

In den nächsten Tagen schneite es heftig. Monica behauptete, die Monsunströmung hätte schon eingesetzt, und wir könnten keine Wetterbesserung erwarten, aber Mingma bestand auf einer baldigen Schönwetterperiode. In der Zwischenzeit mussten wir im Lager ausharren.

Trotzdem hatten wir viel zu tun: Filme beschriften, Tagebuch schreiben und Wetteranzeichen optimistisch deuten.

Wir konnten die späteren Titel für unsere Fotos nicht immer gleich an Ort und Stelle festhalten und verließen uns eher auf unsere Erfindungsgabe, als die eigentlich erforderliche Nummerierung vorzunehmen. So konnte beispielsweise ein Bild von Kusung bei dem Versuch eine Luftmatratze aufzublasen, die er wie einen Dudelsack unter seinem Arm geklemmt hielt, mit den folgenden Worten versehen sein: »Wir erlebten etwas, das keine von uns je gesehen hatte. Der Anblick war atemberaubend, und wir lachten Tränen.«

Eine konstante Tagebuchführung bedeutete eine große Herausforderung für mich, da ich das Schreiben gern schleifen ließ. Monica hingegen machte minutengenaue Aufzeichnungen und hinterließ beim Klettern große Flecken aus einer undichten Tintenflasche im Schnee – ein Beweis ihres Eifers. Wäre sie nicht gewesen, wüssten wir jetzt niemals den Tag oder das Datum einer Begebenheit – und das mit einer Genauigkeit, die selten ist.

Die Zeit verging mit zwanglosen Unterhaltungen. Das spannendste Thema hier und in den Hochlagern waren Menschen: Wir philosophierten über spezielle Eigenschaften unserer Freunde und wetteiferten darin, Geschichten über andere zu erzählen. Monica schien einen endlosen Vorrat an unterhaltsamen und exzentrischen Verwandten zu haben.

Die Sherpas beschäftigten sich zufrieden mit ihren Spielen. Sie hatten ein kompliziertes Spiel, ähnlich wie Monopoly, das mit Steinen, Nägeln und kleinen Holzstückchen gespielt wurde. Den ganzen Nachmittag über ordneten sie diese immer wieder neu an – je nachdem, wie der Würfel fiel. Jeder Wurf wurde von wilden Ausrufen begleitet, einer Art vertrauensvoller Beschwörung, die niemals wiederholt wurde und immer in einem Triumph- oder Verzweiflungsschrei gipfelte. Chhepala und Bahu waren die verbissensten Spieler, Mingma hingegen nahm das Spiel überhaupt nicht ernst.

Die Sherpas hatten auch ein Wortspiel, bei dem Zahlen, Namen, manchmal auch nur Vokale mal von einem Einzelnen, mal im Chor intoniert wurden. Wir haben die Regeln dieses Spiels nicht herausgefunden, aber sie spielten es stundenlang. Sie sangen immer, und die Melodien klangen in unseren Ohren alle ziemlich gleich, obwohl es sich bei einigen um Gebetsgesänge handelte, die bei Tagesanbruch gesungen wurden, bei anderen um Wanderlieder oder auch um Ang Tembas lustige Balladen. Dem schallenden Gelächter an jedem Versende nach zu urteilen, hatten diese Balladen nichts Einengendes oder gar Prüdes an sich. Wir stellten fest, dass die Sherpas genauso viel Spaß daran fanden, unsere Eigenheiten zu beobachten, wie wir im umgekehrten Fall. Das sprudelnde Limonadenpulver nannten sie »*ups*«, und wenn sie sich unbeobachtet fühlten, ahmten sie unseren begeisterten Gesichtsausdruck beim Anblick eines Topfes mit Tee in allen Einzelheiten nach.

Am Abend des 4. Mai holte Lakpa seine Mundharmonika hervor, und die Sherpas tanzten zu seinem Spiel einen eigenartigen schleppenden Tanz vor dem Feuer mit überraschend wenig Bewegung. Der Rhythmus dagegen war lebhaft, wie bei schottischen Volkstänzen. Sherpa-Musik hat in Wirklichkeit wenig mit indischer Musik gemein. In Kathmandu machten sich die Sherpas über die Klänge von Radio Delhi lustig, wie freche Teenager es manchmal zu Hause tun.

Nima Lama erzählte uns, es gäbe einen Pass hinüber nach Tibet am Ursprung des Nosem Khola. Zu bestimmten Zeiten im Jahr wurde er als Handelsroute benutzt. Lakpa versicherte, er sei auf diesem Weg nach Lhasa gelangt, aber unsere Sherpas kannten ihn gut genug, um das zu bezweifeln. Nach einem eingehenden Kreuzverhör änderte er seine Aussage in »irgendwo in Tibet« um.

Zum ersten Mal war der Himmel vollkommen klar, als es dämmerte. Die Sterne funkelten in der frostklaren Nacht, und wir wussten, dass der nächste Tag schön werden würde. Auch Sherpas sind keine unfehlbaren Wetterpropheten, aber in diesem Fall hatte Mingma völlig Recht behalten.

Die Phurbi Chyachu erhob sich zu ihrer vollen Größe und überragte in ihrer majestätischen Pracht den leichten Wolkenkranz um ihren Gipfel. Im Hintergrund wechselte der Himmel unmerklich von einem blassen Blau, durchbrochen von einzelnen Farbschattierungen der untergehenden Sonne, in ein dunkles Nachtblau über. Der Mond kam hinter den niedrigeren Bergen hervor, und sein Licht, das den ganzen Himmel erleuchtete, spiegelte sich im glatten Eispanzer der Phurbi Chyachu wider. Im Vordergrund tanzten unsere eigenen behaglichen Funken in unbeachteter Ehrerbietung. Es war ein großartiges Schauspiel.

Unsere Gespräche wurden immer wieder von langem Schweigen gegenseitigen Verstehens unterbrochen. Wir waren alle in ausgelassener Stimmung, da wir mit großer Sicherheit am kommenden Tag endlich wieder aufbrechen konnten.

Nur eine einzige Sache machte uns Sorgen: Würde Kusung in der Lage sein mitzukommen? Evelyn hatte am Nachmittag seine Brust mit ihrem Stethoskop abgehört (was sein Ansehen enorm gesteigert hatte) und eine chronische Bronchitis diagnostiziert.

»Er wird sich besser fühlen, wenn er erst wieder oben in den Bergen ist«, sagte Mingma.

Er sprach uns aus der Seele.

TEIL II

Von Monica Jackson

Zweiter Versuch

Am Donnerstag, dem 5. Mai, verließen wir das Basislager und begannen den zweiten Aufstieg zum Phurbi-Chyachumbu-Gletscher. Der erste Versuch war ein *dekhna ka waste*, nur ein Erkundungsgang, gewesen. Diesmal meinten wir es ernst. Wir verfolgten zwei Hauptziele: Zum einen wollten wir den Bergrücken des Grenzmassivs erreichen, von wo aus wir umgekehrt waren, zum zweiten wollten wir, wenn möglich, den wohlgeformten Gipfel im Westen des niedrigen Passes oberhalb des Gletschers besteigen. Ein weiterer vorläufiger Plan bestand darin, den nördlichen Gipfel der Phurbi Chyachu in Angriff zu nehmen. Wir waren nämlich zu dem Schluss gekommen, die gesamte Nordflanke dieses Berges sei – zumindest vom Basislager aus gesehen – »bezwingbar«. Allerdings handelte es sich hier um einen ausgesprochen lang gezogenen Grat, und wir würden viele Lager und weit mehr Sherpas und Begleiter brauchen, als wir zur Verfügung hatten. Ein Aufstieg auf den Nordgipfel würde zeigen, ob unsere Vermutung zutraf oder nicht.

An diesem Morgen standen wir um vier Uhr dreißig auf und beteten inbrünstig um gutes Wetter. Bei Sonnenaufgang war das ganze Lager auf den Beinen, und jeder war mit letzten Erledigungen beschäftigt. Die Hauptvorbereitungen waren natürlich schon am Vortag getroffen worden. Betty hatte die Lebensmittel bis auf die kleinste Rosine zusammengestellt; Seile, Steigeisen, Felshaken und Markierungsfähnchen für den Weg waren eingepackt, die Stiefel eingefettet und die Rucksäcke fertig gepackt. Aber nun mussten noch die Biwakzelte zusammengerollt und in ihren Hüllen verstaut werden, die Primuskocher und die Küchenausrüstung verpackt und verschiedene kleinere Entscheidungen gefällt werden. Mingma hatte gefragt, ob Bahu als Ersatz für Kusung, dem es nicht besonders gut ging, mit uns zum Gletscher hinaufsteigen sollte. Also schlugen wir Kusung vor, im Basislager zu bleiben, doch er versicherte uns heftig und ärgerlich, er wäre gut ausgeruht und fit genug für den Aufstieg. Da Evelyn bei einer Untersuchung auch nichts Auffälliges mehr fand, stimmten wir zu. Bahu besaß wenig Erfahrung im Schnee- und Eisklettern, aber er war sehr kräftig und schließlich auch ein »echter« Sola-Khombu-Sherpa. Die Schwierigkeit bestand darin, genügend Kleidung und Ausrüstung für ihn zu finden; unsere eigenen knappen Vorräte waren erschöpft. Betty und Evelyn gaben ihm Ersatzsocken und eine Schneebrille, von mir bekam er Handschuhe. Er besaß schon ausgezeichnete Schuhe mit Profilsohlen, die er auf einer der großen Expeditionen erhalten hatte.

Die zwei Sherpas aus Tempathang sollten uns bis zum Lager I begleiten und dann zum Basislager zurückkehren. Lakpa hatte einem unserer bergsteigenden Sherpas (der schon besseres Schuhwerk besaß, als wir ihm anbieten konnten) ein Paar Stiefel abgekauft und benötigte jetzt nur noch Socken, um darin laufen zu können. Mit dem gleichen herzerweichenden Gesichtsausdruck, der Evelyn dazu veranlasst hatte, sich auf dem vorangegangenen Trip von einem Paar Handschuhe zu trennen, schlich er sich an mich heran und erklärte mir, ohne Socken würden ihm seine wunderschönen neuen Stiefel überhaupt nichts nutzen. Vielleicht war es Zufall, dass er sich zuerst an mich wandte. Andererseits hatte ich am Abend zuvor Murari gegenüber erwähnt, Lapka sähe meinem kleinen Sohn sehr ähnlich. Er bekam seine Socken jedenfalls, wenn auch etwas widerwillig. Nima Lamas Sohn, der ihn während seiner Abwesenheit vertrat, besaß weder Lakpas Charme noch seine Dreistigkeit. Er gab sich mit einem Paar ausrangierter Hockeystiefel aus Segeltuch zufrieden.

Das Wetter war strahlend und klar, und es sah so aus, als ob es schön bleiben würde. Trotzdem sollte Ang Droma ein kleines Votivfeuer auf einem Felsen entzünden, in der Hoffnung, die Berggeister versöhnlich zu stimmen. Wir hatten trotz allem ein generelles, wenn auch unlogisches Gefühl, dass diese Tour erfolgreich sein würde, und es lag eine Atmosphäre freudiger Erwartung in der Luft.

Zehn Minuten vor acht gingen wir los. Drei Memsahibs, Mingma, Ang Temba, Chhepala, Kusung und Bahu, zusätzlich Lakpa und der andere Junge. Der Aufstieg ins Lager I war die übliche lange Plackerei. Wieder einmal stolperten wir über Geröll und sprangen über Felsbrocken, bis wir die steilen Schneehänge erreichten. Wir versanken hüfttief in dem neuen und nicht besonders festen Schnee und fragten uns allmählich besorgt, ob es wirklich so schlau gewesen war, so bald nach dem Unwetter zurückgekehrt zu sein. Die zwei bedrohlichen Rinnen sahen morscher und brüchiger denn je aus, aber auch dieses Mal hielten unsere Fußtritte auf wunderbare Weise, und schon bald rutschten wir auf lockerem weichem Schnee zur Moräne hinunter.

Als wir uns dem Lager näherten, sahen wir, dass eine große Lawine ein paar Meter neben dem Zelt, das wir dort zurückgelassen hatten, abgegangen war. Wir überquerten die Trümmer, um zum Lager zu kommen, und hörten, wie Fels- und Eisbrocken von den Höhen über uns herunterstürzten. »Unser gutes altes Lager I«, sagten wir liebevoll zueinander. »Es hat sich überhaupt nicht verändert.« Der einzige Unterschied bestand darin, dass der Schnee einen Meter höher lag und weicher und nasser war. Das Zelt war unter seinem Gewicht zusammengebrochen. Ang Temba kroch sofort hinein und begann, den Schnee abzuschütteln. Der Anblick der zum Leben erwachten auf- und abwogenden und sich wölbenden Zeltplanen war unwiderstehlich komisch, und die ganze Expeditionsgruppe, normalerweise eh schon leicht zu erheitern, blieb stehen, auf die Eispickel gestützt und brüllend vor Lachen. Ang Temba war ein echter Spaßvogel mit einem untrüglichen Gespür für Komik. Seine Scherze waren in der Regel einfach, aber von erfrischender Spontaneität, und was wir besonders liebenswert fanden, war die Tatsache, dass er selbst immer so herzlich über sie lachen konnte. Eines seiner Lieblingsspiele hing mit unserem Abendessen zusammen, das er uns gewöhnlich ins Zelt brachte. Es ging darum, uns dazu zu bewegen, mehr auf unsere Teller zu schöpfen, nachdem wir schon »Danke, genug« gesagt hatten. Schaffte er es, dass wir die Pfanne leerten, bekam er einen Punkt. Der größte Spaß jedoch bestand darin, jedem, der gerade nicht hinsah, noch einen Löffel voll auf den Teller zu schöpfen. Dabei gestikulierte er wie wild, um die Zuschauer eindringlich zur Ruhe zu mahnen. (In Wirklichkeit entstand dieses Spiel auch aus der Besorgtheit der Sherpas um unser Wohlergehen heraus. Da sie den großen Appetit westlicher Männer in den Bergen gewöhnt waren, waren sie überzeugt, wir würden nicht genug essen.)

Ein weiterer genialer Zeitvertreib Ang Tembas bestand darin, seine Mitmenschen nachzuahmen. Er neigte jederzeit dazu, jemanden plötzlich zu imitieren. Eines Tages bat ich ihn, meine Kamera zu halten. Sofort begann er, eine Memsahib nachzumachen, die gerade fotografiert und offensichtlich Schwierigkeiten sowohl mit der Kamera als auch mit der zu fotografierenden Person hat. Sein Spiel fand bei allen großen Anklang, nur Chhepala fand, es fehlte etwas. Im Basislager trug ich normalerweise einen leuchtenden Baumwollschal um meinen Kopf, nach Bäuerinnenart unter dem Kinn zugebunden. Chhepala nahm seelenruhig ein kariertes Abtrockentuch und überreichte es Ang Temba, der es genau in der Art aufzog, wie ich es immer zu tragen pflegte. Alle brachen in stürmisches Gelächter aus, einschließlich des Hofnarren selbst, der wie üblich von seinem eigenen Witz mitgerissen wurde.

Wir schickten die Jungs aus Tempathang gleich nach unserer Ankunft wieder zurück, da die elenden Wolken wieder aufgezogen waren und es zu schneien begonnen hatte. Wie gewöhnlich hatten sich die Erwartungen nach dem viel versprechenden Vormittag nicht erfüllt. Schlimmer noch: Es war immer noch sehr warm, und die Monsunströmung war merklich stärker geworden während unseres Aufenthaltes im Basislager. Wir befürchteten, der Gletscher würde in hohem Maße gefährlich werden, wenn die Temperatur nachts nicht unter den Gefrierpunkt fiel. Die Mulde, die wir bei unserem ersten Aufenthalt als Badezimmer benutzt hatten, offenbarte nun ihr wahres Wesen: eine schneegefüllte Gletscherspalte, die schnell taute, so dass wir jedes Mal, wenn wir uns dahin zurückzogen, mit unserem Leben spielten. Aber es war der einzige geschützte Platz in der Nähe, der sicher vor herabstürzenden Fels- und Eisbrocken war. Das heikle Problem, wie wir ohne Risiko eine Privatsphäre erhalten konnten, musste in jedem Lager aufs Neue gelöst werden. Die Sherpas hätten sich nicht rücksichtsvoller verhalten können, sie sahen immer in die andere Richtung, wenn eine von uns sich zielstrebig zurückzog. Aber manchmal mussten wir sehr weit gehen, bevor wir außer Sichtweite waren, was in Hochlagen besonders ärgerlich war. Glücklicherweise lösten wir das Problem, nachts in die bittere Kälte hinaus zu müssen, schon zu Beginn ein für alle Mal durch meinen festen Entschluss, eine so genannte »Pinkelbüchse« anzuschaffen. Diese Idee gefiel meinen Freundinnen so gut, dass wir in sehr kurzer Zeit zwei dieser Büchsen besaßen – eine für jedes Zelt.

Eine kurze Überprüfung der Route den Eiswasserfall hinauf zeigte, dass unsere guten breiten Stufen immer noch da waren, wenn auch mit Schnee bedeckt. Es blieb jetzt nichts weiter zu tun, als uns in unsere Zelte zurückzuziehen und den nachmittäglichen Schneefall abzuwarten. Unsere Schlafsäcke waren bei der Überquerung nass geworden, und wir saßen voller Hoffnung essend und trinkend auf den nassen Stellen, mit dem Gedanken, die Feuchtigkeit mit unseren Hosen aufzusaugen und durch die Körperwärme zu trocknen. Unsere nassen Socken hatten wir wie gewöhnlich in den inneren Schlafsack gesteckt. Auch hier hofften wir, die Körperwärme würde sie trocknen, was bis zu einem gewissen Punkt auch funktionierte. Allerdings gibt es sicher wenige Dinge, die noch unbequemer als ein Schlafsack voller nasser Socken sind, abgesehen vielleicht von einem Paar Bergstiefel, die am selben Ort liegen, damit sie nicht einfrieren. (Nicht, dass diese Vorsichtsmaßnahme in den Hochlagern etwas genutzt hätte!)

Im Inneren der Memsahib-Zelte – und zweifellos auch bei den Sherpas – herrschte nachmittags ein malerisches Durcheinander: Da lagen schneebedeckte Stiefel am Zelteingang; Zucker rieselte aus einer Plastiktüte, und eine undichte Tintenflasche, die durch die Höhe schon ziemlich gelitten hatte, lief über einem schon unleserlichen Tagebuch aus; Sardinen balancierten auf den Klingen der Messer, die von Hand zu Hand gereicht wurden. Ab und zu hörte man von draußen Ankündigungen von Gaumenfreuden, wenn Ang Temba rief: »Memsahib! Tee? – Kaffee? – Ovo-Tee? [Der Sherpa-Ausdruck für Ovomaltine.] Horli? – Orangensaft?« Während er die Namen dieser Getränke rezitierte, wurde seine Stimme immer höher. Als Betty einmal bei ihrer Wahl zögerte, endete er mit einem abschließenden Quieken: »Rakshi?« Unnötig zu erwähnen, dass es zu dieser Zeit im Lager gar keinen Rakshi gab.

Die Düsternis des Wetters draußen wurde durch die düstere Atmosphäre unserer Bücher noch verstärkt. Betty las Moravias *Die Römerin*, Evelyn ein Buch von Scott Fitzgerald, und ich hatte mir Balzacs *Die alte Jungfer* vorgenommen. Unsere Aufmerksamkeit wurde häufig von diesen Chroniken über unerwiderte Liebschaften abgelenkt, wenn draußen donnernd Lawinen abgingen und krachend Felsbrocken herabstürzten. Aber wir hatten uns im Lager I an solche Geräusche gewöhnt, und sie beunruhigten uns nicht mehr sonderlich. Vor allem hinderten sie uns nicht an einem friedlichen Schlaf.

Am nächsten Morgen stiegen wir den Eiswasserfall in zwei Seilschaften hinauf; Betty führte die erste und ich die zweite. Zu unserer großen Erleichterung waren die Schneebedingungen gut, und der Schnee blieb lange genug fest gefroren, so dass wir schnell und zuversichtlich vorankamen. Mittlerweile kannten wir jeden Schritt auf dieser Route, die uns zuerst so kompliziert erschienen war. Wir alle kletterten über den Gletscherbruch hinweg und sprangen über die Gletscherspalten – mit einer Leichtigkeit, die aufgrund der Vertrautheit mit dem Gelände entstand. Alle außer Bahu! Obwohl er ein kräftiger und geschickter junger Mann war, stellte er sich bei seinem ersten Gang den Eisfall hinauf fürchterlich an. Teilweise lag dies daran, dass er nicht wusste, was ihn erwartete, aber auch daran, dass er Angst hatte und daher oft auf oder über Hindernisse gezogen werden musste, vor Schreck einen schrillen Ton von sich gebend. Trotzdem dauerte es nicht lange, bis er sein anfängliches Misstrauen gegenüber steilen Schnee- und Eishängen überwunden hatte. Denn war er nicht ein Sherpa aus Sola Khombu?

Bis wir den oberen Gletscher erreicht hatten, war es extrem heiß geworden, und die ganze Gruppe begann unter Gletschermüdigkeit zu leiden. Wir kämpften uns weiter aufwärts, bis wir an einen Platz genau unterhalb unseres früheren Lagers II kamen. Hier seilten wir uns ab und ruhten aus. Wir reichten die Wasserflaschen mit Zitronengetränk herum und teilten Pfefferminzkuchen und Schokolade aus. Danach ließen Chhepala, Kusung und Bahu ihre Lasten zurück und machten sich singend auf den Weg den Gletscher hinunter, um die verbleibenden Lebensmittelkisten aus dem Lager I heraufzuholen. Wir anderen stiegen weiter den Gletscher hinauf. Es ging sehr langsam voran, da die Sonne jetzt außerordentlich stark war, und zum ersten Mal machten wir uns Sorgen, dass die Nachmittagswolken (die uns den Gletscher hinauf folgten) uns überholen könnten. Ich ging an der Spitze und beschwerte mich hinterher, da ich an Verdauungsbeschwerden litt und die Aufgabe des Spurens in dieser Lage als unangemessene Belastung empfand. Aber ich bekam kein Mitgefühl. Da ich schon vorher in Hochlagen gewesen war, machte mir die Höhe wenig zu schaffen, und ich war so fit, dass die anderen es nur gerecht fanden, wenn auch ich mich gelegentlich ein wenig unwohl fühlte. Außerdem bekamen diejenigen, die mir in dem tiefen Schnee nachfolgten, selbst Probleme. Ich war so leicht, dass jeder andere hinter mir, egal wie hart ich aufstampfte, in meinen Fußstapfen einbrach. An diesem besonderen Tag stampfte ich nicht sehr hart auf...

Wir hatten beschlossen, in Richtung zweier auffallender Felsen hinaufzusteigen. Sie lagen auf dem Gletscher, etwas unterhalb unseres bisherigen Lagers III. Als wir sie erreichten, lagerten wir dort und nannten das Lager II A. Sobald die Zelte aufgestellt waren, gingen Mingma und Ang Temba zurück, um die von den anderen Sherpas zurückgelassenen Traglasten zu holen. Wir hatten ein schlechtes Gewissen, da wir unterdessen in unseren Zelten vor dem Schnee Zuflucht suchten, aber Betty war die Einzige, die etwas dagegen unternahm. Sie schaufelte Schnee in eine Pfanne, zündete den Primuskocher an und hielt für die zurückkommenden Sherpas Tee bereit. Sie freuten sich sehr, was unser Gewissen ein wenig beruhigte.

An der Grenze

Es war eine kalte und stürmische Nacht, und am Morgen rüttelte der Wind immer noch an den Zeltwänden und blies uns eisige Schauer unseres gefrorenen Atems ins Gesicht. Die Sonnenstrahlen erreichten die Berge auf der Westseite des Gletschers um etwa sechs Uhr, und innerhalb von einer Stunde gingen an ihren Flanken die ersten Pulverschnee-Lawinen ab. Es sah aus wie Streuzucker. Unser Lager lag jedoch näher an der Ostseite, im kalten Schatten der Nordflanke der Phurbi Chyachu, und wir mussten unerhört lange warten, bis die Sonne kam und die betäubende Kälte vertrieb. In der Zwischenzeit zwängten wir unsere Füße in halbgefrorene Stiefel und schnürten sie mit vielen Unterbrechungen, weil wir immer wieder unsere vor Kälte schmerzenden Finger warm pusten mussten. Wir wärmten unsere Hände dankbar an Bechern mit heißem süßem Ovo-Tee und widmeten uns dann gequält der täglichen Pflicht, unsere Gesichter, Nacken und Ohren mit Gletschercreme einzuschmieren und eine weitere Spezialsalbe auf die Lippen aufzutragen. Dazu mussten wir uns auf die Tuben setzen, bis sie so weit aufgetaut waren, dass der Inhalt herausgedrückt werden konnte. Danach verteilten wir geduldig die fast feste Creme – die immer zu plastilinähnlicher Konsistenz gefroren war – auf jedem kleinsten Hautflecken, der in Gefahr war, von den in dieser Höhe zerstörerischen ultravioletten Sonnenstrahlen beschienen zu werden. Jede Stelle, die versehentlich ausgelassen wurde, war bis zum Abend mit Blasen übersät. Unsere Lippen mussten wir immer noch zusätzlich mehrere Male nachcremen, bevor am Nachmittag die Wolken aufzogen, da die Salbe leicht abgeleckt wurde. Als wir noch höher kamen, stellten wir fest, dass wir sogar die Innenseite unserer Lippen eincremen mussten, um die Blasenbildung zu verhindern, wenn wir keuchend atmeten.

Als Ang Temba und Chhepala das sahen, kamen sie mit ihren kleinen Spiegeln an und wollten auch von der Creme haben. Sie hatten eine hellere Haut als die anderen Sherpas und nicht genug Pigmente, um völlig geschützt zu sein. Ihre Gesichter wurden zunächst immer schmerzhaft von der Sonne verbrannt, bis sie auf die Idee kamen, unsere Creme zu benutzen.

Wir wollten den hohen Pass im Grenzmassiv am nächsten Tag unbedingt erreichen, bevor die Wolken aufzogen. Unser nächstes Lager sollte so hoch wie möglich liegen, am liebsten auf dem Gletschervorsprung direkt unterhalb des letzten Steilhangs, der hinauf zum Höhepunkt des Bergrückens führte, an der Stelle, wo wir das letzte Mal umgekehrt waren. Um alles auf einmal dort hinauftragen zu können, beschlossen wir, zwei Lebensmittelkisten vorübergehend zurückzulassen, und verstauten sie im Schutz eines der großen Felsen.

Als wir alle startbereit waren, entbrannte wieder einmal die ewige Diskussion um das Anseilen. Von Anfang an hatten wir darauf bestanden, sich an allen Kletterstellen, wo ein Sturz tödlich wäre, anzuseilen, besonders auf dem Gletscher. Die Sherpas hassten diese Regelung. Selbst Mingma, ein ausgezeichneter und erfahrener Bergsteiger, wäre lieber ungerechtfertigte Risiken eingegangen, anstatt sich anzuseilen, hätte man die Entscheidung ihm selbst überlassen. Manchmal war seine Einschätzung der Schnee- und Eisverhältnisse auch falsch, da er eher zu optimistischen Beurteilungen neigte. Wir stellten fest, dass unsere Sherpas sich generell sehr auf ihr Glück verließen. Im Gegensatz dazu taten wir unser Bestes, so wenig wie möglich dem glücklichen Zufall zu überlassen. Bis jetzt hatten wir immer unnachgiebig an unserem Anseil-Grundsatz festgehalten, aber an diesem Tag gaben wir zum ersten Mal nach. Der Schnee war – wie Mingma sofort betonte – an diesem Morgen hart gefroren, und die Route zu dem steilen Eiswasserfall, den wir schon einmal hinaufgestiegen waren, führte erstens über den flachsten Teil des Gletschers und außerdem entlang einer kleinen, in der Mitte liegenden Moräne. Wir waren schnell startklar, und es war anscheinend sicher genug. Daher beschlossen wir, nicht unsinnig lange auf dem Anseilen zu bestehen. Etwas schuldbewusst, aber auch mit einem herrlich uneingeschränkten Gefühl machten wir uns also, jeder in seinem Tempo, auf den Weg über die verharschte Schneedecke des Gletschers.

Zu ihrer unbändigen Freude, der sie lautstark Ausdruck verlieh, fühlte sich Evelyn immer noch sehr fit, obwohl sie nun ein gutes Stück höher war, als an der Stelle, wo sie zuvor unter der Höhenkrankheit gelitten hatte. Sie war ungeheuer erleichtert, dass sie ihre körperlichen Grenzen hatte erweitern können. Auch ich hatte meine Form wiedererlangt, aber dieses Mal fühlte sich Betty schlecht. »Mir war schwindlig«, schrieb sie später in ihr Tagebuch, »und ich hörte ein leichtes Ohrensausen, und die anderen taten mir nicht den Gefallen zuzugeben, dass sie es auch hörten . . .« Zu diesem Zeitpunkt erwähnte sie uns gegenüber jedoch nichts davon und stapfte tapfer hinter uns her.

Die Sonne brannte auf uns herunter, und wir beeilten uns, so schnell wir konnten vom Gletscher wegzukommen, bevor er unsicher wurde, und den Eisfall hinter uns zu bringen, bevor die Schneedecke aufweichte.

Nach einer Weile setzten Mingma und Ang Temba ihre Traglasten ab und machten einen Umweg, um das Ersatzseil, die Steigeisen und den kleinen Essensvorrat einzusammeln, die wir auf unserem früheren Trip im Lager III versteckt hatten. Die übrigen drei Sherpas folgten langsam nach – sehr langsam, immer wieder anhaltend, um auszuruhen und wieder zu Atem zu kommen. Evelyn und ich gingen voraus und schlugen Tritte. Wir machten für die beladenen Sherpas eine Treppe den steilen Eisfall hinauf, der nun mit einer dicken festen Schneeschicht bedeckt war. Unserer Meinung nach viel zu fest, da wir für jede Stufe mindestens drei harte Fußtritte benötigten, was in dieser

Höhe überhaupt keinen Spaß machte. Vielmehr war es eine sehr anstrengende Arbeit, auch wenn wir uns abwechselten.

Wir brauchten immer länger für das Tritte-Schlagen, je höher wir kamen, und das Atmen fiel zunehmend schwerer. Wann immer wir anhielten, um zu verschnaufen, fühlten wir uns stark und energiegeladen, aber sobald wir weitergingen, wurde jeder Schritt zur Qual. Nach etwa drei Stunden sahen wir Mingma hinter uns die Stufen heraufkommen. Er trug den großen Korb mit der Küchenausrüstung auf seinem Rücken und obendrauf noch seinen eigenen Rucksack. Um uns einzuholen, musste er schnell aufgestiegen sein, allerdings war er sicher auch müde, da er nicht wie gewöhnlich anbot, die Führung zu übernehmen.

Unterdessen wurden wir von Wolkenfetzen umhüllt, die die Pracht der Bergszenerie um uns herum vor unseren Blicken verbargen. Der blendende Schnee, der dunkle Fels, das blaue Eis und die schnurgerade Linie unserer Stufen, die hinter uns den Abhang hinunterlief – all das verschwand in grauem Nebel. Nur in den kleinen Löchern, die die Spitzen unserer Eispickel im Schnee hinterließen, blieb ein wenig Farbe übrig: Sie waren immer noch blau wie das Eis selbst. Wir stiegen weiter bergauf, bis wir ein Steilstück überwunden hatten, das – wie wir bald erkannten – nicht weit von der Stelle entfernt war, an der wir das letzte Mal umgekehrt waren. Dort machten wir eine Pause, um auszuruhen, Wasser zu trinken und Rosinen und Süßigkeiten zu teilen. Anschließend ließen Mingma und ich Rucksack und Traglast zurück und gingen ein Stück weiter nach oben, um einen Lagerplatz zu suchen. Ohne zusätzliches Gewicht auf den Schultern fiel sogar das Bergaufgehen leichter, und wir stiegen schnell in den Nebel hinein. Wir kletterten einen weiteren Steilhang hinauf. Beim letzten Mal hatten wir hier Steigeisen benötigt, doch jetzt bot eine Schneeschicht genügend Halt, und wir erreichten den Rand einer Mulde, die zwischen der Stelle, an der wir vorher zurückgegangen waren, und dem Beginn des letzten Steilanstiegs lag, der hinauf zum Kamm des Grenzmassivs führte. Wir mussten warten, bis der

Nebel sich etwas gelichtet hatte, bevor wir etwas sehen konnten. Aber als er sich endlich hob, stiegen wir, zwei Gletscherspalten umgehend, in die Senke hinab und fanden einen guten Lagerplatz. Wir blieben eine Weile dort und besprachen die Pläne für die nächsten zwei Tage. Mingma hatte Zweifel bezüglich der Berge, die wir im Auge hatten, und war der Meinung, wir hätten keine Chance, die Phurbi Chyachu zu besteigen. Er dachte, der steile Nebengletscher, der von den hohen Gipfeln des Grenzgebirgszuges westlich vom Phurbi Chyachumbu her kam, würde sich als lohnender erweisen. Ich für meinen Teil fand, er sah Furcht erregend aus. In jedem Fall mussten wir bis zum nächsten Morgen warten, in der Hoffnung, einen besseren Blick auf die gesamte Umgebung zu erhalten, und so machten wir uns schnell an den Abstieg zu Betty und Evelyn hinunter. Ein paar Minuten später schulterten wir alle widerwillig unsere Lasten und stapften langsam weiter.

Nach einer halben Stunde trafen die anderen Sherpas am Lagerplatz ein, und wir stellten die Zelte auf, als es gerade anfing zu schneien. Die Schlafsäcke waren wieder einmal völlig durchnässt. Sobald Ang Temba dies entdeckt hatte, versammelte er uns um sich herum und zog einen nach dem anderen mit dramatischen Gesten aus seiner Hülle. Wir stöhnten in gespielter Bestürzung auf, als einer feuchter als der andere zum Vorschein kam, und lösten wahre Begeisterungsstürme bei ihm aus. Der Nachmittag im Lager III A, wie wir es nannten, verging mit Lesen, Schlafen, Tagebuch-Schreiben und der Pflege unserer aufgesprungenen Gesichter. Das Abendessen, das Ang Temba uns in seiner üblichen ausdrucksvollen Art servierte, bestand aus der unvermeidlichen Tütensuppe, gefolgt von Trockenfleisch und Eintopf aus getrocknetem Gemüse, und zum Abschluss gab es gedämpfte Pflaumen mit Kakao. Wir waren sehr zufrieden, dass wir in der Lage waren, dies alles zu essen, weil wir zu dieser Zeit glaubten, das Lager befände sich auf einer Höhe von knapp 6000 Metern. Da wir keinen Höhenmesser hatten, schlossen wir das aus den Höhenlinien auf der Karte und aus Mingmas beharrlicher Behauptung, er wisse aufgrund seiner körperlichen Symptome immer genau, auf welcher Höhe er sich befände, und im Moment sei er ungefähr 6000 Meter hoch. Doch die Karte war sehr ungenau und obwohl man mit Pauschalaussagen vorsichtig sein muss, fühlten wir, dass Mingmas »Symptome« möglicherweise nicht immer unfehlbar waren. Rückblickend sind wir der Ansicht, dass das Lager nicht höher als auf 5800 Meter gelegen war.

In dieser Nacht erwachte Betty und sah den Mond durch die Zeltwände scheinen. Sie krabbelte aus ihrem Schlafsack und zog den Reißverschluss am Zelteingang auf, um hinauszuschauen. Glänzend im Mondlicht ragten die schweigenden Gipfel rund um den oberen Teil des großen Gletschers vor ihr auf. Sie trugen keine Namen und waren nie zuvor bestiegen worden – vielleicht waren sie sogar unbezwingbar –, und wenige unter ihnen waren auf der Karte verzeichnet. Im Mondlicht sahen sie seltsam klein aus, aber feindseliger denn je. Trotzdem versprachen die klare Nacht und die eisige Kälte schönes Wetter für den nächsten Tag. Zuversichtlich kroch sie zurück in ihren Schlafsack und schlief wieder ein.

Der Morgen erwachte strahlend, ein blendendes Farbspiel aus Weiß und Gold. Wir standen früh auf und frühstückten, und kurz nach sieben waren wir bereit zum Aufbruch. Der letzte Steilhang, der uns vom Höhepunkt des Bergrückens noch trennte und auf dem zuvor das blanke Eis geglitzert hatte, war nun mit hartgefrorenem Schnee bedeckt und stieg verlockend ein paar Meter hinter unseren Zelten in die Höhe. Betty hatte sich fast ganz erholt, und Evelyn, die von ihrem Zelt aus die ganze Gruppe durch ständige Kommentare an ihren Vorbereitungen teilhaben ließ, unterbrach ihre Bemerkungen immer wieder mit dem Gesang »Ich fühl' mich gut, ich fühl' mich gut«. Dieses Mal gab es keine Auseinandersetzungen: Wir ließen das Seil unbekümmert zurück. Der Hang war steil, und die Auswirkungen der Höhe teilten die Gruppe bald in zwei Hälften. Betty und Evelyn stiegen in ihrem eigenen Tempo aufwärts, und ich stolperte hinter Mingma her, der sofort die Führung übernommen hatte. (Zwischen dem Sirdar und mir herrschte eine gewisse stillschweigende Rivalität. Er war der Fittere von uns beiden – was er auch wusste –, aber er forderte mich gern zu Wettrennen heraus, die er, zu seiner unverhohlenen Freude, immer gewann.) Ich hatte diese Nacht Beschwerden gehabt, vermutlich weil ich zu viel gegessen hatte. Doch sobald wir losgingen, war ich in Topform, meine Blähungen waren wie »weggeblasen«, und es machte mir Spaß, hinter Mingma den Berg hinaufzurasen. Oben angekommen, holte ich ihn ein und hielt mühelos mit ihm Schritt, obwohl er ganz aufgeregt war und schnell ging.

Wir befanden uns auf einem wunderschönen, sanft gewölbten Bergrücken. Zu unserer Linken lag eine Eiskuppel mit einem Kamm aus Felsengeröll, rechts sahen wir die beeindruckenden Schneewechten, Eiszinnen und schroffen Felsspitzen auf der Nordseite der Phurbi Chyachu. Der Pass war sehr breit, und zuerst sahen wir nichts außer dem unendlichen Blau des Himmels vor uns. Wir eilten erwartungsvoll weiter und entdeckten plötzlich ein paar Felsen vor uns. Enttäuscht sagte Mingma: »Aur pahar [noch mehr Berge], Memsahib.« Aber als wir die Rundung des Bergrückens überschritten hatten und den Abstieg antraten (vermutlich Richtung Tibet hinunter), merkten wir, dass die Felsen nur zwei einzeln stehende Felsnadeln waren. Wie eine Art Fensterrahmen, mit einem Haufen zerbrochener Schieferfelsen dazwischen, bildeten sie ein Sims. Unterhalb davon fiel ein steiler Abgrund direkt nach Tibet ab. Rechts von den Felsnadeln war der Abgrund ein fast senkrechter Eiswasserfall, links davon ein senkrechter Eiscouloir.

Als wir den Felsen entgegeneilten, kamen wir an einigen schneebedeckten Gletscherspalten vorbei. Mingma sagte: »Hath do [gib' mir deine Hand], Memsahib.« Das tat ich, und wir gingen Hand in Hand wie Kinder dem Felsvorsprung entgegen, mit den Worten »Tibet, Tibet«. Als wir dort ankamen, setzten wir uns nieder (unsere Füße baumelten in tibetischer Luft!) und widmeten unsere Aufmerksamkeit abwechselnd dem atemberaubenden Ausblick und dem wunderschönen Schauspiel einer Schar Schneehühner, die unter uns kreisten, bis Betty und Evelyn ankamen.

Es war uns mittlerweile klar geworden, dass das Grenzmassiv des Jugal Himal, anders als im Langtang, sehr schroffe und markante Formen aufweist. Das ist erstaunlich. Die Berge dieses Massivs erstrecken sich größtenteils nach vorn, also auf der nepalesischen Seite – ihre Kämme, Zinnen, Schneefelder und überhängenden Gletscher –, während sie hinten, der tibetischen Seite zu, keine Besonderheiten aufweisen. Von seinem höchsten Punkt aus fällt der Gebirgszug steil nach Tibet ab, nicht allmählich oder stufenweise, sondern senkrecht. Von einem Standort auf dem Grat selbst aus gesehen, hat man den Eindruck, einige der Berge seien fast zweidimensional, wie ein

Umrahmt von Wolken sahen wir vom Grenzgebirge aus nach Tibet. Wir entdeckten viele Gipfel in diesem abgeschlossenen Land, die unbestiegen, unbenannt und unerreichbar waren.

Bühnenbild. Ihre Umrisse scheinen tatsächlich nur aus schmalen und scharfkantigen Bergkämmen zu bestehen. Von Tibet aus sieht diese riesige Wand aus Eis und Fels sicher besonders eindrucksvoll aus. Die kahlen Berge Tibets, die einer nach dem anderen emporragten, lagen rötlich-braun vor uns und verliefen sich in der Ferne. Im Nordwesten gab es am Horizont Anzeichen breiter Ebenen, nordöstlich jedoch blickten wir auf ein riesiges Gewirr von Bergen, die auf der Karte überhaupt nicht verzeichnet waren. An ihrer Stelle befand sich ein breiter weißer Streifen mit der Aufschrift »unvermessen«. Tausende von Metern unter uns lag eine Alm mit zugefrorenen Seen, und noch etwas weiter entfernt entdeckten wir ein Flusstal. In diesem Tal befand sich, allerdings vor unseren Blicken verborgen, der tibetische Grenzposten Nyenam, der, wie man uns sagte, mit chinesischen Kommunisten besetzt war. Wir waren davor gewarnt worden, die Grenze zu ihrem Territorium zu überschreiten. Abgesehen von diesem breiten Pass, wo wir uns rein theoretisch gesehen auf unserem Felsvorsprung sitzend nur wenige Meter über der Grenze befanden, war es jedoch ausgeschlossen, aus Versehen den Jugal Himal zu verlassen und unbefugt die Grenze zu überschreiten. Die einzige Möglichkeit, von einem der Punkte, die wir im Grenzgebiet erreicht hatten, nach Tibet zu kommen, hätte im freien Fall bestanden.

Nachdem wir das verbotene Land zur Genüge betrachtet hatten, wandten wir unsere Aufmerksamkeit dem Ladies-Peak zu, den wir zu besteigen hofften. Wir entdeckten, dass unser Vorhaben alles andere als einfach werden würde und der Gipfel von unserem jetzigen Standort fast unmöglich zu erreichen war. Im Norden und Süden fiel er extrem steil von einem langen messerscharfen Grat mit schweren Wechten ab, und er schien für beladene Bergsteiger nicht in Frage zu kommen.

Enttäuscht sahen wir nach Osten, um noch einen weiteren sehnsüchtigen Blick auf den niederschmetternden Einstieg zur Nordflanke der Phurbi Chyachu zu werfen. Was für ein Berg! Seine Eis- und Felsformationen neigten sich in fantastischer

Weise auseinander und bildeten groteske Formen. »Wie eine sich öffnende Blume«, fand Betty. Wir wandten unseren Blick schnell wieder ab. Die Phurbi Chyachu war nichts für uns.

Doch Ang Temba, der mit Betty und Evelyn heraufgekommen war, wollte seine Missachtung zum Ausdruck bringen. Rasch überquerte er den Pass und lief den Grat hinauf. Er hatte eine unserer Markierungsflaggen dabei und ging, bis er an der ersten Eiswand nicht mehr weiterkam. Dort steckte er die Fahne in den Boden, wie ein Straßenkind, das einer Adeligen einen Streich spielt, und kehrte triumphierend zurück. Wir hatten vollstes Verständnis, waren aber leider der Ansicht, wir würden die Fahne noch brauchen. Also schickten wir ihn zurück, um sie zu holen.

Während Betty auf dem Felssims blieb (völlig versunken in begeisterter Betrachtung und die stummen Erinnerungen an die Pflicht ignorierend, die in Form von Fernglas, Kompass, Belichtungsmesser und einer Vielzahl von Linsen und Filtern um sie herum lagen), überquerten Evelyn, Mingma und ich noch einmal den Pass, um die Berge im Westen in Augenschein zu nehmen, besonders den einen, den wir besteigen wollten. Fast sofort entdeckten wir eine Möglichkeit – oder besser gesagt: Wir entdeckten die *einzige* Möglichkeit. Es war ein Berg mit einem langen, sanft ansteigenden Hang aus blankem blauem Eis, der hinauf zu einem kuppelförmigen Gipfel führte. Verglichen mit seinen unbezwingbar erscheinenden Gefährten sah er eher harmlos aus – fast einladend. Doch er wirkte auch recht unzugänglich. Er befand sich weiter nördlich als alle anderen, darum war er vom Hauptgletscher aus nur schlecht zu sehen gewesen. Um ihn zu erreichen, musste man einen schwierigen Gletscher überwinden, den wir bisher nicht weiter beachtet hatten, da uns sein Anblick abgeschreckt hatte. Hinter diesem Berg ragte ein schöner Kegel aus Eis und Schnee empor, den wir als den großen weißen Gipfel rechts des Dorje Lakpa wiedererkannten. Er hatte keinen Namen, war aber laut Karte über 7000 Meter hoch. Er war der höchste Berg des Jugal Himal und der einzige Gipfel in dem gesamten Gebiet, der auch noch erreichbar erschien. Allerdings waren wir sicher, dass er eine so kleine Expedition wie die unsrige überfordern würde: Wir würden zusätzliche Lager benötigen, für die wir weder die Ausrüstung noch die erforderliche Anzahl an begleitenden Bergsteigern und Trägern hatten.

Mingma deutete auf den kuppelförmigen Gipfel und sagte: »Das ist ein guter Berg, Memsahib. Warum steigen wir nicht dort hinauf? Er ist viel höher als der andere mit dem schmalen Grat.«

Nachdem ich seine Bemerkungen übersetzt hatte, fügte ich sarkastisch hinzu: »Natürlich erreichen wir ihn über diesen wunderbaren Gletscher, wo wir geschickt den Lawinen ausweichen müssen.«

Dieser »wunderbare Gletscher« war der schwierige, der zum Gipfel hinaufführte und auf den Mingma in unserem Gespräch am Vortag hingewiesen hatte. Wir hatten an diesem Morgen vom Lager aus mit wachsendem Interesse zu ihm hinübergesehen, ihn allerdings bis zu diesem Moment nicht als ernst zu nehmende Möglichkeit in Betracht gezogen. Der Gletscher fiel von dem großen weißen Gipfel und dem kuppelförmigen Berg aus zum Phurbi Chyachumbu ab und war recht steil. Seine untere Hälfte bestand aus einem Eiswasserfall, und seine rechte Seite war von Lawinen überrollt worden, die von dem hoch aufsteigenden Gipfel oberhalb abgegangen waren. Auf der linken oder Nordseite befand sich eine Art Schneekorridor, der auf den ersten Blick der Schlüssel zu seiner relativ sanft ansteigenden oberen Hälfte zu sein schien. Allerdings war dieser Korridor auch lawinengefährdet, denn darüber hingen an manchen Stellen Eiswechten. Der Mittelteil des Gletschers war lawinensicherer, dafür aber von riesigen Gletscherspalten durchzogen. Der ganze Gletscher hatte die Form eines Ypsilons und gabelte sich unter einem Felspfeiler des großen weißen Gipfels. Ein Arm verschwand nach Norden hinter dem kuppelförmigen Berg. Wir waren der Meinung, er müsse von einem hohen Pass des Grenzmassivs herunterkommen. Der andere Arm verlief in südwestlicher Richtung zu einem Bergrücken, der so aussah, als ob er zu einem Pass zum Anfang des Dorje-Lakpa-Gletschers führte. Sollten wir es wirklich schaffen, über den steilen Eiswasserfall hinauf zu den sanfter ansteigenden, aber trotzdem noch steilen Hängen des oberen Gletschers zu gelangen, dann könnten wir am Kreuzungspunkt des Y unser Lager aufschlagen. Es war abzuwarten, ob wir noch ein zusätzliches Lager weiter oben oder genau unterhalb des Grenzgrates bräuchten, von wo aus wir dann den letzten Anstieg auf unseren Berg in Angriff nehmen konnten. Von einem Lager im Verbindungspunkt des Y aus hätten wir zudem die Möglichkeit, den Bergrücken über dem Dorje-Lakpa-Gletscher zu besteigen, um uns zu vergewissern, ob es sich um einen wirklichen Pass handelte oder nicht.

Evelyn verkündete, ihrer Ansicht nach sei der Mittelteil des Gletschers recht lawinensicher. Wir stimmten ihr zu. Das Problem bestand jedoch darin, einen Weg an den klaffenden Gletscherspalten vorbei zu finden, die den Mittelteil des Eisfalls durchzogen. Sogar aus der Entfernung sahen sie Ehrfurcht gebietend aus. Trotzdem begannen wir gemeinsam nach Möglichkeiten zu suchen, sie zu umgehen. Durch diese Gespräche machten wir uns gegenseitig Mut und gewannen allmählich eine optimistische Haltung. Völlig begeistert eilten wir zu Ang Temba und Betty zurück, die schon vorher, gänzlich uneinsichtig, mit der Fahne umgekehrt waren.

Nach Ansicht der Sherpas mussten wir nun unbedingt eine Steinpyramide errichten. »Wir sind die Ersten, die jemals hier oben waren«, erklärte Mingma. Es lag genug Baumaterial überall herum, das wir verwenden konnten, da der Felsvorsprung ein einziges Durcheinander aus losen Schieferplatten war. Wir halfen alle, die Sherpas waren jedoch die Architekten, mit dem Ergebnis, dass die Steinpyramide am Ende ein sehr stattliches Chorten wurde. Wir fanden, es sei eine weit bessere Idee, ein Chorten aus bescheidener Dankbarkeit zu Ehren Buddhas er-

Elizabeth Stark, Evelyn Camrass, Mingma und Ang Temba bei dem Chorten, das wir im Grenzgebirge erbauten.

baut zu haben, als eine Steinpyramide aus reiner Selbstbeweihräucherung.

Mingma und Ang Temba kletterten anschließend auf eine der verrückten Felsnadeln und errichteten in einem bedauernswerten Anflug von Draufgängertum ein weiteres Chorten auf ihrer Spitze. Evelyn und ich betrachteten den Felsen misstrauisch und unternahmen keinen Versuch, ihnen zu folgen. Betty jedoch stieg den Sherpas nach. Der Fels war schroff und bröckelig – von der Art, wie man ihn in Alpträumen erklimmt. Daher blieb sie nicht lange mit ihnen zusammen oben, nachdem sie mutig bewiesen hatte, dass eine Memsahib das Recht hatte, genauso gefährlich wie ein Sherpa zu leben, sondern zog sich würdevoll zurück. Es war nun sehr kalt geworden. Der Wind blies in eisigen Böen über den Pass, und die Berge Tibets waren in Wolken gehüllt. Es wurde Zeit für den Abstieg. Unterwegs hielten wir an, um Bettys Zustimmung für unseren neuen Plan zu gewinnen. Sie war begeistert, und die ganze Gruppe kehrte in ausgelassener Stimmung zum Lager zurück.

Außer Chhepala, der in der Sonne schlief, war niemand bei den Zelten. Kusung und Bahu holten die Lebensmittelkisten von Lager II A herauf. Da wir unsere Pläne geändert hatten, war dies nun nicht mehr nötig, und wir schickten Chhepala los, ihnen nachzueilen und sie zurückzurufen. Wir anderen machten eine Teepause, aßen Kekse und die Sardinen vom Mittagessen und freuten uns zu sehen, dass die Nachmittagswolken nur sehr halbherzig höher stiegen. Es sah fast so aus, als ob sie völlig vorbeiziehen würden. Später kamen Mingma und Ang Temba von einem kurzen Ausflug außer Sichtweite zurück – dem wir uns, wohl erzogen, nicht angeschlossen hatten – und berichteten, sie hätten einen schnelleren Weg nach unten entdeckt. Einen steilen, aber praktikablen Schneecouloir, der in den Hauptgletscher mündete.

Die Zeit verging, die Wolken kamen und gingen, und es war warm genug, draußen auf unseren Luftmatratzen zu sitzen und an unseren Tagebüchern weiterzuschreiben, Fotokommentare niederzuschreiben und die Karte und Kompassanzeigen zu studieren. Unterdessen war von den drei Sherpas nichts zu sehen. Wir vermuteten allmählich, Chhepala hätte unsere

Anweisungen missverstanden und die drei seien zum Lager II A zurückgekehrt, um dort auf uns zu warten. Mingma, der sich ein wenig schuldig fühlte, dass er es ihnen nicht deutlich genug erklärt hatte, machte sich pflichtbewusst auf den langen Weg, um sie zurückzuholen.

Die Wolken lichteten sich im Verlauf des Nachmittags vollständig. Es war der erste klare Nachmittag, seit wir das Basislager erreicht hatten, und wir wussten dies sehr zu schätzen. Es war ein Tag, der alle Qualitäten besaß, um einmalig glücklich und denkwürdig zu sein – ein makelloser Tag, für den die Arbeit und Anstrengung der vergangenen Wochen und Monate ein geringer Preis zu sein schienen.

Nun begann Ang Temba sich wegen Mingmas langer Abwesenheit Sorgen zu machen. Er lief ruhelos umher, kickte leere Dosen in Gletscherspalten und hastete von einem Beobachtungsposten zum nächsten, in der Hoffnung, die zurückkommenden Männer zu entdecken. Schließlich wurden auch wir unruhig. Es wurde spät. Aber endlich stieß Ang Temba, der unterwegs gewesen war, um nachzusehen, ob die Sherpas vielleicht den neu entdeckten Couloir heraufkämen, einen erleichterten Schrei aus. Wir eilten zu ihm hin und fanden ihn viel zu nahe an einer riesigen Schneewechte, die über den Hauptgletscher hing. Wir zogen ihn unter Protest zurück, über den er fröhlich hinwegging und ausrief: »Dort, dort sind sie!« Dabei stieß er den schrillen weithin hörbaren Pfiff der Sherpas aus. Es ertönte ein schwaches Antwortecho. Er deutete über den Gletscher, und endlich sahen wir, weit unten und direkt am Fuß des Eiswasserfalls, den wir am nächsten Tag hinaufklettern wollten, eine Reihe von Punkten. Es waren Mingma und die zwei Sherpas. Durch unsere Ferngläser konnten wir sehen, dass sie sich vernünftigerweise angeseilt hatten und auch eine Lebensmittelkiste trugen. Mingma war den ganzen Weg bis ins Lager II A zurückgegangen, er schwitzte stark. Dann hatte er einen Geistesblitz. Warum nicht eine der Kisten am Beginn des morgigen Aufstiegs deponieren? Also nahm er Chhepala und Bahu auf unserer Route vom Vortag mit zurück zum Lager III A. Kusung ging nicht mit, da er müde war.

Wir beobachteten sie, wie sie über den Gletscher zurückkamen und dann langsam den langen Couloir zu uns hinaufstiegen. Als sie fast oben waren, kam Kusung mit gesenktem Kopf ins Lager geschlurft, zu müde, um auf unsere Begrüßungsrufe mit seinem üblichen herzlichen Lachen zu antworten. Die anderen Sherpas kletterten kurz danach über den Rand des Couloirs, und wir gratulierten ihnen und hießen sie mit Tee willkommen. Sie grinsten breit und freuten sich, die Helden des Tages zu sein.

Der unbekannte Gletscher

Am Morgen des 9. Mai packten wir unsere Sachen zusammen und verließen Lager III A. Wir stiegen durch den Schneecouloir ab und überquerten den Hauptgletscher in westlicher Richtung bis zum Fuß des Eiswasserfalls. Als wir die Stelle erreichten, an der die Sherpas am Vorabend die Kiste zurückgelassen hatten, hielten wir an, um zu beratschlagen und neu einzuteilen. Es wurde beschlossen, dass Evelyn – da sie am ehesten von der Höhe beeinträchtigt wurde – die erste Seilschaft an diesem Tag anführen sollte, und Betty am nächsten Tag. Ich blieb die Reserve für den dritten Tag, falls die anderen beiden ihre Grenzen erreicht hätten. Auf diese Weise übernahm jede von uns abwechselnd die Verantwortung, und das funktionierte in der Praxis sehr gut. An diesem Tag zog Evelyn mit Betty, Mingma und Chhepala los. Ich führte die zweite Seilschaft an und folgte mit Kusung, Ang Temba und Bahu.

Der Gletscher begann genau dort, wo wir weitergingen, er stieg steil in die Höhe und machte einen fast irrsinnigen Eindruck. Die Sonne schien heiß, und der Schnee war recht weich. Kusung, der offensichtlich noch nicht fit war, ermüdete schon nach kurzer Zeit. Alle paar Minuten rief Ang Temba mir zu: »Memsahib, kole, kole«, was in Sherpa-Sprache »halt« bedeutet. Ich drehte mich dann um und sah Kusung auf seinen Eispickel gestützt wie einen gestrandeten Fisch nach Luft ringen. Unter diesen Umständen kamen wir langsam voran, und die Gruppe der ersten Seilschaft war weit voraus. Ich nahm meinen Rucksack herunter und fischte eine Schachtel mit Glukosetabletten heraus. Davon ließ ich Kusung zwei essen, was ihm eine Zeit lang half weiterzugehen.

Unterdessen hatte die vordere Gruppe unterhalb einer großen Erhebung von Séracs und dazwischenliegenden Gletscherspalten Halt gemacht, da nicht sofort eine Route erkennbar war. Eiszinnen ragten in die Höhe, umhüllt und bedeckt mit tauendem Schnee, der in einem Stück in die wartenden Gletscherspalten zu rutschen drohte. Dieser Ort führte einem eindringlich das wohl bekannte Diktum vor Augen, dass die drei wichtigsten Regeln beim Bergsteigen im Himalaya 1. Erkunden, 2. Erkunden und 3. Erkunden sind. Die erste Gruppe hielt an, um auszuruhen, nachzudenken und unsere Gruppe aufholen zu lassen. Als wir ankamen, seilte sich Mingma, der seine Ungeduld nur schwer hatte zügeln können, ruhig ab und brach zu einem Erkundungsgang auf. Wir brauchten einen Moment, um zu realisieren, was er vorhatte, als es uns jedoch klar wurde, rief ich ihm nach, er solle anhalten und auf das Seil warten. Es gibt keine Tauberen als diejenigen, die nicht hören wollen, und Mingma ging weiter, jeden Schritt demonstrativ mit seinem Eispickel prüfend. Ang Temba, der sehr an Mingma hing,

Oberer Abschnitt des Ladies-Gletschers mit Gletscherspalten

band schnell ein Seil los, wobei er die Schlingen ohne große Umschweife seinen Kameraden über den Kopf zog, während er besorgt vor sich hin murmelte: »Er darf nicht ohne Seil gehen.« Es war das einzige Mal, dass einer der Sherpas auf dem Seil bestand, und die Memsahibs konnten ihre unpassende Genugtuung nicht verbergen, wäre doch eine ernsthaftere Haltung in Anbetracht der Situation eher angebracht gewesen. Ang Temba jagte hinter Mingma her; er trug das Seil und befahl ihm mit strengen Worten umzukehren. Sie kamen zusammen zurück, Mingma mit einem Ausdruck gekränkter Unschuld, der sich jedoch schnell in ein spitzbübisches Grinsen verwandelte, als wir die Köpfe über ihn schüttelten. Evelyn band sich fest, um ein wachsames Auge auf sie werfen zu können, und die drei zogen wieder los, um einen Weg über beziehungsweise durch die vor uns liegenden Hindernisse zu finden.

Wir anderen ließen uns nieder und beschäftigten uns damit, Filme zu wechseln, die Lippen erneut einzucremen und durch die Ferngläser den Fortschritt unserer Kundschaftertruppe zu verfolgen. Ich bot Kusung einen Schluck aus meiner Wasserflasche an. Er brauchte ihn so nötig, dass die Flasche fast leer war, als er sie mir etwas verlegen zurückgab. Seine Schwäche war ihm äußerst unangenehm, und in einem pathetischen Versuch, seinen verletzten Stolz zu beruhigen, begann er sehnsüchtig von den guten alten Vorkriegstagen zu erzählen. »Ich war damals genauso kräftig wie Ang Temba jetzt«, sagte er in erstaunlich gutem Hindustani. »Und meine Frau, Ang Dromas Mutter, war genauso stark. Sahib Shipton war sehr zufrieden mit uns. In diesen Tagen«, fügte er mit einem vorwurfsvollen Blick auf uns hinzu, »gingen wir durch Tibet zum Everest, und die Sahibs ritten auf Ponys in die Berge und trugen noch nicht ihre eigenen Rucksäcke.« Die Memsahibs schielten befangen auf ihre eigenen Rucksäcke, die sie während des Marsches auf dem Rücken hatten, und fühlten sich äußerst »gewöhnlich«. Kusung seufzte. Die Welt war nicht mehr, was sie einmal war, und er musste sich unters gemeine Volk mischen.

Die Kundschaftertruppe krabbelte nun wie ein Fliegenschwarm die Oberfläche eines mächtigen Séracs hinauf. Es sah extrem unsicher aus, und die Kletterer schienen eine unnötig schwierige Route zu wählen. Betty und ich, die wir etwas im Hintergrund kletterten, riefen: »Was ist mit der anderen Seite?« – »Sie ist lawinengefährdet«, kam Evelyns Antwort mit schwacher Stimme. Die drei kleinen Figuren, die so weit entfernt schienen, aber deren Stimmen immer noch deutlich zu hören waren, verschwanden über den Rand des Séracs. Sie stiegen weiter bergauf und schlugen und trampelten einen Weg für beladene Bergsteiger, bis sie ein leichteres Stück erreichten. Diese Route führte sie immer mehr nach rechts, während sie eine große Gletscherspalte nach der anderen umgingen, bis sie sich in dem Schneekorridor auf der linken Seite des Gletschers befanden. Sie sahen sich argwöhnisch um, konnten jedoch keine Anzeichen großer Lawinen entdecken. Es sah so aus, als wäre der Korridor schließlich doch der Schlüssel. Beim weiteren Aufstieg kreuzten sie plötzlich eine Linie von Spuren, und Mingma schrie aufgeregt: »Ein Yeti, Memsahib. Sieh nur!« Evelyn schaute, konnte aber nicht glauben, dass diese schmalen Spuren einem Schneemenschen gehören sollten. Andererseits entzog es sich auch ihrer Vorstellungskraft, was ein Tier in solch unwirtlichem Terrain verloren hatte.

Sie kamen zur Hauptgruppe zurück und erzählten uns von den Yeti-Spuren. »Nur zehn Zentimeter lang? Das konnten doch keine Yeti-Spuren sein, Mingma«, wandte ich skeptisch ein. Mingma zögerte und sah verblüfft aus. Dann erhellte sich sein Gesicht. »Ich glaube, es war ein acht Jahre alter Yeti«, verkündete er überzeugt. Die ganze Gruppe brach in schallendes Gelächter aus, und Mingma schaute etwas verletzt.

Wir nahmen unser Gepäck wieder auf und seilten uns an, jeweils vier in einer Seilschaft; dann stiegen wir langsam weiter durch den Eiswasserfall, mal eine grüne Eishöhle mit einem Vorhang aus Eiszapfen umgehend, mal eine Leiter aus Eisstufen hinaufsteigend, mal unsere Eispickel benutzend, um uns gegenseitig über einer Gletscherspalte zu sichern. Als wir zu den angeblichen Yeti-Spuren gelangten, konnten wir nichts mit ihnen anfangen. Irgendein Tier mit länglichen Pfoten hatte eine einzelne Spur quer über dem Gletscher hinterlassen, die die Séracs hoch und wieder herunter verlief. Es schien ohne ersichtlichen Grund von einer trostlosen Felswand direkt zur nächsten gelaufen zu sein.

Wir hielten uns nicht länger bei den Spuren auf, da die Wolken hinter uns heraufzogen. Wie wir diese Wolken hassten! Insbesondere auf diesem Gletscher, wo gute Sicht eine absolute Notwendigkeit für das Gelingen unseres Aufstiegs über den Eisfall war. Endlich erreichten wir den Korridor und folgten ihm aufwärts, während wir uns ab und zu ängstlich die Hälse verrenkten, um die Felswand zu unserer Rechten hinaufzuschauen, und angesichts der Schneewechten weit oben zusammenzuckten. Die Schneeoberfläche war gewellt durch die Spuren kleiner Lawinen, deren Schneemassen sich auf dem ganzen Weg türmten, genau dort, wo der Korridor flacher wurde und bevor die Séracs begannen. Doch es gab keine Spuren von großen Lawinen, und wir hielten uns auf einer Linie zwischen dem Rand der Lawinenausläufer und den Séracs, wo der Schnee eben und unberührt war.

Bei einem Halt sagte Evelyn plötzlich: »Ich habe genug getan. Geh du voraus, Monica.« Sie war blass und sah nicht gut aus. Wir sahen sie besorgt an. Sie hatte an diesem Tag und am Tag zuvor wenig gegessen, und die zwei Aufstiege den Eiswasserfall hinauf innerhalb eines Morgens hatten sie erschöpft. Wir befürchteten, sie würde erneut an ihre »Höhengrenzen« kommen. Ich sagte, wir müssten eh bald das Lager aufschlagen. Die Wolken zogen sich über uns zusammen, und einige der Sherpas mussten zurückkehren, um die Lebensmittelkiste, die sich immer noch am Fuß des Eisfalls befand, zu holen.

»Wir können hier nicht lagern«, warf Betty kurz angebunden ein. »Zu gefährlich – wenn eine große Lawine abgeht, reißt sie uns geradewegs in eine Gletscherspalte.«

Mingma führt eine Seilschaft durch den oberen Eiswasserfall des Ladies-Gletschers. Wir gingen auf einen Schneekorridor rechts von uns zu, wo wir uns in respektvollem Abstand zu den Spuren der Lawinen halten mussten.

Das stimmte. Wir mussten weiter oben nach einem sichereren Ort suchen. Unter diesen Umständen beschloss Evelyn, an ihrem Platz im Seil zu bleiben, und die erste Seilschaft ging langsam weiter.

Gerade als sich die zweite Seilschaft in Bewegung setzen wollte, bat Chhepala Bahu mit seiner ruhigen Stimme, mit ihm zurückzukommen und die Lebensmittelkiste zu holen. Bahu weigerte sich glatt und sagte, er ginge für nichts und niemanden noch einmal dort hinunter. Daraufhin sprang Kusung auf und rief verächtlich: »Also gut, wenn du dich nicht traust, dann werde ich gehen. Ein alter Mann wie ich!« Wir folgten verwirrt der Diskussion, und nun griff ich ein und fragte, was eigentlich los sei. Es war das erste Mal, dass wir die Sherpas streiten hörten. Sie erklärten alles sofort.

»Ohne Seil geht überhaupt niemand zurück«, sagte ich fest, »und das dritte Seil ist verpackt. Ihr müsst warten, bis wir unser Lager erreicht haben.«

»Aber Memsahib«, protestierte Chhepala in seiner liebenswürdigen, vernünftigen Art, »wenn wir nicht bald lagern, wird der Rückweg, um die Ladung zu holen, sehr lang werden, und es fängt an zu schneien. Mingma will das Lager heute *oberhalb* des Eisfalls aufschlagen.«

Ich seilte mich ab, stellte meinen Rucksack ab und hetzte hinter Evelyns Gruppe her. Als ich sie einholte, erzählte ich dem Sirdar von dem Streit und fügte hinzu, dass der obere Teil des Eisfalls an diesem Tag nicht mehr in Frage käme.

»Bahu ist unerfahren, und Kusung geht es nicht gut«, sagte Mingma. »Ang Temba und ich werden wegen der Kiste zurückgehen.«

Sehr gut, pflichtete ich ihm bei, das sei in Ordnung. Es würde jedoch ein langer Weg hinunter und hinauf werden, selbst von dieser Stelle aus. Wir wollten nicht, dass unser Sirdar erschöpft sei, noch bevor wir unser höchstes Lager erreicht hatten. Und außerdem: Sah er nicht, dass unsere Doktor-Memsahib höhenkrank war? Diese Argumente leuchteten Mingma ein, und er gestand bedauernd ein, dass er zu ehrgeizig gewesen war. Evelyn wollte zu Betty und den anderen Sherpas zurückgehen, die gerade um die Ecke waren, während ich mit Mingma und Ang Temba weiterging, um nach einem Lagerplatz Ausschau zu halten. Endlich fanden wir einen, der geeignet erschien. Es war eine flache, halbinselförmige Stelle des Schneekorridors, die in den Gletscher hineinragte. Zwischen ihr und den Lawinenspuren klaffte ein breiter Gletscherschrund beziehungsweise der Seitenarm einer Gletscherspalte, die auch die größten Lawinen verschlucken würde. Oberhalb davon waren Felsenkliffs, von Schneerinnen durchzogen, die keine überhängenden Schneewechten zu haben schienen. Es war vielleicht kein idealer Platz, aber er war vergleichsweise sicher. Mingma und Ang Temba setzten die Lasten ab und machten sich daran, Stellplätze für die Zelte zu trampeln. Ich ging inzwischen zu meinem Rucksack zurück, wobei ich unterwegs die anderen traf, die in ihrem eigenen Tempo heraufkamen. Auf dem Rückweg begegnete ich Mingma und Ang Temba, die nach unten eilten, um die Kiste einzusammeln. Sie gingen abwärts und hatten keine Lasten zu tragen, deswegen pfiffen und sangen sie beim Gehen. Bis sie zurückkehrten, ganz mit Schnee bedeckt, hatten wir das Lager errichtet, einen widerspenstigen Primuskocher in Gang gebracht und Tee gekocht.

In dieser Nacht schliefen wir alle tief und fest, außer Betty, deren Bergsteiger-Bewusstsein ungewöhnlich aktiv war. Sie spürte, dass unser Lager IV nicht absolut sicher war, auch wenn sie wusste, dass es keine Alternative gegeben hatte. Immer wieder wachte sie auf, hörte die Lawinen den Berg auf der gegenüberliegenden Seite des Gletschers hinunterdonnern und zitterte unwillkürlich in ihrem Schlafsack. Aber es gingen keine Lawinen bei uns ab.

Trotz Bettys Ungeduld, den Platz hinter uns zu lassen, war es etwa neun Uhr morgens, bevor wir Lager IV verließen. Unseren Platz schien die Morgensonne als letzten auf dem Gletscher zu erreichen, und unsere Vorbereitungen gingen in der eisigen

Blick zurück vom Lager IV zur Phurbi Chyachu, die zum Grenzgebirge gehört, auf halber Höhe den Ladies-Gletscher hinauf

Kälte nur langsam vonstatten. Evelyn hatte an diesem Morgen und am Vorabend außer Flüssigkeit nur wenig zu sich nehmen können; sie war mit einem Übelkeitsgefühl und starken Kopfschmerzen aufgewacht. Die Sherpas drängten sich alle in ihren Zelten zusammen und kauerten sich über die Primuskocher. Wir beobachteten zitternd, wie die ersten Sonnenstrahlen fast unmerklich über den Gletscher auf uns zu krochen. Um acht Uhr, als es schon höchste Zeit war, aufzubrechen, erschien Mingma verschmitzt mit einem Kessel und sagte besänftigend: »Lasst uns alle zusammen Tee trinken, Memsahibs, bis die Sonne kommt. Es ist ein sehr kalter Morgen.« Diesem Angebot konnten begeisterte Teetrinkerinnen wie Betty und ich nicht widerstehen, und wir holten schnell und ohne Scham unsere Becher. Die Teeparty dauerte, bis ein Streifen aus Licht und Wärme über den eiskalten Schatten, in dem unsere Schneeplattform lag, fiel und Sherpas und Memsahibs geschlossen aufsprangen und dorthin rannten, um sich in ihm wie an einem Feuer zu wärmen.

Betty war an der Reihe, die erste Seilschaft anzuführen, gefolgt von Mingma, Chhepala und mir. Evelyn führte die zweite Gruppe mit Ang Temba, Kusung und Bahu. Wir folgten alle zunächst dem Schneekorridor und hielten nach einem Weg zurück zum eigentlichen Gletscher Ausschau. Bettys Seilschaft ging zügig voran, bis sie ganz plötzlich zum Stillstand kam. Eine andere Linie von Spuren, vom Gletscher herunterkommend und in dem gefrorenen Schnee nur schwach zu sehen, verlief diagonal über den Korridor. Jeder der schmalen Fußabdrücke war zwischen 20 und 25 Zentimeter lang, und das Seltsamste war, dass sie mindestens zwei Meter auseinander lagen. Sorgfältig maßen wir den Abstand. »Seht ihr? Das ist zweifellos eine Yeti-Spur«, sagte Mingma triumphierend. Wir waren geneigt, ihm zu glauben. Wir konnten uns die Spuren anders nicht erklären, auch wenn es unser Verständnis überstieg, was selbst ein Yeti in dieser hoch gelegenen Wildnis aus Eis und Schnee zu suchen hatte.

»Warum gibt es keine Zehenabdrücke?«, fragten wir nach. Mingma bedachte uns mit einem mitleidigen Blick. »Weil sie ihre Zehen beim Laufen einziehen, so . . .« – er demonstrierte es mit den Fingern.

»Was essen Yetis?«, fragte ich. Mingma schüttelte den Kopf und sagte, er wisse es nicht. Und weil er fürchtete, seine Position als Autorität auf dem Gebiet der natürlichen Geschichte des legendären Schneemenschen zu verlieren, fügte er noch schnell hinzu: »Vielleicht irgendwelche Dinge, die unter den Steinen liegen.« Er fuhr fort, zu erzählen, es gäbe drei Arten von Yetis, eine so groß wie ein Yak, eine von der Größe eines Menschen und eine kleine wie ein Pygmäe. Wir waren der Ansicht, die vorliegenden Spuren gehörten der mittleren Kategorie an. Wir fotografierten sie auf klassische Art und Weise mit einem danebenliegenden Eispickel, obschon wir vermuteten, sie seien nicht deutlich genug, um gut erkennbar zu sein.

Danach setzten wir unseren Weg zum Gletscher hinauf fort, und Betty führte uns mit Elan die aufsteigenden Wellen und schroffen Zacken im schneebedeckten Eis hinauf und hinunter. Einige der Gletscherspalten waren riesig, ihre Wände waren in verschiedenfarbigen Schichten geschliffen – leichte Violett-, Blau-, Grün- und Cremetöne –, wie Stücke eines exotischen neapolitanischen Kuchens. Wir schafften es, sie alle zu umgehen oder zu überqueren, bis Betty einen letzten steilen Sérac erklomm und plötzlich oben stehen blieb. Zu ihren Füßen lag die größte Gletscherspalte, die wir je gesehen hatten. Sie schien sich von einem Ende des Gletschers zum anderen zu erstrecken, und Bettys Mut sank. Wir aber wurden wütend und wollten uns jetzt auf keinen Fall geschlagen geben. Mingma, der wie ein Hund am Rand der Gletscherspalte hin- und herlief, fand eine Lücke in ihrer Unzugänglichkeit und stürzte sich unerschrocken durch eine Kluft hinunter, um sie auszuprobieren. Wir protestierten nicht, sondern feuerten ihn an und waren bereit, ihm zu folgen. Die Gletscherspalte war an dieser Stelle mit Lawinentrümmern angefüllt. Große Eis- und Schneeblöcke waren von ihrem oberen Rand heruntergebrochen. (»Alles klebte zusammen«, so Betty, »wie Süßigkeiten in der Hosentasche eines Jungen.«) Zwar bildeten diese Brocken nur eine zerbrechliche Schicht, unter der eine große Tiefe lag, aber so früh am Tag waren die Blöcke solide genug zusammengefroren. Es war auf jeden Fall einen Versuch wert. Da er schon ganz vorn war, raste Mingma hinüber, mal hier herumstochernd, mal dort eine Stufe schlagend und über Spalten springend. Die anderen in seiner Seilschaft folgten ihm, während die zweite Gruppe auf ein Zeichen zum Überqueren wartete. Selbst so früh war der Übergang, den die Trümmer bildeten, nicht sehr sicher. Er war voller Löcher, in die unsere Beine einbrechen konnten, unter dem Klirren von abgebrochenem Eis, das weit unten zersplitterte. Die Gletscherspalte war so breit, dass die ganze Gruppe gleichzeitig auf der »Brücke« sein musste. Ein großer Überhang an der hinteren Wand, der weggeschlagen werden musste, versperrte unseren Weg, und Mingma stürzte sich mit

Verhandlung über den Überhang auf der anderen Seite der großen Gletscherspalte

seinem Eispickel darauf wie ein Besessener. Nach einem ungefähr halbstündigen harten und haarsträubenden Kampf gab die Gletscherspalte plötzlich nach, und die Mitglieder der ersten Seilschaft kletterten mit Erleichterung wieder auf festes Eis. Trotzdem mussten sie eine schwierige Klettertechnik anwenden, um aus dem Kamin herauszukommen, was bedeutete, dass alle Lasten abgenommen und getrennt heraufgezogen werden mussten.

Nun konnte die zweite Gruppe mit dem Übergang beginnen, während Bettys Seilschaft weiterging, immer in der Angst, ein weiteres größeres Hindernis anzutreffen. Doch obwohl wir noch zu einer letzten auseinander klaffenden Gletscherspalte kamen, entdeckten wir eine wunderbare Eisschneide, idealerweise mit Schnee bedeckt, die genau darüber verlief und eine schmale Brücke bildete. Wir kehrten mit den guten Neuigkeiten zur großen Gletscherspalte zurück, und unsere beiden Gruppen trafen sich genau auf dem Schneefeld darüber. Wir gratulierten uns gegenseitig und aßen mit Schnee gemischte Marmelade – eine Lieblingsspeise der Sherpas.

Abgesehen von ihrer Größe war das Bemerkenswerteste an der großen Gletscherspalte das traumhafte tiefe Blau des Eises an einigen Stellen. Es sah fast überirdisch aus.

Der schmale Eissteg war das letzte Hindernis auf dem Eiswasserfall, und wir waren so glücklich, das vorhergehende überwunden zu haben, dass wir seine Schwierigkeit außer Acht ließen und einer nach dem anderen völlig gelassen hinüberbalancierten, obwohl die Brücke nur ein paar Zentimeter breit und der Abgrund auf beiden Seiten tief und dunkel war. Als wir drüben waren, sahen wir den Gletscher vor uns liegen, eben und makellos. Wir hatten es geschafft!

Doch nun begann die eigentlich harte Arbeit, als wir stundenlang immer weiter in Richtung der Y-Gabelung hinaufstiegen. Nachdem Betty eine Zeitlang geführt hatte, brauchte sie allmählich eine Pause, und die anderen übernahmen abwechselnd die Führung. Da der Schnee jetzt weich war, stellte dies eine sehr anstrengende Aufgabe dar, der Führer sank bei jedem Schritt ein. Natürlich zogen wie immer die Wolken herauf, allerdings nicht, bevor wir eine mögliche Route zu unserem Berg hinauf ausfindig gemacht hatten. Sie war sehr lang und würde endloses Tritte-Schlagen erfordern und wahrscheinlich auch ein ungeschütztes Lager auf dem Eisgrat. Deswegen hofften wir, es gäbe tatsächlich einen Pass am oberen Ende des Gletscherarms, der in nordwestlicher Richtung des Berges verlief, und von dort aus möglicherweise eine kürzere und genauso machbare Route auf den Gipfel.

Betty war immer noch vorn, als der Nebel uns einhüllte, und es fiel ihr schwer zu erkennen, wo sie festen Halt finden würde. In dem weißen Schnee und dem weißen Nebel benötigte sie irgendeinen dunklen Gegenstand, um ihren Blick zu fixieren, und sie taumelte wie betrunken herum, wenn dies nicht möglich war, bis die nachfolgenden Bergsteiger sie zur Ordnung riefen. Weiter oben lichteten sich die Wolken jedoch wieder, und als wir uns dem Punkt näherten, wo der Gletscher sich gabelte, blies sie ein heulender Wind vom westlichen Pass her vollständig davon. Wir fanden uns einer ebenen Schneefläche mit einer vom Wind geglätteten verharschten Oberfläche gegenüber, unterhalb eines weiteren monumentalen Eiswasserfalls. Die Sichtverhältnisse waren immer noch nicht gut, da der Wind Wolken aus Pulverschnee vor sich her trieb, der uns wie mit Nadeln ins Gesicht stach und in unsere Augen geriet. Wir konnten jedoch links gerade noch einen Arm des Gletschers erkennen, der sanft zu dem Bergrücken im Westen hin anstieg, der so sehr nach einem Pass zum oberen Ende des Dorje-Lakpa-Gletschers aussah. Direkt vor uns ragte eine Bergschulter aus Eis und Schnee in die Höhe, die ein Pfeiler des großen weißen Gipfels selbst war – des höchsten Berges im Jugal Himal. Etwas rechts davon befand sich der Eiswasserfall, über dem es,

Blick auf den unteren Teil des Eiswasserfalls des Dorje-Lakpa-Gletschers von einem Punkt wenig oberhalb des Basislagers aus

wie wir nun erkannten, tatsächlich einen hohen Pass im Grenzgebirge gab. Am nächsten Tag würden wir versuchen, ihn zu erreichen und unseren Gipfel von dort zu besteigen.

Mittlerweile war es drei Uhr, und alle waren müde. Ich war gerade mit dem Führen an der Reihe und stampfte Tritte in den unangenehm verkrusteten Schnee, als Mingma lustlos sagte: »Lass uns hier lagern, Memsahib.« Einen Moment lang war ich versucht, ihm zuzustimmen, aber der Schnee wies immer noch eine Steigung auf, und es gibt nichts Unangenehmeres, als in einem Zelt auf abschüssigem Gelände zu schlafen. »Nur ein bisschen weiter«, sagte ich und stapfte voran, während ich von ganzem Herzen wünschte, der Hang würde bald ebener. Dieses Lager musste jedoch schwer erkämpft werden, und es dauerte noch einige Zeit, bevor wir schließlich ebenen Schnee erreichten. Es war ein wunderschöner Platz für ein Lager, allerdings kein komfortabler, da er ständig dem Sturm ausgesetzt war. Wir hatten jedoch keine andere Wahl. Für den einen Tag hatten wir alle genug getan. Evelyn hatte sich im Laufe des Tages erholt und sogar einige anstrengende Stufen ins Eis der großen Gletscherspalte geschlagen, aber nun waren ihre Kraftreserven erschöpft, und Kusung war regelrecht grau vor Müdigkeit. Wir schlugen die Zelte mit ihrer Rückseite zum Wind auf und begaben uns so schnell wie möglich hinein. Evelyn konnte wieder mal nichts essen, und wir machten uns Sorgen um sie, obwohl sie uns fröhlich versicherte, sie wäre nach einer Nacht Ruhe wieder in Ordnung.

In dieser Nacht tobte ein heftiges Gewitter. Der Wind heulte über den Bergrücken im Südwesten, Blitze zuckten überall um uns herum, und der Donner hallte von den Gipfeln wider. Der Sturm verzog sich über unseren Gletscher hinunter, und wir konnten das sich entfernende Donnergrollen unten noch lange Zeit hören. Ein komisches Gefühl, den Donner unter anstatt über sich zu hören. Doch wir genossen es nicht lange, sondern schliefen trotz des draußen wütenden Sturms bald wieder ein. Als wir später in Abständen wieder erwachten, war das Wetter klar, und der Mond schien hell durch die Zeltwände.

Der Gyalgen

Der Wind blies immer noch stark am Morgen des 11. Mai, aber der Tag war klar und schön. Jetzt oder nie würden wir den kuppelförmigen Berg besteigen.

Trotz einer guten Nachtruhe kamen wir alle nur langsam auf die Beine. Es war sehr kalt, und selbst kleine Aufgaben, wie die Schuhe zuzubinden und unsere Schutzbrillen mit Anti-Beschlagmittel zu präparieren, schienen einen ungeheuren Aufwand an Zeit und Energie zu verbrauchen. Mit anderen Worten: Wir spürten die Höhe.

Evelyn zog sich an und ging hinaus in die Sonne. Sie hatte rasende Kopfschmerzen, hoffte jedoch, sie würde sich besser fühlen, wenn sie sich bewegte, wie sie es schon am Vortag gemacht hatte. Ganz plötzlich überfiel sie ein heftiger Brechreiz, und sie übergab sich. Diesem Anfall folgte ein Gefühl völliger Erschöpfung, und sie erkannte, dass die Höhenkrankheit sie fest im Griff hatte. Langsam schleppte sie sich zum Zelt zurück, das sie mit Betty geteilt hatte, und rang sich nach einem inneren Kampf zu einer schweren Entscheidung durch: Sie würde die Gruppe der Gipfelstürmer nicht begleiten, aus Angst, sie zu behindern oder aufzuhalten. Als sie Betty und mir die Neuigkeiten mitteilte, bedauerten wir es sehr für sie, aber wir bewunderten ihren Mut, den Tatsachen ins Auge zu blicken. Es würde ein langer und anstrengender Aufstieg werden, sogar für fitte und gut ernährte Menschen, und Evelyn war schon seit Tagen am »Fasten«.

Mingma und Ang Temba sollten die anderen Mitglieder der Gruppe bilden, sie waren um acht Uhr abmarschbereit, Betty ebenfalls. Sie sah sich nach mir um, aber ich war nirgends zu sehen. Sie behauptete später, sie hätte mich in meinem Zelt kniend gefunden, während ich einen Film in meine Kamera einlegte und dabei eine Art Singsang vor mich hin murmelte – »Kamera, Kompass, Karte, Taschenlampe, Ersatzsocken, Seidenhandschuhe, Wollhandschuhe, Wind abweisende Handschuhe ...«

»Los, beeil dich«, sagte Betty tadelnd, »was machst du denn da?«

Ich antwortete, selbstverständlich sei ich gerade dabei, den Film zu wechseln und die Sachen zusammenzusuchen, die ich mitnehmen wollte. Ungeduldig schlug ich ihr vor, sie solle lieber gehen und sich selbst fertig machen, denn es sei wirklich höchste Zeit aufzubrechen.

»Ich *bin* fertig«, sagte Betty lachend. »Wir warten alle nur noch auf dich.«

»Ach, du bist schon fertig?« Ich war leicht erstaunt. »Also los!«

Ich packte alles Wesentliche für diesen Tag in meinen kleinen Rucksack, krabbelte aus dem Zelt, griff nach meinem Eispickel und erklärte, ich sei nun bereit. Ich bin überzeugt, es lag weder an der Kälte noch an der Höhe, dass ich an diesem Morgen zu benommen war, um mich zu konzentrieren oder einen zusammenhängenden Gedanken zu fassen, bis ich in Bewegung war. Aber Betty hört seitdem nicht auf zu erklären, das alles sei nur ein Zeichen Jacksonscher Verwirrung, wie sie es schon in verschiedenen Klimata und in allen möglichen Höhenlagen, einschließlich der Meereshöhe, erlebt hätte.

Unsere Gipfelstürmergruppe, die aus vier Leuten bestand, brach nun auf, arbeitete sich ihren Weg über den Gletscher und unter den Eiswasserfall, in der Hoffnung, eine Lücke in seiner Unpassierbarkeit zu finden. Auf der gegenüberliegenden Seite konnten wir tatsächlich durch etwas, das Betty als »kleine Hintertür einer Gletscherspalte« beschrieb, hindurchschlüpfen. Nichtsdestotrotz mussten wir sehr vorsichtig sein. Die Schneeverhältnisse schwankten zwischen schlecht und katastrophal. Manchmal hatte die Oberfläche eine Kruste, die zwar nicht bei jedem Schritt nachgab, aber doch oft genug, um gleichmäßiges Bergsteigen unmöglich zu machen. Dann wieder war der Schnee tief und weich und klebte an unseren Stiefeln wie Kleister, so dass wir unsere Sohlen bei jedem weiteren Schritt mit unseren Eispickeln abklopfen mussten, um die schweren Stollen zu entfernen.

Nach einiger Zeit kamen wir zu einer weiteren Gletscherspalte, einer großen dieses Mal, die sich quer über den Gletscher erstreckte. Wir konnten sie auf der rechten Seite nicht umgehen, sahen aber, dass wir, wenn wir sie der Länge nach ihrem unteren Rand entlang überquerten, links herum gehen konnten. Wir machten uns also auf den Weg und befanden uns bald oben auf einem sanft abfallenden Eishang, auf der einen Seite die eine Gletscherspalte und auf der anderen eine weitere breitere, die grinsend wie ein Hai weit unten auf der Lauer lag. Wir mussten uns geschmeidig und gefühlvoll bewegen, wie Katzen auf dem Dach, und mit unseren Profilsohlen auf der dünnen Schneeschicht über dem Eis Halt finden. Bevor wir das Ende der Gletscherspalte erreichten, kamen wir zu einer Stelle, wo sie bis oben hin mit Schnee gefüllt war. Mingma schlug vor, dort hinüberzugehen. »Ich glaube nicht, dass es sicher ist«, zweifelte ich, da ich dem Anblick misstraute.

»Doch, doch, Memsahib, so früh am Tag ist es bestimmt sicher. Sieh . . .« Mingma prüfte den Schnee mit seinem Pickel. Er schien fest genug zu sein. Ang Temba unterstützte Mingma mit seinen Ansichten, und Betty war zu sehr außer Atem, um eine Meinung äußern zu können. Immer noch vor mich hin brummend, ließ ich mich überreden, und wir nahmen eine erfolgreiche, wenn auch möglicherweise riskante Abkürzung über den Schnee, der die Gletscherspalte bedeckte.

Der Gletscher stieg nun steil an, und der Pass an seinem oberen Ende erschien frustrierend hoch und weit entfernt. Stellen mit blauem Eis glänzten über uns, als wir den endlos erscheinenden Aufstieg begannen. Mingma, der bis zur ersten Gletscherspalte hinauf die Führung übernommen hatte, über-

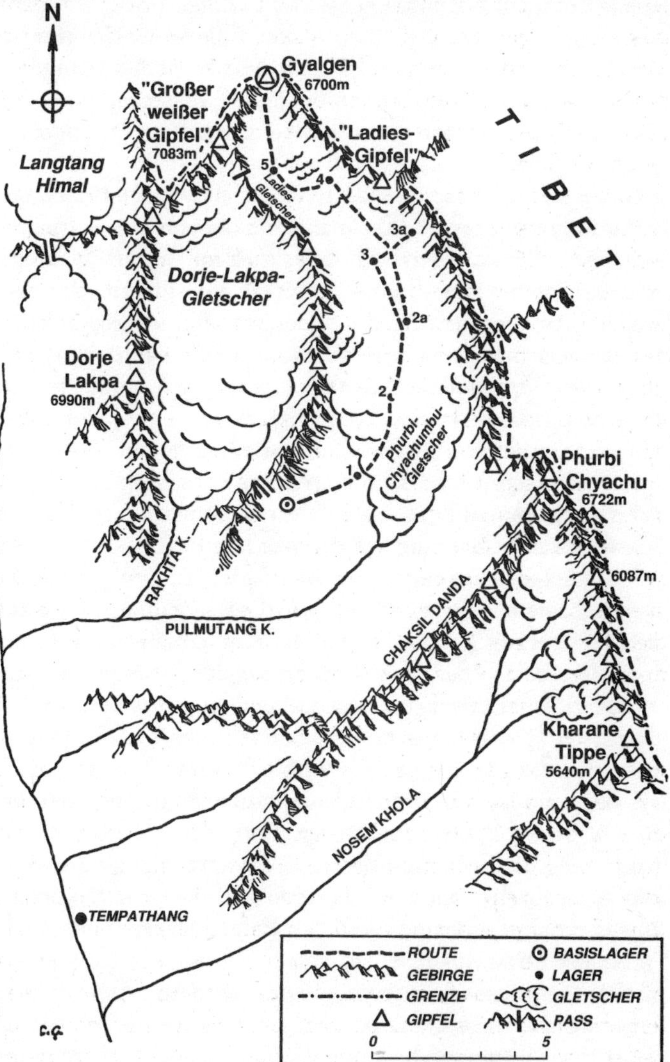
N
Gyalgen
6700m
"Großer
weißer
Gipfel"
7083m
"Ladies-
Gipfel"
TIBET
Langtang
Himal
Ladies-
Gletscher
5
4
3a
3
2a
2
1
Dorje-Lakpa-
Gletscher
Dorje
Lakpa
6990m
Phurbi-
Chyachumbu-
Gletscher
Phurbi
Chyachu
6722m
6087m
LANGTANG K.
RAKHTA K.
PULMUTANG K.
CHAKSIL DANDA
Kharane
Tippe
5640m
NOSEM KHOLA
TEMPATHANG
ROUTE
GEBIRGE
GRENZE
GIPFEL
BASISLAGER
LAGER
GLETSCHER
PASS
0
5
KILOMETER (CA.)
C.G.

gab an Ang Temba und zog sich ans Ende zurück. Wir waren übereingekommen, den Sherpas am Anfang die Führung zu überlassen, da sie aufgrund ihrer größeren Kraft auch in dem schweren Schnee spuren konnten, ohne ihre ganzen Energiereserven aufzubrauchen. Ang Temba stampfte mit seiner gewohnten schwungvollen und fröhlichen Art Tritte, und wir gewannen schnell und stetig an Höhe, auch wenn wir deswegen unter Kurzatmigkeit litten, die unseren Lungen immer mehr zu schaffen machte. Betty schrieb gefühlvoll in ihr Tagebuch: »Endlos lange Hänge führten immer höher hinauf, meist mit weichem Schnee bedeckt, durch den manchmal völlig unerwartet das Eis durchschimmerte. Monica übernahm ihren Part beim Anführen und Tritte-Schlagen, aber ich litt unter der Höhe, und alles, was ich tun konnte, war, den anderen zu folgen. Ich versuchte alles Erdenkliche, um weitergehen zu können; ich atmete schneller als nötig; machte bei jedem Schritt zwei Atemzüge, dann drei, vier, aber alle erschöpften mich. Ich wollte weinen, aber niemand ließ mir dazu Zeit!«

Wir hielten in regelmäßigen Abständen an, um auszuruhen und mit Interesse zu verfolgen, wie die Berge, die sich die ganze Zeit über uns aufgetürmt hatten, nun allmählich schrumpften. Der Ladies-Peak, den wir ursprünglich besteigen wollten, wurde zu einer schmalen gezackten Silhouette weit unter uns. Selbst die Phurbi Chyachu (wir betrachteten diesen Berg immer als weiblich) zeigte sich jetzt viel weniger eindrucksvoll; sie hatte ein ausgesprochen kaulquappenähnliches Aussehen durch ihren langen gewundenen Grat, der mit dem runden Kopf ihres Gipfels verbunden war. Wir schauten zu dem Pass hinunter, auf dem wir vor drei Tagen gestanden hatten und sahen dahinter die vielen tibetischen Berge, die sich hintereinander in der Ferne verliefen.

Bei einer dieser Pausen beruhigte sich Bettys Atem so weit, dass sie uns sagen konnte, was ihr im Kopf herumging. Sie machte sich Sorgen, dass sie uns aufhielt. Ich versicherte ihr, dies sei nicht der Fall, was der Wahrheit entsprach, aber sie war noch nicht überzeugt und rang mir das Versprechen ab, dass Mingma und ich, sobald wir den Pass erreicht hatten, nicht auf sie warten, sondern zum Gipfel des Berges weitersteigen würden. In der Hoffnung, sie umzustimmen, drehte ich mich zu Mingma um und erzählte ihm, dass sie das erste Mal im Himalaya war. Sei er nicht auch der Meinung, sie würde sich wacker schlagen? Zu unserem Erstaunen schaute Mingma uns feierlich an und begann uns eine kleine Lobrede über unsere bergsteigerischen Fähigkeiten zu halten. Zuerst verglich er unsere Leistung ablehnend mit der verschiedener Sahibs, mit denen er in den Bergen unterwegs gewesen war, obgleich er gnädigerweise eingestand, dass Raymond Lambert schneller als wir war. Am Schluss erzählte er uns mit unverhohlener Schadenfreude noch ein paar skandalöse Einzelheiten von Sahibs, die auf der Strecke geblieben waren. Ich übersetzte das alles vergnügt Betty, die dankbar, aber leicht erstaunt dreinblickte. Mingmas überraschender Ausbruch hatte im Ganzen eine motivierende Wirkung auf uns, was er zweifellos auch beabsichtigt hatte.

Ich übernahm nun die Führung von Ang Temba. Mittlerweile ging es sehr steil bergauf, auch wenn der Schnee besser war. Wir stiegen höher und höher, und mir schien es, als ob ich mein Leben lang Stufen geschlagen hätte. Ganz plötzlich stürzte Betty in eine verborgene Gletscherspalte, die Ang Temba und ich in völliger Ahnungslosigkeit überquert hatten. Sie fiel jedoch nur bis zu den Hüften hinein und zog sich schnell wieder heraus. Entgegen ihrer eigenen Meinung stieg sie gleichmäßig und gut nach oben, und sie hielt uns sicher nicht ein einziges Mal auf, was sie anscheinend insgeheim vermutete. Das Einzige, woran wir ihre Anstrengung bemerkten, war ihre Unfähigkeit, auf unsere Kommentare oder Fragen zu antworten. Sie hatte buchstäblich nicht genug Luft dazu.

Ich spurte weiter, keuchte und hielt an und ging wieder weiter, bis wir das Eis erreichten. Ich schlug Stufen hinein, später in den gefrorenen Schnee, dann in noch mehr Eis. Als der Schnee wieder weich wurde, wechselte Ang Temba bis zur nächsten Pause an die Spitze, bevor ich wieder vorausging. Das letzte Stück bis zum Pass bestand aus hartem Schnee, in dem ein paar Axthiebe genügten, was sehr angenehm war. Als wir oben auf dem Pass ankamen, über den ein Höhenwind losen Schnee wirbelte, fühlte ich die Erregung, die sich während des ganzen Aufstiegs in mir angestaut hatte und nun einen Höhepunkt erreichte. Unter uns lag Tibet; diesmal waren es nicht alle Berge, die wir von weiter unten gesehen hatten, aber ein weites welliges braunes Plateau mit violetten Schatten, was für das Auge nach dem tagelangen Anblick von Eis, Schnee und Fels sehr wohltuend war. Wir hatten gehofft, Gosanthan von hier aus zu sehen, wurden jedoch enttäuscht. Wahrscheinlich wurde es von einem Bergmassiv, das fast direkt im Norden von uns aufragte, verdeckt. Zu unserer Linken stieg das Grenzgebirge in einer Felsschulter nach oben, die zu dem prächtigen Gipfel nördlich des Dorje Lakpa führte. Wir nannten ihn – etwas einfallslos – den »großen weißen Gipfel«. Dahinter lag der Langtang Himal. Auf der rechten Seite befanden sich die glitzernden Hänge aus blankem Eis, die zu unserer Berg-Kuppel hinaufführten. Wie gewohnt fiel der Grat abrupt zur tibetischen Seite hin ab und wurde am Pass von einer gewaltigen Schneewechte überhangen, die uns daran hinderte, zu nah an den Rand zu gehen.

Wir aßen etwas Pfefferminzkuchen, machten Fotos und zogen unsere Steigeisen an. Es war bitterkalt, und wir brauchten drei Paar Handschuhe. Zu unserer Bestürzung zogen von Süden her schnell Wolken zu uns herauf, die ungewöhnlich schwarz und bedrohlich aussahen. Wenn wir den Gipfel erreichen wollten, bevor er im Nebel verschwand, mussten wir uns beeilen. Wir hatten schon dreieinhalb Stunden benötigt, um zu dem Pass zu gelangen. Also seilten wir uns wieder an: Mingma und ich an einem Seil, Betty und Ang Temba am anderen.

Mingma und ich begannen den Aufstieg im Eis, unsere Steigeisen griffen gut. Ich hatte gehofft, den ganzen Weg die Führung zu übernehmen, da ich mich fit und energiegeladen fühlte. Doch angesichts der Wolken verwarf ich diesen Wunsch zugunsten der Expedition. Wenn Mingma in seiner momentanen übermütigen Stimmung führte, würde ich mich seinem Tempo anpassen müssen und wir kämen viel schneller nach oben als in meiner langsameren Gangart. Wie sich herausstellte, war das eine weise Entscheidung, obwohl ich manchmal dachte, ich müsste sterben. Mingma *rannte* förmlich das Eis hinauf, mich hinter sich herziehend. Nie zuvor hatten wir uns so schnell in den Bergen bewegt, und ich befand mich jetzt höher als je zuvor – wir mussten weit über 6400 Meter sein. In diesem Tempo konnte ich nicht schnell genug Atem schöpfen und stoppte mit einem Mal, um zu keuchen, dass ich unbedingt eine Pause bräuchte. Besorgt sagte Mingma: »Die Wolken, Memsahib.« Sie waren sehr nah, und ihr Anblick spornte mich an, meine letzten Reserven zu mobilisieren. Plötzlich hielt Mingma an, deutete mit einem freudestrahlenden Lächeln voraus und sagte: »Sieh, der Gipfel!« Wir sahen den Eishang vor uns flacher werden und plötzlich in einem unerwarteten kleinen Schneegipfel enden. Dieser Anblick wirkte so belebend wie eine Dosis reinen Sauerstoffs. Ich nahm einen tiefen Atemzug und sagte: »Also gut, lass uns weitergehen.« Und wir stiegen das letzte Stück Seite an Seite zum Gipfel hinauf.

Unser Berg endete abrupt wie mit einem Meißel abgehauen, und eine große Schneewechte hing auf der tibetischen Seite über. Während Mingma unsere kleine orangefarbene Markierungsflagge heraussuchte, sie an seinem Eispickel festband und in den Schnee steckte, schaute ich in die Runde, um so viel wie möglich von den Bergen zu sehen, bevor sie in den Wolken verschwanden. Da lagen die drei Gipfel des Dorje Lakpa, leicht erkennbar, aber seltsam klein und weit entfernt. Gleich daneben sah man die herrliche muschelähnliche Bogenform auf dem Grat des großen weißen Gipfels. Dann fiel mein Blick auf die Phurbi Chyachu. Konnten wir wirklich auf ihr Gipfelplateau *hinunterschauen*? Ich rief aus: »Mingma, wir sind *höher* als die Phurbi Chyachu!«, und er erwiderte stolz: »Ja, höher, Mem-

Mingma Gyalgen, Monica und Ang Temba auf dem Gipfel des Gyalgen

sahib.« Wir freuten uns riesig, vermutlich weil dieser Berg im Basislager so einschüchternd über uns aufragte. Als wenn sie es verhindern wollte, in einem so unvorteilhaften Blickwinkel gesehen zu werden, hüllte die Phurbi Chyachu sich in Wolken. Die Wolken waren schnell heraufgezogen, glücklicherweise jedoch nicht ganz so schnell wie wir.

Nach ein paar eher schmerzlichen Minuten des Fotografierens setzten wir uns, um Wasser mit Zitronenlimonade zu trinken und uns kameradschaftlich zu unterhalten. Zwanzig Minuten später beschlossen wir, hinunterzugehen und nach Betty und Ang Temba zu schauen. Wir sammelten unsere Ausrüstung zusammen, banden die Flagge vom Pickel los und steckten sie mit ihrem Stab in den Schnee, dann drehten wir um und gingen. Plötzlich hielten wir beide mit demselben Gedanken inne. Es gab etwas Wesentliches, das wir vergessen hatten! An Ort und Stelle schüttelten wir uns feierlich die Hände, wohl wissend, dass es niemanden gab, der diesen Ausdruck von Konventionalität beobachtete. Wir begannen den Abstieg, sahen jedoch zu unserer Freude schon bald Betty und Ang Temba heraufkommen, nur etwa eine halbe Stunde hinter uns. Das war eine große Leistung, da Bettys Steigeisen sich wieder gelöst hatten, und Ang Temba hatte (aus irgendeinem mysteriösen und nur Sherpas verständlichen Grund) überhaupt keine mitgenommen, so dass sie den ganzen Weg bergauf Stufen ins Eis schlagen mussten.

Wir gingen zum Gipfel zurück, um auf sie zu warten, und ich setzte mich mit einem selbstzufriedenen und freien Gefühl hin und dachte mir Beschriftungen für die Fotos aus, die ich gemacht hatte. Leider waren sie später mehr oder weniger unleserlich. Als die anderen beiden oben waren, schüttelten wir uns alle sicherheitshalber noch einmal die Hände (die Sherpas machten mit großer Begeisterung mit, insbesondere Ang Temba, der es als neues Spiel ansah) und schossen noch mehr Fotos. Dann feierten wir mit Pfefferminzkuchen und Schokolade. Wir hatten keinen Höhenmesser, aber unserer Lage im Verhältnis zu den uns bekannten Höhen des Dorje Lakpa, der Phurbi Chyachu und des großen weißen Gipfels nach zu schließen, befanden wir uns jetzt auf ungefähr 6700 Metern. Mingma beteuerte, wir wären noch höher, viel höher, und als Beweis führte er wieder einmal seine »Symptome« an. Er sagte, noch nie in seinem Leben hätte er solche Atemschwierigkeiten gehabt. Ich versicherte ihm, dass Menschen, die versuchen, auf Himalaya-Gipfel zu *spurten*, im Allgemeinen mit kleineren Problemen dieser Art zu rechnen hätten ...

Inzwischen hatten ungewöhnlich dunkle Wolken die meisten Berge verdeckt, wenn auch die tibetische Hochebene immer noch klar erkennbar war. Der Wind wurde ebenfalls stärker, und es war sehr kalt geworden. Ich verlor allmählich das Gefühl in meinen Händen und fand, es sei höchste Zeit, sich auf den Weg zu machen. Betty schnallte ihre Steigeisen wieder an, und wir begannen den Abstieg, so schnell wir konnten. Die Flagge ließen wir im Schnee auf dem Gipfel stecken, wie eine winzige Kirsche auf einem kolossalen Eisbecher. Während wir abwärts stiegen, merkten wir, dass die Wolken Vorboten eines Sturms waren. Der immer stärker und eisiger werdende Wind machte uns schwer zu schaffen, und als wir den Pass erreichten, peitschten uns wirbelnde Schneewolken ins Gesicht. Gewissenhaft bis zum Letzten hielt Betty dort an, um mit dem Kompass die Position zu bestimmen, ich hatte jedoch eine Stunde ohne Bewegung auf dem Gipfel verbracht und fror demzufolge und wollte weitergehen. Also marschierten Mingma und ich voraus und tauchten in den Nebel ein.

Der Abstieg kam uns endlos vor, doch schließlich erreichten wir die große schneegefüllte Gletscherspalte. Diesmal wollte ich sie umgehen, aber Mingma war entschieden dagegen. Er vertrat den Standpunkt, dass ein gewaltiger Sturm nahte, das Wetter eh schon sehr schlecht war, und wir also keine Zeit zu verlieren hatten. Der Schnee war zuvor völlig fest gewesen. Er würde auch jetzt noch sicher sein. Ich fror und war müde und bereit, ihm zu glauben. Entgegen besserem Wissen redete ich mir ein, ich sei ja leicht und Mingma außergewöhnlich kräftig, und so stimmte ich zu, die Gletscherspalte zu überqueren. Ich forderte Mingma jedoch auf, mich mit seinem Eispickel gut zu sichern, bis ich die andere Seite erreicht hatte, von wo aus ich das Gleiche für ihn tun konnte. Ich betrat vorsichtig die trügerische Schneefläche, prüfte sie vor jedem Schritt mit dem Eispickel, und mein ungutes Gefühl wurde immer stärker. Als ich fühlte, wie das Seil nachgab, drehte ich mich um und sah, dass Mingma nicht gewartet hatte, sondern mir nachfolgte. Ich wollte ihm sagen, er solle umkehren, entschied dann aber, dass es besser für mich sei, einfach weiterzugehen, da ich mich nur noch wenige Meter von der gegenüberliegenden Seite entfernt befand. Ich machte einen Schritt vorwärts, der Schnee gab unter mir nach wie eine Falltür, und ich fiel durch die vereiste Schicht. Während des Fallens schnellte ich nach vorn und hieb meinen Eispickel in den verschneiten Eisrand der Gletscherspalte. Mingma straffte das Seil sofort und hielt mich, so dass ich nicht weiterstürzte. Ich klemmte meinen rechten Arm schnell über den überhängenden Rand und stellte erleichtert fest, dass die Wand der Gletscherspalte sich auf mich zu neigte, so dass ich mit einem Fuß Halt fand. Mingma schrie: »Thik hai, Memsahib, ich kann dich hochziehen«, und ich fühlte die wachsende Seilspannung um meine Hüften. Ich wollte auf keinen Fall, dass er mich nach hinten hinaufzog. Dabei würde nur noch mehr von der Schneeschicht einbrechen, und wir würden am Ende wahrscheinlich beide zusammen in die Spalte stürzen. Also rief ich ihm zu, er solle mir mehr Seil geben. Meine Stimme war jedoch gedämpft, da ich unter den Schneemassen lag, und er hörte mich nicht. Die Schmerzen durch das Seil wurden fast unerträglich, und ich schrie noch einmal. Diesmal verstand er mich, und die Spannung ließ nach. Mit meiner linken Hand brach ich genügend von dem brüchigen Überhang ab, um auch den anderen Arm frei zu bekommen und dann den Rest meines Körpers herauszuwinden. Wieder auf festem Eis sicherte ich Mingma, so gut es ging, während er den restlichen Weg auf dem Bauch hinüberkrabbelte ...

Zutiefst beschämt und im Bewusstsein, dass unsere Gruppe kein Recht hatte, auf einem so gefährlichen Gletscher in zwei Seilschaften zu gehen, warteten wir auf Betty und Ang Temba. Vier vorsichtig gewordene Menschen begannen nun die Überquerung des Eishanges auf der anderen Seite zu besprechen. Die Schneeschicht war weggeschmolzen und das Eis war jetzt sehr rutschig. Wir hatten weiter oben unsere Steigeisen abgeschnallt, da der Schnee an ihnen hängen blieb und sich Stollen bildeten. Anstatt sie nun wieder mit halb erfrorenen Fingern anzuziehen, schlug ich lieber Stufen entlang der freigelegten Eisstrecke. Mingma, der anscheinend nichts aus dem gerade erlittenen Schrecken gelernt hatte, wandte ein, das sei unnötig. Betty unterstützte mich jedoch, und diesmal waren wir bereit, unsere Meinung energisch zu vertreten. Wäre einer von uns auf diesem Hang ausgerutscht und hingefallen, hätte er wahrscheinlich die ganze Gruppe mitgerissen, und wir wären hilflos in die Gletscherspalte weiter unten geschlittert.

Nach der überwundenen Gefahr kämpften wir uns durch den eisigen Sturm und wirbelnden Schnee hinunter zum Lager. Es sah klein und verloren aus, als wir ankamen, und zeigte keinerlei Lebenszeichen. Auf unsere Rufe ertönte jedoch eine Antwort aus Evelyns Zelt, und der gute alte Kusung kam aus seinem angelaufen, schrie bei unserem Anblick auf und begann ohne Erfolg an der Eisschicht herumzukratzen, die unsere Kapuzenmützen, Handschuhe und Socken überzog. Wir schwankten schon vor Müdigkeit, und unser einziger Wunsch bestand ehrlich gesagt darin, ihn abzuwimmeln und uns unterzustellen. Als wir das so taktvoll wie möglich taten und endlich in unsere Zelte krochen, sank Betty noch ganz verschneit auf ihren Schlafsack. Evelyn fühlte sich sehr krank, aber sie stand auf und zog Bettys Schuhe für sie aus – ein Zeichen ihres guten Willens, für das Betty sehr dankbar war. Ich begann sofort die äußeren gefrorenen Schichten meiner Kleidung auszuziehen und krabbelte dankbar in meinen Schlafsack, den ich an diesem Morgen so widerwillig verlassen hatte. Es war ein aufregender und ereignisreicher Tag gewesen. Wir entschieden, dass wir uns wahrscheinlich erst am nächsten Morgen über die gelungene Besteigung freuen und sie feiern würden, denn alles, was uns im Moment interessierte, war die Frage, ob die im Lager gebliebenen Sherpas daran gedacht hatten, Schnee zum Teekochen für unsere Rückkehr zu schmelzen. Es gibt Zeiten, wo ein Becher mit Tee im Leben eines Bergsteigers ungeheuer an Bedeutung gewinnt.

Der Sturm

Im Laufe der Nacht wurde der Sturm heftiger. Blitze zuckten unruhig zwischen den Berggipfeln, und das Heulen des Windes übertönte beinahe das antwortende Donnergrollen. Doch wir waren zu müde, um uns dadurch stören zu lassen, und schliefen wie bei einem Schlaflied ein.

Als wir morgens aufwachten, befand sich das ganze Lager inmitten eines grauen tobenden Sturmes, und der gewaltige Wind wirbelte Pulverschneewolken in die Luft. Sobald wir die Reißverschlüsse an unseren Zelten öffneten, um hinauszuschauen, wehte ein eisiger Sprühnebel aus feinem Schnee hinein, der alles im Inneren mit einer sehr unwillkommenen weiß glitzernden Schicht überzog. Das war ein echter Himalaya-Sturm, und wir erkannten, dass jegliche Touren an diesem Tag ausgeschlossen waren. Also strichen wir im Geist alle unsere Vorhaben und ließen uns genüsslich zurück in unsere Schlafsäcke sinken.

Wir lagen den ganzen Tag herum und lasen, dösten vor uns hin und lauschten den Windstößen, die an den instabilen Wänden unserer Zelte rüttelten. Die armen Sherpas verbrachten im Palomine-Zelt eine schlimme Zeit. Es wurde einmal sogar umgeweht, und der brennende Primuskocher brannte ein Loch hinein. Es gelang ihnen, es wieder aufzustellen. Glücklicherweise besaß es ein Überzelt, das den Wind davon abhielt, durch das Loch zu blasen und das ganze Zelt auseinander zu reißen.

Ang Temba kämpfte sich dreimal zu unseren Zelten hinüber und brachte uns einen Kessel mit Kakao und Suppe mit Trockenfleisch. Wir waren ihm zutiefst dankbar. Im Übrigen hatten wir Trockenfrüchte, Süßigkeiten, Schokolade, Kekse und fertige Hochgebirgsmahlzeiten in unseren Rucksäcken, deren Verzehr uns half, uns die Zeit zu vertreiben und außerdem Leib und Seele zusammenzuhalten. Als geistige Nahrung hatte ich *Die Bekenntnisse* von Rousseau dabei, ein Werk, das mich abwechselnd langweilte und wütend machte, aber ich war entschlossen, es zu Ende zu lesen. Ich fand Rousseau ein wirkungsvolles Schlafmittel – ein nicht zu unterschätzender Aspekt seines Buches, insbesondere in hohen Lagen, wo es nicht immer leicht fällt, einzuschlafen.

Irgendwann im Laufe des Nachmittags zog Betty sich alles an, was sie dabei hatte, einschließlich ihrer Windjacke, und kämpfte sich die wenigen Meter zu meinem Zelt hinüber, um mir einen Besuch abzustatten. Während wir unsere Aufzeichnungen verglichen, merkten wir beide, dass unsere Zungen und die Innenseite unserer Münder sehr wund waren. Nachdem wir eine Weile über mögliche Ursachen gerätselt und einige unerfreuliche Erklärungen, wie Skorbut und Mundfäule, verworfen hatten, dämmerte uns langsam der wahre Grund. Wir hatten am Vortag so sehr mit offenem Mund nach Atem gerungen, dass die Innenseite einen Sonnenbrand bekommen hatte!

Entgegen unseren Erwartungen flaute der Wind im Laufe der Nacht nicht ab, und wir schliefen ein weiteres Mal bei seinem trübsinnigen Heulen und dem Flattern der Zeltwände ein. Wir erwachten bei Sonnenaufgang und sahen den Glanz des Sonnenlichts auf den Zeltplanen, was uns zu der Vermutung veranlasste, wir könnten an diesem Morgen den Pass über dem Dorje-Lakpa-Gletscher besteigen. Eine optimistische Schlussfolgerung, wenn man berücksichtigt, dass der Sturm heftiger denn je tobte. Er toste durch den Trichter des Passes und fiel über unser Lager her, als ob er es hassen würde. Wir öffneten die Zelteingänge, schielten hinaus und waren sofort von herumwirbelndem Schnee bedeckt. Der Himmel über uns klarte zwar zeitweise auf, aber über dem unteren Teil des Gletschers und über den tibetischen Bergen hingen hässliche Zirruswolken.

Nach einem gebrüllten Gespräch kamen wir drei überein, dass der Sturm nachgelassen haben *musste*, da ja die Sonne schien. Wir hatten alle das Bedürfnis, uns unterhalb des Gletschers außer Sichtweite zurückzuziehen, und die leichte Flaute bot eine Gelegenheit, sich nicht zu verirren. Also zogen wir unsere Stiefel, sämtliche Pullover, Windjacken und zwei Paar Handschuhe an und gingen nach draußen. Die eisige Kälte traf uns wie ein Schlag. Es schien seltsam und fast ein wenig unheimlich, wie das Sonnenlicht blendend von der vom Wind geglätteten Schneeoberfläche reflektiert wurde und man überhaupt keine Wärme darin fand, keine Milderung des unbarmherzigen Windes. Den Gletscher hinunterzugehen war schon schlimm genug, aber während wir uns gegen den Wind den Hang wieder nach oben kämpften, halb blind von dem Pulverschnee, der in unsere schmerzenden Gesichter peitschte, begannen wir uns ernsthaft zu fragen, ob wir unsere Zelte je wieder erreichen würden. Es war eine Erfahrung, die wahrscheinlich keine von uns vergessen wird.

Ich war länger als die anderen unterwegs, und bis ich bei meinem Zelt ankam, hatte meine rechte Hand jegliches Gefühl verloren und war nicht mehr zu gebrauchen. Der Reißverschluss am Eingang war steif gefroren (ein Reißverschluss an einem Hochgebirgszelt ist niemals eine gute Idee), und ich kämpfte mit meiner linken Hand eine halbe Ewigkeit, um ihn zu öffnen. Schließlich gab er nach, doch meiner linken Hand ging es jetzt wie der rechten, und ich konnte den Reißverschluss nicht wieder zuziehen. Unterdessen blies der Wind immer mehr Schnee in das Zelt. Endlich bekam ich den Eingang zu. Ich saß da, atemlos und von Kopf bis Fuß mit einer Schneeschicht bedeckt, wie alles andere im Zelt auch. Meine Hände erwachten langsam wieder zum Leben, und ich rollte mich unter Qualen auf meinen Schlafsack. Der Schmerz war so groß, dass ich dachte, ich würde verrückt werden. Nach einer Weile ließ er jedoch nach, und ich begann mich besser zu fühlen.

Später, ungefähr um acht Uhr, kam Mingma in unsere Zelte gestürzt und verkündete, es gäbe nicht mehr viel zu essen. Er war der Meinung, wir sollten absteigen, solange es noch ging. Wir teilten diese Ansicht, obschon wir bedauerten, nicht auf den westlichen Pass gestiegen zu sein. Wir beschlossen, bis um neun Uhr zu warten, bevor wir das Lager abbrachen, in der Hoffnung, dass die Sonne bis dahin etwas mehr Wärme spendete.

Um neun Uhr zogen wir wieder unsere Windjacken über sämtliche Schichten von Kleidern und zogen unsere Kapuzen so weit wie möglich ins Gesicht, um uns zu schützen. Sherpas wie Memsahibs stürzten sich gemeinsam in hektische Betriebsamkeit, um die Ausrüstung zusammenzupacken und die Zelte abzubrechen, bevor die Kälte sie unbeweglich machen würde. Das war keine leichte Aufgabe. Zeltschnüre und Heringe waren am Schnee, die Zeltstangen aneinander festgefroren. Wir gruben wie wild mit unseren Eispickeln, um die vergrabenen Heringe zu finden und zu lockern, und legten die Zelte einfach irgendwie zusammen, eines nach dem anderen, die Zeltstangen in alle Richtungen herausstehend. Noch bevor wir fertig waren, hüllten die Wolken uns ein und löschten alles außer uns selbst aus, einer kleinen Gruppe aus hin- und hereilenden Figuren in einer grauen und abweisenden Welt aus Wind, Nebel und eisiger Kälte.

Mingma drängte mich dazu, mit den anderen beiden Memsahibs und den langsameren Sherpas vorauszugehen, während er und Ang Temba das letzte Zelt abbrachen. Ich war darüber sehr froh, denn meine Hände und Füße waren mittlerweile völlig gefühllos. Wir nahmen das längste Seil und stiegen den Gletscher nach unten, in dem Versuch, den Fußspuren zu folgen, die wir beim Aufstieg hinterlassen hatten. Das war jedoch nicht leicht. Schneeverwehungen hatten unsere Spuren an manchen Stellen vollständig ausgelöscht, und da wir in dem dichten Nebel nicht weiter als ein paar Meter sehen konnten, fiel es schwer, sie wiederzufinden, wenn man sie einmal verloren hatte. Ich hatte unser Starttempo bestimmt, da mein Instinkt mir sagte, ich müsse nach unten und aus diesem fürchterlichen Wind herauskommen, bevor das Blut in meinen Adern gefror. Doch drei Tage Fasten und die Höhenkrankheit hatten Evelyn so geschwächt, dass sie nicht schnell gehen konnte. Das Gleiche galt für Kusung. Betty musste andauernd schreien: »Langsamer, bitte! Sie wollen, dass du langsamer gehst.«

An dieser Stelle möchte ich erwähnen, dass ich interessanterweise mehr unter der Kälte litt als meine Kameradinnen, auch wenn es beim Klettern von Vorteil war, so klein und leicht zu sein. Evelyn spürte sie am wenigsten von allen (vielleicht weil sie von uns dreien am besten »gepolstert« war, obwohl wir alle eher schlank waren). Sogar während des Sturms in Lager V, wo es ihr schlecht ging, trug sie nur ein Netzhemd und ein Paar Baumwollhosen in ihrem Schlafsack. Betty fror mehr als Evelyn, aber nicht so stark wie ich. Es scheint mir daher empfehlenswert, falls möglich vor einer Himalaya-Expedition zuzunehmen.

Kurz bevor wir die Séracs erreichten, stießen Mingma und Ang Temba zu uns. Nach einigem Herumsuchen fanden wir unsere Spuren wieder und folgten ihnen zu der schmalen Eisbrücke über die oberste Gletscherspalte. Ich ging los, um die anderen hinüberzuführen. Die alten Tritte waren mit Schnee gefüllt, und ich musste neue hauen. Alles ging gut, bis ich ungefähr zwei Drittel des Weges hinter mir hatte und Betty hinter mir losging. Dann stoppte ich zum allgemeinen Entsetzen, einschließlich meinem eigenen, schwankte gefährlich und sagte: »Entschuldigt, aber ich sehe nichts mehr. Meine Brille ist beschlagen.« Schneebrillen sind normalerweise mit einem breiten verstellbaren Gummiband um den Kopf befestigt. Dieses Band war heruntergerutscht, wodurch die Gläser fest gegen meine Augen gepresst wurden, was mir völlig die Sicht nahm. In meiner prekären Position war es mir unmöglich, dies in Ordnung zu bringen, da die Kapuze meines Anoraks einen Reißverschluss besaß und zugebunden war und ich windundurchlässige fingerlose Fausthandschuhe über zwei weiteren Paaren von Handschuhen trug. Die Eiskante war in Ordnung, um auf ihr entlangzugehen, es gab jedoch keinen Platz zum Stehenbleiben. Sie war so schmal, dass man jeweils nur einen Fuß aufsetzen konnte. Ich begann langsam weiterzugehen, indem ich auf einem Fuß stand und mit dem anderen blind nach dem nächsten Tritt tastete. Betty ließ mich nicht aus den Augen, um sofort zu sehen, wohin ich fallen würde, und war bereit, sich selbst auf der anderen Seite in die Gletscherspalte zu stürzen – die einzige Möglichkeit, mich zu halten. Glücklicherweise war das nicht nötig, obwohl es um ein Haar passiert wäre, genau in dem Moment nämlich, als ich fragte: »Bin ich schon drüben?«, und Betty antwortete: »Ja, aber halte dich rechts.« Woraufhin ich dummerweise einen Schritt nach links machte und so fast doch noch in die Gletscherspalte lief. Ein Warnschrei ertönte von den gebannten Zuschauern, und eine Katastrophe war abgewendet.

Die Überquerung der großen Gletscherspalte über die Trümmer der Lawine, vor der wir alle ein wenig Angst gehabt hatten, verlief überraschend problemlos. Als wir jedoch auf der anderen Seite angelangt waren, verloren wir unsere alten Spuren vollkommen. Der Nebel war in den unteren Lagen dichter denn je, wir bemerkten jedoch, dass er sich gerade ausreichend hob, damit wir einige Blicke auf den Schneekorridor erhaschen konnten. Er wurde von unserem Standort durch einen Abschnitt des Eiswasserfalls getrennt, der wie ein riesiger weißer Schwamm aussah, so übersät war er mit Gletscherspalten, die unregelmäßig in alle Richtungen verliefen. Wir begannen uns vorsichtig einen Weg darüber zu suchen, in Richtung des Korridors.

Wir kamen langsam voran. Der Nebel und die Gletscherspalten verhinderten einen direkten Weg; Evelyn, der übel war, musste immer wieder anhalten und sich übergeben; und Kusung sah sehr schwach aus. Einmal rutschte er aus und fiel hin, als wir den Abstieg von einem Sérac besprachen, und obwohl Betty das Seil um ihren Eispickel schlang, den sie fest in den Schnee hieb, und ihn hielt, ließ er seine Last fallen. Sein Gepäck rollte den Hang hinunter und außer Sichtweite. Diese Katastrophe nahm uns sehr mit, da Kusung die Schlafsäcke und Luftmatratzen getragen hatte. Ihr Verlust könnte ein ernstes Problem werden. Man kann sich unsere Erleichterung vorstellen, als wir am Fuß des Hanges um eine Ecke bogen und die Last sicher am Rand einer Gletscherspalte liegen sahen.

Zur Überquerung des »Schwamms« mussten wir einen seltsamen Tanz in die Gletscherspalten, aus ihnen heraus und um sie herum aufführen, alles bei dichtem Nebel. Als dieser sich einen kurzen Moment lichtete, konnten wir auf den Platz des Lagers IV hinunterschauen. Dann senkte er sich wieder, und wir tasteten uns durch die rechts und links auftauchenden Gletscherspalten vorwärts.

Endlich stellten wir erleichtert fest, dass wir uns im Korridor befanden. In Lager IV holten wir eine Kiste mit Ersatzausrüstung, banden uns los und verteilten die Plätze in den Seilschaften neu; Mingma, Ang Temba, Bahu und ich sollten an einem Seil vorausgehen und einen Weg ausfindig machen, Betty, Evelyn, Chhepala und Kusung sollten am anderen nachfolgen. Wie sich jedoch herausstellte, war es unnötig, einen Weg zu suchen. Die Linie der Stufen, die wir beim Aufstieg gemacht hatten, war immer noch schwach erkennbar und zeigte die Route über die Hindernisse des Eiswasserfalls. Außerdem befanden wir uns jetzt unterhalb der Wolken und konnten auf einmal wieder zum Hauptgletscher hinunterschauen. Der Himmel war immer noch dunkel und stürmisch, der Sturm hatte jedoch deutlich nachgelassen, und es schneite nicht einmal, wie sonst üblich am Nachmittag.

Nachdem wir uns vergewissert hatten, dass Bettys Seilschaft den Eisfall ebenfalls hinter sich gelassen hatte, ging unsere Gruppe weiter. Wir trotteten langsam den Hauptgletscher hinunter auf die beiden großen Felsen von Lager II A zu. Als wir uns der Ostseite des Gletschers näherten, sahen wir, dass der Schnee mit großen Eisbrocken übersät war, die von den Gletscherhängen der Phurbi Chyachu heruntergefallen waren. Während in Lager V der Sturm wütete, hatte es weiter unten offensichtlich stark zu tauen angefangen. Wir erreichten Lager II A, wo wir zufälligerweise eine Kiste mit extra Lebensmitteln zurückgelassen hatten, und begannen die Zelte aufzubauen. Die anderen kamen ungefähr eine halbe Stunde später an, Evelyn ging nun viel schneller und hatte eine gesündere Gesichtsfarbe bekommen. Wir genossen alle die vergleichsweise warme Außentemperatur und das angenehme Gefühl, etwa 800 Meter tiefer und aus dem unerbittlichen Wind heraus zu sein. An diesem Abend konnte Evelyn zum ersten Mal seit Tagen wieder richtig essen.

Der Sturm hatte uns glimpflich davonkommen lassen. Evelyn und ich hatten leichte Erfrierungen an den Zehen, was ein paar Tage lang ziemliche Schmerzen verursachte. Doch sie ließen bald nach. Zwei oder drei von Evelyns Fußnägeln waren schwarz geworden, und ich verlor einen Nagel ganz und konnte meine Zehenspitzen wochenlang nicht spüren. Betty und die Sherpas hatten die Kälte unbeschadet überstanden. Wir hatten großes Glück gehabt.

Am Morgen waren alle Anzeichen der Sturmwolken verschwunden, wenn auch um jeden Berg noch eine Wolke aus verwehtem Schnee stob. Wir konnten sehen, dass der Sturm immer noch über den Platz des Lagers V fegte und waren sehr froh, nicht mehr dort zu sein. Eigentlich hatten wir vorgehabt, einen letzten Aufstieg den Gletscher hinauf zu unternehmen, um den niedrigen Pass über dem Eiswasserfall zu erreichen. Wir vermuteten, er könnte vielleicht ein Übergang nach Tibet sein (wenn auch ein schwieriger und gefährlicher). Als ich jedoch zum Küchenzelt hinüberging, um diesen Plan mit Mingma zu besprechen, fand ich die Sherpas in bedrückter Stimmung. Trotz mehrfacher Warnungen hatten Ang Temba und Bahu am Vortag ihre Sonnenbrillen abgenommen, um im Nebel besser zu sehen – mit dem Ergebnis, dass sie nun beide schneeblind waren. Zusammen mit Kusung lagen sie in ihren Zelten und wollten nichts essen. Chhepala ging es gut, er schien jedoch von der allgemeinen pessimistischen Atmosphäre angesteckt worden zu sein. Mingma war recht fit, aber auch unglücklich. Seine Stiefel fielen auseinander, und er hatte sein Ersatzpaar im Basislager gelassen. Außerdem war das restliche Essen nicht unbedingt dazu geeignet, den Appetit eines hungrigen Sherpas zu befriedigen. Das Einzige, was die Sherpas wollten, war zum Basislager heimzukehren – Mingma ebenso wie die anderen. Er gab das natürlich nicht zu, sondern wies darauf hin, dass unsere Lebensmittel knapp würden und die anderen Sherpas fürs Erste genug durchgemacht hätten. Am Ende gaben wir nach und stimmten zu, dass alle zusammen zurückgehen sollten. Das war gut so, wie sich herausstellte.

Wir packten zusammen, nicht so schnell wie üblich, da Ang Temba und Bahu niedergeschlagen auf Lebensmittelkisten herumsaßen und ihre schmerzenden Augen rieben, und marschierten dann langsam den Gletscher hinunter, die zwei blinden Burschen führend. Wir merkten sofort, dass das durch die zunehmende Monsunströmung verursachte Tauwetter während der letzten Wochen ständig fortgeschritten war. Der Gletscher war nun vergleichsweise schneefrei, was die Angelegenheit allerdings nicht verbesserte. Die größeren Gletscherspalten waren zwar leichter zu erkennen, da ihre Schneedecke ein bisschen niedriger geworden war und ihr Verlauf daher darunter zum Vorschein kam. Doch was die kleineren Gletscherspalten anging, so waren sie obenauf immer noch mit einer gefrorenen Schneeschicht bedeckt, die sie verbarg, während der Schnee darunter schon weich geworden war. Die erste Entdeckung dieser Art machten wir, als Betty ohne Vorwarnung durch die feste Oberfläche in eine Spalte einbrach, die vier von uns schon problemlos überquert hatten. Glücklicherweise (da sie die zweite Seilschaft anführte, gefolgt von dem blinden Ang Temba, der nicht in der Lage war, ihr zu helfen) warf sie sich nach hinten, als sie den

Schnee unter sich einbrechen fühlte, und ihr Rucksack verfing sich am Rand und hielt sie. Ang Temba und Chhepala schafften es ohne große Schwierigkeiten, sie herauszuziehen, aber durch diesen Vorfall wurden wir zum ersten Mal darauf aufmerksam, wie sehr der Gletscher sich verändert hatte.

Es dauerte allerdings bis zum oberen Ende des Eiswasserfalls, bevor wir diese Tatsache wirklich begriffen. Der Eisfall war nicht länger ein vertrauter Freund, sondern ein potentieller Gegner. Gegen Ende wurde er besonders gefährlich. Wo vorher fester Schnee gewesen war, befand sich nun eine Wildnis aus gewundenen Gletscherspalten, bedeckt mit einer matschigen Schneeschicht. Auf dieser unheilvollen Passage kamen wir heftig ins Schwitzen. Wir mussten Gletscherspalten überspringen und landeten dabei auf Untergrund, der unter unseren Füßen nachzugeben begann. Wir rammten unsere Eispickel in den Schnee, um den Hintermann bzw. die Hinterfrau zu sichern, nur um festzustellen, dass der Pickel in die leere Luft stieß. Es schien keinen Augenblick zu geben, in dem einer oder mehrere von uns sich nicht bewusst waren, auf einer dünnen Schicht aus schmelzendem Schnee zu gehen, unter welcher der nächste offensichtlich bodenlose Abgrund lag. Was die Sache noch erschwerte, war die Anwesenheit eines blinden Mannes in jeder Seilschaft, der über die Hindernisse geleitet werden musste. Der Einzige unter uns, der in dieser Situation vergleichsweise gelassen blieb, war Bahu, der auf demselben Weg den Eisfall hinauf so nervös gewesen war. Jetzt konnte er die Gefahren nicht sehen. Wahrscheinlich war es gut so, dass er dieses Mal blind war, sonst hätten wir vermutlich noch mehr Schwierigkeiten gehabt, ihn hinunterzubringen.

Unsere Stufen waren verschwunden, und an ihrer Stelle befanden sich nun weiche Wände aus schmelzendem Eis. Bequeme schneebedeckte Brücken waren zu unsicheren schmalen Eiskanten geworden. Séracs waren eingebrochen, und auch die wunderschönen Verzierungen der Eiszapfen waren verschwunden. Die Schneeschmelze hatte einen Haufen von unschönem

Geröll freigelegt, das wie Pilzbefall auf der narbigen Eisoberfläche klebte. Aber wir schafften es, eine kleine Krise nach der anderen abzuwenden, indem wir die Lasten getrennt abseilten und unzählige Stufen schlugen, auf die man allerdings nicht immer vertrauen konnte.

Es gab eine besonders gefährliche Stelle, die uns schon intensiv beschäftigte, während wir uns ihr näherten. Es handelte sich um eine große Gletscherspalte, die wir bisher über eine Eisbrücke überquert hatten. Wir hatten uns niemals lange darauf aufgehalten, da ihr zerbrechliches Aussehen nicht sehr Vertrauen erweckend war. Jetzt waren wir sicher, dass die Brücke nicht mehr existierte, und wir hatten Recht. Als wir bei der Gletscherspalte ankamen, war nichts von ihr zu sehen. Trotz seines regelmäßigen Gebrummels »Das gefällt mir gar nicht«, war Mingma dieser Notlage gewachsen. Während Evelyn und ich in Erwägung zogen, eine völlig andere Route zu suchen, um der Spalte zu entgehen – was bedeutet hätte, dass wir endlos viele Stufen hätten schlagen müssen und vielleicht sogar herabfallenden Stein- und Eisbrocken ausgesetzt gewesen wären –, schlug Mingma eine Lösung vor, die sicher weit schneller, wenn auch nicht unbedingt sicherer war. Dazu mussten wir in die Gletscherspalte hinabsteigen, einen etwas labil aussehenden Schneehügel, der sie an dieser Stelle blockierte, überqueren und dann auf der gegenüberliegenden Seite eine Trittleiter in die Eiswand schlagen. Auch wenn diese Route recht haarsträubend war, erwies sie sich als ausreichend, trotz der Tatsache, dass der Zustand des »Schnee-Eises«, in das Mingma die Stufen schlug, einiges zu wünschen übrig ließ.

Nach dieser Gletscherspalte verlief der restliche Abstieg über den Eiswasserfall relativ problemlos, obwohl wir langsam gehen mussten. Doch schließlich kamen beide Gruppen sicher unten an und kletterten durch den engen und mit Felsbrocken übersäten Schneekorridor, der zum Lager I führte. Dieser Korridor war eine Rutschbahn für herabfallende Felsen und Eisblöcke. Mingma, der Steinfall mehr fürchtete als alles andere, drängte uns, fast unter Tränen, zur Eile. Als wir alle sicher Lager I erreicht hatten, äußerte er seine Meinung. »Memsahib«, sagte er fest, »der Eiswasserfall ist bis nach der Monsunzeit nicht mehr begehbar. Ich für meinen Teil werde jedenfalls nicht mehr da hinaufsteigen. Es ist sehr gefährlich.« Wir stimmten ihm vollkommen zu. Pass hin oder her, es würde keinen weiteren Wettbewerb unter uns geben, noch weitere abschließende Versuche auf dem Eiswasserfall in seinem jetzigen Zustand zu unternehmen.

Während wir Marmelade mit Schnee aßen und uns über die durch das Tauwetter hervorgerufenen Veränderungen wunderten, hörten wir einen weit entfernten Schrei und sahen einen schwarzen Fleck, der sich über den Schnee zwischen uns und dem Basislager bewegte. Es war Lakpa, der Sherpa-Junge aus Tempathang, der in den letzten ein, zwei Tagen immer wieder von dem felsigen Vorsprung zwischen dem Basislager und den Schneehängen nach uns Ausschau gehalten hatte. Nun kam er zu uns herauf, einen Stock als Eispickel verwendend, um uns beim Tragen zu helfen. Wir freuten uns alle sehr, sein fröhliches Gesicht zu sehen, und Ang Temba und Bahu, die allmählich wieder sehen konnten, waren sogar fähig, sein Lächeln zu erwidern.

Der letzte lange und mühselige Marsch zurück war nicht so schlimm wie gewohnt. Zwar waren die Schneerinnen genauso unzuverlässig wie immer und der Schnee so weich, dass wir bis über die Knie darin versanken, sobald wir jedoch den Felsvorsprung hinter uns gelassen hatten, fanden wir uns in einer neuen Welt wieder. Der Schnee war verschwunden, und darunter kamen Gras und Wacholderbüsche zum Vorschein, die in der Sonne einen süßen Duft verströmten. An diesem Nachmittag schneite es nicht. Die Sonne schien, überall blühten Blumen, und die Vögel sangen. Wir marschierten vom Winter direkt in den Sommer und unterdrückten nur schwer das Bedürfnis, uns auf den Boden zu werfen und die warme lebendige Erde zu umarmen, die uns so freundlich wieder willkommen hieß.

Zurück aus den Bergen

Dieses Mal war das Basislager wahrhaftig der Hafen, den wir uns erträumt hatten. Wir kamen dort an, unsere Pullover in die Rucksäcke gestopft, die Hemdsärmel hochgekrempelt und Blumen an die Mützen gesteckt, und trugen riesige Sträuße aus Schlüsselblumen, an denen wir rochen wie kleine Kinder. Murari, Ang Droma und Nima Lama begrüßten uns wie verloren gegangene Söhne – so überschwänglich, dass wir vermuteten, sie hätten sich während unserer Abwesenheit miteinander gelangweilt.

Wir ließen uns in das warme trockene Gras fallen und verlangten nach Wasser, Unmengen von Wasser. Man erzählte uns, Mingma (der als guter Sirdar vorausgeeilt war, um sich um das Essen zu kümmern) habe Suppe für uns vorbereitet. Suppe? Suppe war salzig. Wir wollten Wasser, gemischt mit Orangensaft oder Zitronenlimonade. Nachdem Mingma unsere Wünsche überbracht worden waren, sandte er eine unumstößliche Antwort zurück: Wir könnten nur Suppe bekommen, da Kusung noch unterwegs sei und er die Becher trage. Da Mingma jedoch unsere Teller hatte, gab er uns Suppe, weil das die einzige Flüssigkeit war, die man rechtmäßig aus Tellern trinken kann. Das hieß indirekt, dass wir, falls wir Wasser trinken wollten, ja zum Bach gehen könnten und daraus trinken. Mingma würde sich nicht an einer Missachtung der Konvention beteiligen, und es war klar, dass seiner Meinung nach Menschen, die Orangensaft aus einem falschen Behältnis trinken wollten, recht primitiv waren.

Also aßen wir Suppe. Danach bekamen wir heiße Kartoffeln, die in der Glut des Küchenfeuers gegart waren. Als Kusung auftauchte, tranken wir Orangensaft und Zitronenlimonade. Anschließend gab es Tee, weitere Kartoffeln, Kekse mit Marmelade und Sardinen. Diese Kleinigkeiten dienten als Vorspeise für das eigentliche Abendessen, das etwa um sechs Uhr fertig zubereitet war.

Im Allgemeinen aßen wir im Basislager viel mehr als anderswo, da Mingma mehr Zeit hatte und uns mit besonderen Genüssen verwöhnte, die er sich für uns ausdachte. Wir erhielten immer ein zweites Frühstück und alle möglichen Snacks. Weiter oben war der Nachmittag die Hauptessenszeit. Niemand war um sechs Uhr morgens besonders hungrig, und die einzige feste Nahrung, die wir bei den Kletterpausen zu uns nehmen konnten, bestand aus Schokolade, Pfefferminzkuchen, Trockenfrüchten oder Bonbons. Sobald wir uns jedoch in unseren Zelten niedergelassen hatten, aßen und tranken wir ungefähr jede Stunde alles Mögliche, bis wir einschliefen.

Am Abend warf Mingma ganze Arme voll Holz auf das Küchenfeuer. Der süße Geruch von verbranntem Wacholder war unwiderstehlich. Wir saßen um die leuchtenden Flammen und aßen unser Abendessen dort. Die Sherpas gesellten sich einer nach dem anderen zu uns, außer Ang Temba und Bahu, die sich zurückgezogen hatten, um ihre Schneeblindheit auszukurieren. Es war eine denkwürdige Mahlzeit: Reis, gemischt mit *masala*, einem Curry-Gewürz, und Dhal und eine Art grünes Gemüse, das Nima Lama mitgebracht hatte. Es war das Gleiche, das wir in Pemsal auf unserem Weg von Tempathang in die Berge gesehen hatten. Wir entwickelten einen Heißhunger auf frische grüne Lebensmittel, und dieses Grünzeug schmeckte uns besser als junger Spargel oder junge Erbsen.

Die Phurbi Chyachu und all die anderen Gipfel erstrahlten im Abendrot, bis es fast dunkel war, und wir betrachteten sie träumerisch durch den Rauch des Feuers, während wir die Männer aus Tempathang nach ihren eigenen Namen für die Berge und Gletscher, Höhenzüge und Täler fragten. Es fiel uns auf, dass der niedrigere südlich verlaufende Grat der Phurbi-Chyachu-Kette, der nur durch das Tal des Pulmutang Khola von uns getrennt war, sehr verlockend aussah. Es gab zwei hübsche kleine Hochalmen auf halber Höhe, die unterhalb der rasch zurückweichenden Schneefallgrenze lagen und ideale Lagerplätze waren. Die Sherpas erzählten uns, dass südlich von einem kleinen Gipfel von ungefähr 5800 Metern Höhe, der unverkennbar mit Eis überzogen war, der Schnee während der Monsunzeit vollkommen von diesem Höhenzug verschwand und dass die Hänge unterhalb des Felsenkamms ideale Hochweiden für Yaks und Ziegen seien. An manchen Stellen, behaupteten sie, bestünde sogar die Möglichkeit, zum Nosem Khola hinüberzugelangen, dessen Tal auf der anderen Seite des Höhenzugs lag. Sie fügten noch hinzu, dass das Bett eines der Gletscher, der genau südlich des Phurbi-Chyachu-Gipfels lag, einen wunderbaren Pass über das Grenzgebirge bildete und dass die Yak-Herden aus Tempathang darauf warteten, dass dieser Gletscher immer mehr verschwände, so dass sie ihn als Weide nutzen könnten.

Das war eine sehr langfristige Sichtweise, und wir konnten keine große Begeisterung für einen Sachverhalt aufbringen, der zu unseren Lebzeiten wahrscheinlich nicht mehr eintraf. Wir wollten jedoch gerne etwas über die niedrigeren Pässe herausfinden und auch einen Blick auf das Gebiet am Oberlauf des Nosem Khola und die kleinen Gletscher dahinter werfen. Wir kamen zu dem Schluss, dass eine von uns diesen Abstecher machen sollte, während die anderen hinüber zum Dorje-Lakpa-Gletscher queren sollten. Evelyn war von dem Höhenzug besonders angetan, da es so aussah, als ob das Bergsteigen dort in angenehmeren Höhen als denen, die wir gerade hinter uns hatten, mehr Spaß machen würde. Betty hingegen war ganz wild darauf, einen Weg zum Dorje-Lakpa-Gletscher und den kleineren Gletschern weiter westlich zu finden. Wir wussten, dass es von unten keinen Zugang zu ihnen gab.

Als es dunkel wurde, beschlossen Betty und Evelyn, den Tag zu beenden und sich in ihre Zelte zurückzuziehen. Ich saß noch mit den Sherpas und Murari zusammen, und wir spra-

Blick auf den Ladies-Gletscher und den Gyalgen

chen über mögliche Namen für die Berge und Gletscher, die wir entdeckt hatten. Wir hatten Mingma schon erzählt, dass wir den Berg, den wir bestiegen hatten, nach ihm benennen wollten – als Anerkennung seines Enthusiasmus und seiner Einsatzbereitschaft. Er war sehr erfreut und gerührt, äußerte aber den Wunsch (den wir aus irgendeinem Grund nicht nachvollziehen konnten), dass er lieber nach seinem Zweitnamen anstatt nach seinem ersten benannt werden sollte. Wir waren einverstanden, und das Einzige, das uns störte, war, dass es anscheinend kein Sherpa-Wort für »Kuppel« gab. *Gyalgen Tsucho* (Gyalgen-Gipfel) klang zwar gut, wir fanden jedoch, dass das Wort »Gipfel« nicht ganz zutraf, wenn von dem abgerundeten Rücken unseres Berges die Rede war. Der Gletscher, der hinaufführte, war leichter zu benennen. Wir hatten das Gefühl, es wäre schön, für die Nachwelt eine Erinnerung an unsere Pioniertat zu hinterlassen, also tauften wir ihn »Ladies-Gletscher«. Auch den hohen Pass annektierten wir und nannten ihn »Ladies-Pass«. Dem niedrigeren Pass im Grenzgebirge, auf dem wir den Chorten gebaut hatten, gaben wir einen gälischen Namen: *The Bealach.* Die Sherpas und ich diskutierten auch über einige Namen für die Siebentausender, denen wir eigentlich gar keine Namen geben durften, da es Brauch ist, dass jemand einen Berg als Erster bestiegen haben muss, bevor er ihn benennen darf. Die Debatte endete jedoch abrupt, als Murari ehrfürchtig sagte: »Die Sherpas denken, der eine Berg sollte ›Der große weiße Gipfel‹ heißen. Das ist ein wunderschöner Name.« Darüber musste ich kichern, was den armen Murari vor ein Rätsel stellte, und ich stimmte schnell zu, dass es nichts Passenderes gäbe. So wurde der große weiße Gipfel von nun an offiziell »Der große weiße Gipfel« genannt.

Am nächsten Morgen schliefen wir alle recht lange, obwohl Evelyn uns alle noch übertraf – so sehr, dass die Sherpas sich gegen elf Uhr, als immer noch kein Lebenszeichen aus ihrem Zelt kam, ernsthafte Sorgen um ihre Gesundheit machten. Als wir ihnen erklärten, sie würde sich lediglich auskurieren, beruhigten sie sich und machten sich auf die Suche nach einer Arbeit, die uns erfreuen würde. Sie hatten den richtigen Einfall, als sie das Überzelt des Palomine-Zelt ein weiteres Mal als Abschirmung aufbauten und ein Bad aus Segeltuchplanen und vier Eispickeln bastelten. Wir nahmen dies sehr dankbar an und nutzten das Badezimmer ausgiebig. Wir verbrauchten viele Kannen mit heißem Wasser und hatten einen Großwaschtag für unsere Unterwäsche.

Unsere Büstenhalter und Unterhosen hängten wir immer so unauffällig wie möglich zum Trocknen auf, meist auf den Schnüren an der Rückseite unserer Zelte. Jedoch ohne Erfolg. Kusung und Chhepala kamen jedes Mal kurz darauf vorbei, glucksten missbilligend, wie um zu sagen: »Hier wird das *nie* trocken«, und nahmen sie mit zu den allgemeinen Wäscheleinen, wo sie dann später zwischen Reihen von Sherpa-Unterwäsche im Wind wehten. Als Evelyn einmal ihre Unterwäsche gewaschen und sie an einem abgelegenen Ort aufgehängt hatte, begann es zu regnen. Alle rannten umher, um die Sachen ins

Trockene zu bringen, und gerade als die ganze Gruppe sich unterstellen wollte, ertönte ein Schrei von Chhepala. Er kam auf das Lager zu, Evelyns Unterwäsche herumschwenkend, und schimpfte mit Ang Droma, weil sie sie vergessen hatte! Während unsere Sherpas bei wichtigen Angelegenheiten so empfindsam und feinfühlig wie möglich waren, so kannten sie andererseits keine falsche Zurückhaltung, und es kam ihnen daher nie in den Sinn, auch nur die geringste Scham gegenüber weiblicher Unterwäsche zu empfinden. Diese gesunde Einstellung war sehr erleichternd für uns.

Während wir badeten, hängten Chhepala und Kusung die Wäscheleinen auf, und Ang Droma schrubbte ihre Wäsche, indem sie, wie üblich, üppige Mengen von Seife verwendete. Murari, Mingma, Ang Temba und Bahu wanderten umher und pflückten Blumen. Sie hatten uns am Vortag mit unseren Sträußen gesehen und daraus geschlossen, dass uns ein paar Bergblumen eine Freude machen würden. Ein leeres Marmeladenglas wurde zur Vase, in die sie so viele Blumen wie möglich stopften. Das farbenfrohe, aber schnell welkende Ergebnis wurde anschließend stolz in der Mitte der Medizinkiste platziert, die uns im Basislager als Esstisch diente.

Der Tag verging ruhig. Evelyn wachte auf und begab sich ins Bad, während Betty und ich zu dem kleinen See hinaufgingen, um eine Luftmatratze auf ihre Dichte zu prüfen. Wir wurden bald abgelenkt und verbrachten einen vergnügten Nachmittag damit, barfuß auf den Felsen herumzuklettern. Zur gewohnten Zeit zogen Wolken auf, zerstreuten sich jedoch später wieder, und als es kalt wurde, versammelten wir uns alle wieder ums Feuer. Diesmal unterhielten uns die Sherpas mit Liedern und Tänzen. Ihre Melodien und Rhythmen erinnerten uns sehr an Volksweisen aus dem schottischen Hochland und Dudelsackmusik, während ihre Tänze schottischen Volkstänzen ähnelten, obwohl sie weniger lebhaft waren. Eines ihrer kleinen Lieder begann stolz: »Unser Tenzing hat den Everest bestiegen . . .«

Wir hatten uns geeinigt, dass Evelyn am nächsten Tage nach Pemsal hinuntergehen, das Pulmutang-Tal durchqueren und auf den gegenüberliegenden Höhenzug steigen sollte, der von den Sherpas aus Tempathang »Chaksil Danda« genannt wurde. Von ihrem höchsten Lager aus würde sie eine Route auf den Kamm des Chaksil-Danda-Rückens auskundschaften und Fotos und Messungen vom Nosem-Khola-Tal machen, wenn möglich von seinen Gletschern und den dahinter liegenden Gipfeln. Chhepala und Ang Temba sollten sie begleiten. Da diese Gruppe nicht nach Pomba Serebu zurückkehren würde und die anderen auch nur dorthin gingen, um die restlichen Sachen vor der endgültigen Abreise dort zusammenzupacken, beschlossen wir, dass Murari, Ang Droma und Lakpa ebenfalls mit Evelyn losziehen sollten – Murari als Übersetzer und Ang Droma und Lakpa als Trägerin bzw. Träger. Nima Lama sollte nach Tempathang absteigen und von dort 14 Freiwillige heraufführen oder -schicken, die unsere Sachen zurück nach Kathmandu tragen sollten. In der Zwischenzeit wollten Betty und ich mit Mingma, Kusung und Bahu auf den Pass oberhalb des Basislagers steigen und einen Weghinunter zum Dorje-Lakpa-Gletscher suchen, den die Tempathang-Leute »Nyakarkarbu« nannten. Wenn möglich wollten wir den Gletscher überqueren und auf der anderen Seite ein Lager errichten. Innerhalb der folgenden beiden Tage würden wir versuchen, den Kamm an der Südflanke des Dorje Lakpa zu erreichen, dessen untere Hänge leicht begehbar aussahen, im Gegensatz zum oberen Teil, der nicht gerade sehr einladend wirkte. Von oben konnten wir hoffentlich unsere Position bestimmen und Fotos von den Gipfeln und Gletschern westlich des Dorje Lakpa schießen, deren Abfluss der Langtang Khola, ein weiterer Seitenfluss des Balephi, war.

Am späten Nachmittag tauchten ein Mann und eine Frau mit Geschenken aus Eiern und Rakshi, dem einheimischen Schnaps, auf. Sie stammten aus Tempathang, waren seit drei Tagen unterwegs und hatten den steilen und langen Aufstieg von Pemsal herauf auf sich genommen, in der Hoffnung, dass

Evelyn die Augen der Frau behandeln würde. Leider konnte sie nicht viel für die arme Seele tun. Ihre Augen waren mit Geschwüren übersät, die von der venerischen Krankheit herrührten, und ihr Sehvermögen war für immer geschädigt. Evelyn gab ihr Augentropfen gegen die Entzündung und behandelte den Husten ihres Mannes.

Unsere Sherpas servierten uns den Rakshi in aller Förmlichkeit und erwarteten größte Begeisterung von uns. Aber leider stellte sich heraus, dass die ausländischen Memsahibs, die sich bis jetzt in den Augen der Sherpas mit ausländischen Sahibs allemal messen konnten, nun doch auch erhebliche Schwächen zu haben schienen. Wir probierten den Schnaps und fanden ihn scheußlich. Wir brachten beim besten Willen nicht mehr als ein paar winzige Schlückchen von dem Zeug herunter, das äußerst stark war und nach fauligen Pflanzen schmeckte. Die Sherpas schüttelten betroffen ihre Köpfe (sagten sich jedoch wahrscheinlich »umso mehr bleibt für uns«) und nahmen den Rakshi wieder in ihr eigenes Zelt mit, während wir schnell zum Bach eilten, um uns den Mund auszuspülen.

An diesem Abend saßen wir alle wieder ums Feuer, einschließlich unserer Besucher, redeten und schauten Nima Lama und Lakpa zu, wie sie tanzten. Lakpa spielte Sherpa-Melodien auf seiner Mundharmonika, ein Andenken an eine Handelsreise nach Kathmandu. Er beherrschte dieses Instrument erstaunlich gut. Die Atmosphäre war sehr entspannt und fröhlich. Doch im Laufe des Abends merkten wir, dass die Sherpas höflich darauf warteten, dass wir ins Bett gingen, damit sie sich endlich ausgiebig dem Rakshi widmen konnten. Wir beachteten den versteckten Hinweis, wünschten ihnen eine gute Nacht und gingen zu unseren Zelten. Die Party wurde später noch außerordentlich laut und dauerte bis weit nach Mitternacht. Wir wachten einoder zweimal auf und hörten unsere Freunde bei ihrem lautstarken Zechgelage. Wir fragten uns mit grimmiger Miene, wie sie sich wohl am nächsten Morgen fühlen würden. Dann drehten wir uns um und schliefen entschlossen wieder ein.

Ost und West

Wir hatten vorgehabt, um fünf Uhr dreißig aufzustehen, zu packen und das Lager um acht Uhr zu verlassen. Zur vereinbarten Zeit schälten sich stattdessen drei unleidige Memsahibs aus ihren Schlafsäcken und begannen sich anzuziehen, worauf lange Zeit nichts mehr geschah. Schließlich stolperten Bahu und Ang Droma heraus, er, um einen großen Wasserkrug zu holen und damit zum Bach zu gehen, sie, um das Küchenfeuer zu entzünden. Die Älteren schliefen unter ihren Decken noch eine weitere halbe Stunde ihren Rausch aus, bevor sie langsam einer nach dem anderen bleich und mitgenommen auftauchten. Wir machten jedes Mal einen schnellen Schritt rückwärts, wenn einer von ihnen uns ansprach, um die Rakshi-Fahne, die uns freizügig ins Gesicht wehte, zu meiden.

Der Morgen war enttäuschend kalt und wolkig. Betty und ich brannten darauf, so bald wie möglich aufzubrechen, da wir vermuteten, wir würden einige Schwierigkeiten haben, einen Weg von unserem Pass hinunter zum Dorje-Lakpa-Gletscher zu finden. Wir begannen demonstrativ unser Zelt abzubrechen und erkundigten uns gleichzeitig, wann das Frühstück fertig sei. Es dauerte einige Zeit, doch als das Frühstück dann auf dem Tisch stand, war es bemerkenswert reichhaltig – eindeutig darauf ausgerichtet, uns eine Zeit lang ruhig zu stellen. Es bestand aus zwei Spiegeleiern für jeden – aus frischen Eiern, wie wir sie seit Wochen nicht mehr gegessen hatten – und einer großen Portion gekochter Bambussprossen, die wir immer besonders liebten. Wir wussten diese Behandlung sehr zu würdigen und wurden allmählich nachsichtiger gegenüber den verspäteten, aber offensichtlich reumütigen Sherpas.

Doch im Laufe des Vormittags erschöpfte sich unsere Geduld wieder. Das Zusammenpacken unserer Ausrüstung ging quälend langsam vonstatten, und die Sherpas verschwanden immer wieder, wahrscheinlich um sich noch schnell einen zu genehmigen. Wir hatten irrtümlicherweise angenommen, der Rakshi sei leer, und waren leicht irritiert, als wir das Gegenteil feststellten. Schließlich beschlossen Betty und ich, ohne die Sherpas loszuziehen, und ich sagte kurz angebunden zu Mingma: »Wir haben keine Lust mehr zu warten. Wir gehen jetzt los.« Er schien etwas betroffen darüber zu sein, doch wir blieben hart und schulterten unsere Rucksäcke. Dann verabschiedeten wir uns von Evelyn und ihrer Gruppe, wünschten ihnen viel Glück und stiegen zusammen die steilen Hänge in Richtung Pass hinauf.

Diesmal lag viel weniger Schnee, und der Weg befand sich in besserem Zustand. Die Felsen auf dem Kamm des Höhenzugs waren fast schnee- und eisfrei, und die Kletterei nach oben machte uns viel Spaß. Als wir dort ankamen, gingen wir langsamer und warteten auf die Sherpas, um ihnen mit ihren Lasten die Felsen hinaufzuhelfen. Es dauerte einige Zeit, bis sie kamen, und wir froren gehörig beim Warten, da die Berge nun in dichtem Nebel lagen und es zu schneien begonnen hatte. Wir konnten den Dorje-Lakpa-Gletscher nicht einmal *sehen*. Als die Sherpas endlich ankamen und alle sicher auf dem Kamm oben waren, hatten wir daher überhaupt keine Lust auf geselliges Herumgeplänkel und gingen so schnell wie möglich weiter.

Beim Abstieg konnten wir manchmal zwischen den Wolken kurze Ausblicke auf den Gletscher erhaschen und stellten mit Unbehagen fest, dass die Schneehänge auf unserer Seite in steilen, glatten Felswänden endeten, die senkrecht zum Eis des Gletschers abfielen. Wir überlegten uns, ob es nicht besser wäre, in dieser Nacht auf unserer Seite des Gletschers zu lagern und keinen Versuch zu riskieren, vor dem Morgen, wenn das Wetter klarer wäre, zu ihm hinunterzusteigen. Doch gerade als wir darüber diskutierten, erreichten wir eine Rinne, die direkt

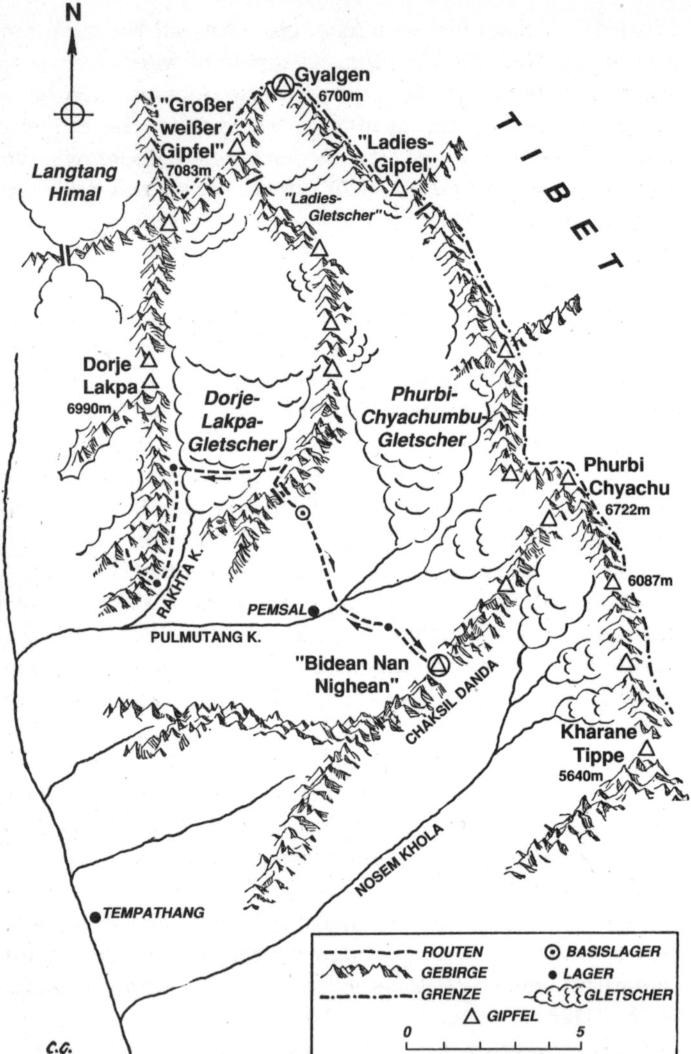
N
Gyalgen
6700m
"Großer
weißer
Gipfel"
7083m
"Ladies-
Gipfel"
TIBET
Langtang
Himal
"Ladies-
Gletscher"
Dorje
Lakpa
6990m
Dorje-
Lakpa-
Gletscher
Phurbi-
Chyachumbu-
Gletscher
Phurbi
Chyachu
6722m
6087m
LANGTANG K.
RAKHTA K.
PEMSAL
PULMUTANG K.
"Bidean Nan
Nighean"
CHAKSIL DANDA
Kharane
Tippe
5640m
NOSEM KHOLA
TEMPATHANG
ROUTEN
GEBIRGE
GRENZE
BASISLAGER
LAGER
GLETSCHER
GIPFEL
0
5
KILOMETER (CA.)
C.G.

zum Gletscher zu führen schien, obschon wir uns aufgrund des dichten Nebels nicht ganz sicher sein konnten. Es sah so aus, als ob ihre Steigung vergleichsweise unkompliziert überwunden werden könnte, aber als wir sie querten, fragten Betty und ich uns laut, ob dies wohl wirklich eine gute Route nach unten wäre. Wir konnten ja nicht wissen, wie sie außerhalb unserer Sichtweite weiterging. Nach allem, was wir gesehen hatten, würde sie über die Felswände abfallen oder vollkommen abbrechen. Als wir die Rinne durchquert hatten, stiegen wir vorsichtig ihrem äußeren Rand entlang abwärts, in der Hoffnung, über den Abgrund sehen zu können. Mingma protestierte und sagte, die Rinne würde mit Sicherheit nicht »funktionieren«. Genau in dem Moment lichteten sich die Wolken für einen Augenblick, und wir sahen den ganzen Weg bis zum Gletscher hinunter. Wir hatten Recht, die Rinne würde doch »funktionieren«. Mingma schüttelte düster den Kopf. Das sei viel zu gefährlich, meinte er, und sein Tonfall verriet, dass er jeden für verrückt hielt, der dort hinunterklettern wollte. Wegen der Steigung hatte er keine Bedenken, sondern vielmehr wegen der Tatsache, dass die Rinne mit Steinbrocken übersät war, die von den furchtbar bröckeligen Felswänden herabgefallen waren. Wir pflichteten Mingma bei, dass dies die Attraktivität der Rinne enorm verminderte, doch konnte er uns eine Alternative anbieten? Er konnte es nicht. Die Felswände wurden weiter unten fast unbezwingbar, und es sah ganz so aus, als sei die Rinne unsere einzige Möglichkeit. Betty und ich freuten uns sehr, und während die Sherpas noch zögerten, begannen wir den Abstieg durch die Rinne, wobei wir genau darauf achteten, lose Gesteinsbrocken zu umgehen. Zu unserer Erleichterung war der Schnee optimal – so gut, dass wir unsere erste Abfahrt* im Himalaya richtig genießen konnten. Als die Sherpas dies sa-

---

* Bergsteigerausdruck: »Abfahrt« in gleitenden Schritten einen Schneehang hinunter, wobei man sich mit dem Pickel stützt. (Anm. d. Übers.)

hen, begannen sie uns nachzusteigen, und sofort fielen mehrere große Steinbrocken mit einem dumpfen Geräusch in die Rinne und sausten wie Kanonenkugeln an uns vorbei. Wir hielten an und schrieen zu ihnen hinauf, sie sollten gefälligst warten, bis wir sicher unten angelangt waren. Dann gingen wir weiter, mit einem etwas mulmigen Gefühl, bis die Rinne an der steinigen Moräne endete. Wir überquerten diese und begaben uns geradewegs auf den Gletscher, um nicht mehr in Reichweite des Steinfalls zu sein. Danach signalisierten wir den Sherpas, sie könnten nun nachkommen.

Der ebene Abschnitt des Nyakarkar-Gletschers unterschied sich völlig von unserem Phurbi Chyachumbu. Er war schneefrei, so dass man alle Gletscherspalten leicht erkennen konnte, und das Eis hatte eine dreckige graue Farbe. Überall lagen Gesteinsbrocken herum, und die Westseite war mit aufgetürmten Felsblöcken bedeckt. Er erinnerte mich irgendwie an den gewaltigen Zemu-Gletscher im Sikkim-Himalaya, und ich erwähnte das Mingma gegenüber, als er ankam. Beleidigt erwiderte er, dass er dies nicht fände. Der Zemu-Gletscher sei viel größer. Das war unbestritten, deswegen widersprach ich ihm nicht, sondern hoffte, er würde bald wieder bessere Laune haben.

Wir überquerten den Gletscher ohne große Schwierigkeiten. Es war seine einzige sichere Stelle: ein ebenes Stück zwischen dem morschen und gefährlichen oberen Eiswasserfall, der mindestens zwei Drittel des gesamten Gletschers ausmachte, und dem unteren Eiswasserfall über der Felsnase, die in der Schlucht des Rakhta Khola endete.

Die Moräne sah sehr unsicher aus, und so beschlossen wir, unser Lager direkt auf dem Eis des Gletschers zwischen den Felsen aufzuschlagen, wo wir außer Reichweite des Steinschlags waren. Es war nicht daran zu denken, noch höher hinaufzusteigen, da man nur ein paar Meter weit sehen konnte, außer wenn der Nebel sich für kurze Momente lichtete, und wir hatten keine Ahnung, was uns dahinter erwartete.

Am Abend klarte das Wetter etwas auf, und ich ging mit Betty nach draußen, um zuzusehen, wie die Sonne die Wolken um den Dorje Lakpa rot und golden färbte, und um ein wenig zwischen den Felsen herumzuklettern. Uns gefiel dieses Lager, auch wenn es uns zunächst unbehaglich vorgekommen war. Wir empfanden es nun als einen geheimnisvollen Kraftort, der in uns das Bedürfnis weckte, uns nur flüsternd zu unterhalten. Auf dem Rückweg zu unserem Zelt hörten wir jedoch ein gewaltiges Grollen und sahen, wie sich zwei riesige Eisblöcke, so groß wie Häuser, aus dem Eisfall lösten und nach unten stürzten, wo sie in kleine Stücke zerbarsten und Wolken aus zersplittertem Eis, wie feiner Nebel, aufstiegen. Es war zu weit weg, um eine Gefahr für uns darzustellen, doch nahe genug, um uns ungeheuer zu beeindrucken. Wir blickten uns an. Falls wir noch irgendwelche Zweifel gehegt hatten, ob wir diesen Eiswasserfall hinaufsteigen sollten oder nicht, so waren sie nun hinfällig.

Wir gingen zu unseren Zelten zurück und schlüpften in unsere Schlafsäcke, die heiteren Lieder und das Gelächter vermissend, die gewöhnlich vom Zelt der Sherpas zu uns herüberdrangen. An diesem Abend war alles still. Eine tiefe Niedergeschlagenheit, eine Mischung aus Katerstimmung, schlechtem Gewissen und verletztem Stolz, brütete über ihnen und übertrug sich auf uns. Zum ersten Mal kam Mingma nicht zu uns herüber, um uns gute Nacht zu sagen.

Als wir aufwachten, war das Wetter so klar, wie wir gehofft hatten. Der Anblick, der sich uns bot, war so atemberaubend, dass wir zu unseren Kameras griffen. Gleich über uns ragten direkt hinter dem Gletscher die drei prächtigen Spitzen des Dorje Lakpa empor. Sie glitzerten in der Sonne, steil und kompromisslos. Der Dorje Lakpa ist ein unglaublicher Gipfel, er scheint direkt aus einem Albtraum eines frühen viktorianischen Künstlers zu stammen und sieht unbezwingbar aus.

Dieselbe Sonne, die so strahlend die oberen Teile des Berges beschien, zeigte keine Anzeichen, so bald am Fuße des Gletschers zu erscheinen. In der Zwischenzeit war es sehr kühl in den blauen Schatten. Wir hatten um sechs Uhr gefrühstückt und brannten darauf loszugehen. Gerade als wir unsere Schlafsäcke zusammenrollten, tauchte niemand anderer als Mingma selbst aus dem Sherpa-Zelt auf. Er grinste von einem Ohr zum anderen und trug zwei Becher mit herrlich heißem Tee. Es bestand kein Zweifel, dass diese Aufmerksamkeit ein Friedensangebot darstellte. Mingmas ganzes Auftreten drückte aus, dass er alles unternehmen wollte, um seine »Fehler« wieder gutzumachen. Seine umgängliche und zugleich übereifrige Art war so auffällig, dass wir undankbarerweise vermuteten, er hätte sich mit dem gestärkt, was ihn gestern umgehauen hatte. Sobald wir den Tee ausgetrunken hatten, erschien er mit neuem und brachte zu unserer großen Verwunderung auch einen brennenden Primuskocher mit. Er stellte diesen auf das Eis zwischen uns, mit der Bemerkung, es sei ein kalter Morgen und wir täten gut daran, unsere Hände aufzuwärmen. Es war wirklich kalt, allerdings nicht kälter als an vielen anderen Tagen dieser Expedition auch, an denen niemand uns den Vorschlag gemacht hatte, wir sollten unsere Hände irgendwo aufwärmen. Wir zeigten unsere Belustigung jedoch nicht, sondern tauten unsere Hände über der Flamme auf. Mingma stürzte nun eilfertig davon, nur um mit einer dampfenden Pfanne zurückzukommen, deren Inhalt unsere Vermutungen bestätigte. Die Pfanne enthielt eine reichliche Portion heißen Rakshi, und er bestand darauf, dass wir ihn trinken sollten, damit uns von innen heraus warm würde. Es wäre sehr unhöflich gewesen abzulehnen, also machten wir gute Miene zum bösen Spiel. Betty trank ihren Anteil pur, und ich gab widerwillig einen Schuss davon in meine zweite Tasse Tee. Zwar wärmte er wahrhaftig vorübergehend unsere Mägen, dafür war uns aber den ganzen restlichen Vormittag über leicht übel.

Durch diese Unterbrechung und die damit verbundene Versöhnung erfreut, packten wir alles zusammen, bestiegen nach einer kurzen Diskussion über die beste Route einen Eiswall und kletterten die Moräne hinauf – eine gehörige Kletterei, da alles unangenehm brüchig war. Oberhalb der Moräne überquerten wir sanft ansteigende Schneefelder, bis wir nach ein paar Stunden eine Art weitläufigen Felsvorsprung erreichten, der sich über den in die Schlucht hinunterfallenden Steilwänden und unter den Felsenkämmen der Südflanke des Dorje Lakpa befand. Es war ein faszinierender Ort. Übersät mit riesigen Felsblöcken und Spuren von Gämsen und Murmeltieren, erinnerte er mich an die Mondlandschaften aus den Science-Fiction-Romanen meiner Kindheit.

Betty und ich beschlossen nun, zu einem schmalen Sims, das aus dem Hauptmassiv des Dorje Lakpa herausragte, hinaufzuklettern, um ein paar Fotos vom oberen Teil des Gletschers zu machen. Die Sherpas wollten mitkommen, deswegen ließen wir alle unsere Lasten liegen und machten uns rasch auf den Weg (um schneller als die unvermeidlichen Wolken zu sein). Wir stiegen einen steilen Abhang hinauf und hielten auf einen Pass oberhalb des Vorsprungs zu.

Dort angekommen, sahen wir, dass der Pass, den wir ursprünglich von Lager V aus erreichen wollten, tatsächlich ein echter Übergang zwischen dem Ladies-Gletscher und dem Nyakarkarbu beziehungsweise dem Dorje-Lakpa-Gletscher war. Von unserem Standort aus wirkte der Gletscher schwieriger denn je. Um zu seinem oberen Ende zu gelangen oder den Großen Weißen Gipfel zu besteigen, würde es weitaus besser sein, den Phurbi Chyachumbu und den Ladies-Gletscher hinaufzugehen und von dort den Pass zu überqueren. Der Pass selbst liegt so hoch, dass eine Gruppe auf dieser Route direkt auf den Schneefeldern des Großen Weißen Gipfels landen würde, mehr als ein Viertel des Weges die Südflanke des Berges hinauf.

Das heraufziehende Wolkenmeer beendete schließlich unsere Fotosession, und wir stiegen schnell wieder ab. Zuerst fuhren wir mit wildem Geschrei auf dem Schnee abwärts, und als wir dann einen steilen Grashang erreichten, begann Kusung zu rennen. Johlend und kreischend folgten ihm alle und

Monica und Evelyn am Fuße des Ladies-Gletschers

liefen um die Wette, in Hochstimmung, wie sie einfach bei guten Klettertouren, guter Gesundheit und guter Gesellschaft entsteht. Unten angelangt, nahmen wir unsere Lasten wieder auf und gingen weiter, bis wir einen wunderschönen Lagerplatz auf einer flachen schneebedeckten Hochalm fanden. Da es mittlerweile heftig zu schneien angefangen hatte, stellten wir die Zelte so schnell wie möglich auf und krabbelten Schutz suchend hinein.

Weil die Sonne den Gletscher erst so langsam erreicht hatte, hatten wir am Morgen schließlich die Geduld verloren und unsere Zelte zusammengepackt, noch bevor der Morgendunst sich vollständig aufgelöst hatte. Jetzt bereuten Betty und ich unsere Eile. Der Schneefall an diesem Nachmittag war schwer und nass. Die Nässe begann durch unser feuchtes Zeltdach zu dringen, zunächst ganz unmerklich in kleinen Tropfen, doch dann in einem regelrechten Sturzbach. Wir ertrugen es, solange wir konnten, und legten unsere Anoraks und Regenhosen über die Schlafsäcke. Doch es wurde bald deutlich, dass solche vorübergehenden Notlösungen nicht ausreichten. In einer der Reisetaschen befand sich ein großer Regenumhang, und als Bahu mit Suppe erschien, baten wir ihn, diesen über unserem Zelt auszubreiten. Trotz guten Willens stellte sich Bahu etwas ungeschickt an und breitete den Umhang so aus, dass es an der einen Zeltseite noch stärker durchtropfte als zuvor und nur die andere Seite geschützt war. Da ich auf der nassen Seite lag, war es an mir, meine Stiefel anzuziehen und in den Schnee hinauszukriechen, um den Umhang gerade zu rücken. Während ich noch damit kämpfte, hörte ich ein unterdrücktes Kichern. Als ich mich umdrehte, entdeckte ich drei grinsende Gesichter, die aus dem Zelt der Sherpas schauten. Unsere Situation entsprach genau ihrem Sinn für Humor, und aus dem vergnügten Gesichtsausdruck schloss ich, dass es in ihrem Zelt beträchtlich trockener als in unserem war. Ich winkte zu ihnen hinüber, auf eine Art, die hoffentlich ausdrückte, dass mir solche Notlagen nichts anhaben konnten, und kroch wieder ins Zelt. Unter den gegebenen Umständen schliefen wir in dieser Nacht trotz allem recht friedlich. Es war warm, und bis zum Morgen trockneten alle Sachen im Zelt.

Um sieben Uhr dreißig machten Betty, Mingma und ich uns so schnell wir konnten auf den Weg, in der Hoffnung, zum Kamm der Südflanke des Dorje Lakpa zu gelangen, bevor Wolken aufzogen. Der Aufstieg war abwechslungsreich und interessant, und wir fanden, dieser Teil des Jugal Himal sei ein bezaubernder Ort voller Überraschungen. Wir wünschten, wir hätten mehr Zeit, dem Rechnung zu tragen und ihn gründlich zu erkunden.

Eine lange Rinne und ein letzter Schneehang führten uns zum Höhepunkt des Bergrückens. Auf dem Kamm wandten wir uns nach Norden und kletterten ein paar hundert Meter in Richtung der gewaltigen Türme des Dorje Lakpa, bis wir durch eine tiefe Felsspalte zum Anhalten gezwungen wurden. Es schien ein guter Platz zu sein, um eine Pause zu machen und sich einen Überblick über die Umgebung zu verschaffen.

Zu unserer großen Freude konnten wir von hier direkt zum eigentlichen Ursprung des Langtang Khola hinunterschauen, vor uns die kleinen Gipfel und Gletscher am Nordende des von Tilman bestiegenen Höhenzuges um Panch Pokhari und mit einer herrlichen Aussicht auf den unteren Teil der zwei größeren Gletscher im Westen des Dorje Lakpa. Außerdem sahen wir hier offensichtlich einen idealen Höhenweg vom Jugal- zum Langtang-Gebirge vor uns liegen. An unserem Ende erforderte er ein wenig anspruchsvolle Kletterei, doch soweit wir erkennen konnten, war er ohne Zweifel »begehbar«. Wir bereuten es bitter, nicht mehr Essen mit heraufgenommen zu haben. Wäre dies der Fall gewesen, hätten wir unsere Pläne umgehend geändert und ein paar Tage damit verbracht, diese Route auszukundschaften. So aber blieb uns keine andere Wahl, als denselben Weg zurückzugehen, den wir gekommen waren. Wir verwünschten uns heftig, und der Gedanke an diese faszinierende Route verfolgt uns immer noch wie eine Unterlassungssünde.

Wir machten Fotos und Messungen, bis die Wolken unsere Aktivitäten verhinderten, und verließen dann den Höhenzug, um zum Lager zurückzukehren. Mingma hatte Kusung und Bahu mit dem durchdringenden Sherpa-Pfiff schon von weitem unsere Ankunft signalisiert, und bei unserer Ankunft pfiff der Teekessel fröhlich zur Antwort. Sie hatten uns ebenfalls ein paar getrocknete Pfirsiche gedünstet. Zuerst fanden wir zwar, dies sei eine etwas exzentrische Kombination zusammen mit Tee, wie sich jedoch herausstellte, war es ein ideales Gericht für müde und durstige Leute und schmeckte uns ausgezeichnet.

Wir brachen das Lager ab, da wir zum Gletscher hinuntersteigen wollten, um die Nacht wieder zwischen den Felsblöcken zu verbringen. Der Abstieg verlief jedoch so leicht und angenehm, dass wir viel früher als erwartet dort ankamen. Mittlerweile hatte es zu schneien angefangen, und unser ehemaliger Lagerplatz sah wenig einladend aus. Da die Sherpas auch damit einverstanden waren, beschlossen wir, direkt zum Basislager weiterzugehen.

Der Rückweg zu unserem Pass hinauf war ein scheinbar endlos langer Anstieg, wir gingen ihn jedoch ruhig und stetig an und erreichten die Passhöhe schneller und schmerzloser, als wir befürchtet hatten. Wir ruhten uns dort ein paar Minuten aus, aber da es heftig schneite, gab es keine Veranlassung, länger herumzusitzen. Der Abstieg über die Felsen auf der Ostseite war durch eine Schicht aus nassem Neuschnee schwierig, nachdem wir sie jedoch hinter uns gelassen hatten, verloren wir keine Zeit mehr und stolperten die letzten tausend Meter nach Pomba Serebu hinunter.

Den nächsten Tag verbrachten wir damit, unsere Sachen zu sortieren und zusammenzupacken, Tagebuch zu schreiben und unsere Filme zu überprüfen. Wir waren untröstlich bei dem Gedanken, Pomba Serebu, diesen Ort des Friedens, möglicherweise für immer verlassen zu müssen. Wir waren so glücklich gewesen, und es war so traumhaft schön hier. Wenn man sich vorstellt, die Schweiz ganz für sich allein zu haben, ohne Touristen, der nächste einheimische Bewohner drei Tagesmärsche weit das Tal hinunter entfernt – dann ahnt man, was es heißt, in Pomba Serebu zu sein. Es war »unser« Platz gewesen: Die Blumen hatten uns gehört, und der Bach, der kleine See und die Felsblöcke, deren Formen uns so vertraut geworden waren wie die Bauweise unserer Häuser zu Hause. Der Schrei der »Tillings«, wenn sie über unseren Köpfen kreisten oder auf den Felsen oben saßen und frühmorgens auf uns herunterstarrten, war ein Geräusch, das wir am liebsten unser ganzes Leben lang hören würden. Das seltsame Glucksen und Gurren der Waldschnepfe (oder *pamtoktok,* wie die Sherpas aus Tempathang sie nannten) im Morgengrauen und in der Abenddämmerung berührte uns immer noch genauso, wie als wir es zum ersten Mal hörten – und wir hatten noch nicht genug davon. Unser Verhalten könnte man als wirklichkeitsfremd und träumerisch bezeichnen. Das war es wahrscheinlich auch. Aber es ist kaum möglich, das Paradies ohne Wehmut zu verlassen, wir waren zumindest nicht dazu fähig, obwohl wir Familien hatten, zu denen wir gern zurückkehrten.

Am Nachmittag kam der erste Sherpa aus Tempathang an – ein zwergenhafter Mann, der sehr höflich war, jedoch nicht recht zu wissen schien, was er hier überhaupt zu suchen hatte. Wir kamen zu dem Schluss, dass Nima Lama ihn wahrscheinlich im Wald aufgegabelt und ihm geraten hatte, nach Pomba Serebu zu gehen, wo er etwas für ihn »Vorteilhaftes« erfahren würde.

Später erschienen die übrigen Träger, die Nima Lama rekrutiert hatte. Nima Lama selbst hatte die in Tempathang zurückgelassenen Lebensmittelkisten zu seiner Yakweide hinaufgebracht, die auf der Strecke nach Panch Pokhari lag. Betty und ich empfingen die Ankömmlinge niedergeschlagen und resigniert, da ihre Ankunft unsere bevorstehende Abreise zu besiegeln schien. Überall im Lager hörte man ihr lebhaftes Sherpa-Geplapper und ihr fröhliches Gelächter. Schließlich war der Zauber gebrochen, und Pomba Serebu stellte nicht länger eine Schwelle zum Abenteuer dar, sondern kehrte zu seiner gewohnten und traditionellen Rolle als Sommer-Yakweide zurück.

Während dieser Zeit heckte Betty einen verruchten kleinen Plan aus, den sie schließlich enthüllte und für den sie in mir eine bereitwillige Mitstreiterin fand. Über uns erstreckte sich zwischen den Spitzen und Zinnen des Bergmassivs eine prächtige Felskulisse, ideal zum Fotografieren. Am frühen Morgen wäre der Schnee in den Rinnen und Couloirs dort oben noch gut. Zwar würden sie später am Tag normalerweise von herabstürzenden Stein- und Eisbrocken bombardiert, was aber, wenn wir ganz früh, bevor die Sonne eine Chance hatte, hinaufsteigen würden, um eine letzte Klettertour zu machen? Betty fügte unschuldig hinzu, wir würden mit Sicherheit einige wunderschöne Bilder erhalten. Ich war nur allzu bereit, ihr zuzustimmen, dass wir es uns schuldig waren, diese letzte Gelegenheit, mit unseren Kameras noch einen weiteren Anblick des Jugal Himal einzufangen, nicht zu verpassen. Zudem schien es eine gute Entschuldigung für einen letzten Aufstieg, und wir gingen mit dem Gedanken an den nächsten Morgen glücklich ins Bett.

Um sechs Uhr waren wir auf den Beinen, nahmen Brühe und Kakao zu uns und waren um sieben Uhr unterwegs. Unsere Rucksäcke ließen wir gepackt zurück. Mingma hatte versprochen, dass bei unserer Rückkehr alles fertig zur Abreise sei, und uns mit einem freundlichen Lächeln viel Glück gewünscht.

Wir betrachteten die Hänge über uns und schätzten, dass wir innerhalb von drei Stunden wieder zurück wären. Wir vergaßen es jedoch, die, von unten betrachtet, trügerische Verkürzung der Schneehänge zu berücksichtigen, und nach eineinhalb Stunden Kletterei hatten wir immer noch einen ewig langen Weg vor uns. Wir befanden uns nun inmitten einer herrlichen Felskulisse, ich war jedoch ehrlich gesagt mehr daran interessiert, die Höhe des Bergrückens über eine anspruchsvolle Schneerinne hinauf zu erreichen, als die schöne Aussicht zu bewundern. Betty schien ebenfalls darauf zu brennen – wir beide spürten einfach ein tiefes Verlangen, von oben einen Abschiedsblick auf den Phurbi Chyachumbu zu werfen. So gingen wir vergnügt weiter, schlugen Stufen in den gefrorenen Schneehang, der recht steil war, und ignorierten unsere innere Stimme, die uns vergeblich zuflüsterte, es sei an der Zeit umzukehren.

Das Vergehen der Zeit war nicht das Einzige, was uns Sorgen machte. Die Sonne brannte jetzt heiß und hatte schon ihr zerstörerisches Werk zwischen den Felsen begonnen. Überall hörten wir das Gerumpel fallender Felsbrocken und das Klirren zerberstender Eiszapfen. Doch wir zuckten nur mit den Schultern und gingen stur weiter. Endlich erreichte ich einen Felsabsatz am Fuß der Rinne und starrte hinauf. Es war zweifellos eine äußerst verlockende Kletterpartie, da sie steil und schroff zwischen ihren Felswänden emporführte und hoch über uns in einem senkrechten Abschnitt endete, der sich dunkel gegen den blauen Himmel abhob. Wir verschoben unsere Gewissensbisse auf unbestimmte Zeit. Ich schlug eine schöne Stufe in den wunderbar harten Schnee der Rinne und machte einen Schritt vorwärts. Dann machte ich eilig wieder einen Schritt zurück und kauerte mich gerade noch rechtzeitig hinter den Felsabsatz, als zwei oder drei große Eisblöcke ohne das leiseste Warngeräusch die Rinne hinabsausten. Betty gab reumütig zu, die Rinne sei offensichtlich eine Rutschbahn für herabstürzende Gegenstände und es sei daher verrückt weiterzugehen. Ich pflichtete ihr bei, und wir machten uns unverzüglich an den Abstieg.

Die Stimme der Vernunft war endlich erhört worden, und wir stoppten auf unserem Weg nach unten, um die beabsichtigten Fotos zu machen. Betty, die sich – zum Glück für die Expedition – viel mehr als Evelyn oder ich mit dem Fotografieren beschäftigte, war ängstlich darum bemüht, unsere Klettertour hier hinauf durch ein paar wirklich gute Ergebnisse zu rechtfertigen. Wie mir schien, schoss sie unzählige Fotos, und ich musste die ganze Zeit die »Figur im Vordergrund« für sie spielen. Meiner Ansicht nach achtete sie jedoch nicht immer genug auf die Beschaffenheit des jeweiligen Vordergrundes oder darauf, wie gefährdet dieser durch Steinschlag war. Aber ich folgte bereitwillig ihren Anweisungen, bis sie freundlich sagte: »Entschuldige, dass ich dich in solche Schwierigkeiten bringe.«

»Nicht in Schwierigkeiten«, erwiderte ich genauso höflich, »nur in Gefahr.« Wir schauten uns an und grinsten. Es war uns völlig klar, dass wir eigentlich schon längst wieder hinuntergehen sollten, doch wir genossen unser Spiel viel zu sehr.

Anschließend dachte ich, Betty sei nun an der Reihe, im Vordergrund zu posieren, aber sie protestierte: nur noch ein paar weitere Aufnahmen von diesem schneebedeckten Bogen mit der Zinne, die an seinem oberen Ende thronte. Ob es mir wohl etwas ausmachen würde, diese Rinne dort zu überqueren und auf der anderen Seite zu posieren? Es *machte* mir etwas aus, und zwar einiges, da dies die Fortsetzung der Rinne war, die wir ursprünglich hinaufklettern wollten und in der immer häufiger tödlich aussehende Geschosse von oben herabflogen. Folgsam ging ich trotzdem näher heran, wenn auch voller Zweifel. Gerade als ich begann, Vertrauen zu schöpfen, schossen mit einem Geräusch, als würde der Himmel einstürzen, zwei Felsblöcke vorbei und warfen mich mit ihrem Fallwind fast um. Ich drehte mich vorwurfsvoll um und fragte anklagend: »Soll ich etwa immer noch hinübergehen?«

»Ja«, antwortete sie erbarmungslos. Ich warf ihr einen vernichtenden Blick zu und tat, was man mir sagte. (Fairerweise muss ich hinzufügen, dass ich die Rinne nur überqueren und mich nicht in ihr aufhalten sollte. Es war eigentlich nicht wirklich riskant, blitzschnell hinüberzuspringen, allerdings klingt die Geschichte besser, wenn man so tut, als ob.)

Nach der Fotosession fiel uns kein Grund mehr ein, warum wir noch länger hier oben verweilen sollten. Jedes Mal, wenn wir den Felsen den Rücken zudrehten, überfiel uns in unangenehmer Erwartung ein kalter Schauer, und wir spürten instinktiv, dass es schlau wäre, von hier wegzukommen, solange es noch ging. Glücklicherweise verlief alles gut, und wir hatten eine herrliche Abfahrt den ganzen Weg bis zum Geröll hinunter. Wir kamen sogar so schnell unten an, dass wir trotz der Zeit, die wir oben zwischen den Felszinnen verbracht hatten, doch nicht allzu spät wieder zurück waren und Pomba Serebu etwa um zehn Uhr dreißig erreichten. Dort wurden wir mit fröhlichen Salems, Tee und einem ausgezeichneten Frühstück empfangen, das aus Mingmas speziellen Käseomeletts mit Speck und Bratkartoffeln bestand. Anschließend mussten wir nur noch unsere Rucksäcke aufsetzen, da das Basislager während unserer Abwesenheit abgebrochen und zusammengepackt worden war.

Wir warfen Pomba Serebu in melancholischer Stimmung zum Abschied einen liebevollen Handkuss zu und machten uns hinter dem Zug der beladenen Sherpas auf den Weg den Berg hinunter. Wir hatten ganz vergessen, wie lang und steil der Aufstieg gewesen war, und wunderten uns, wie lang der Abstieg nun dauerte. Nach unserer Schätzung betrug er gut 900 Meter. Der Pfad nach unten war geschmückt mit Unmengen von wilden Iris, die im Gras wuchsen. Sie waren so wunderschön, dass ihr Anblick uns unwillkürlich etwas aufmunterte.

Schließlich sahen wir weit unten die grüne Hochweide von Pemsal und konnten bald eine Gruppe von Menschen ausmachen: Evelyns Truppe, die dort auf uns wartete. Bei unserem Zusammentreffen wollten wir sofort unsere Neuigkeiten austauschen, und alle redeten gleichzeitig aufeinander ein, bis aufziehende Regenwolken uns dazu brachten, unsere Aufmerksamkeit dem Aufstellen der Zelte zuzuwenden. Im Anschluss daran fanden Betty, Evelyn und ich im Palomine-Zelt vor dem Gewitter Schutz und versuchten anhand der Karte all unsere Eindrücke von der Topografie des Jugal Himal zu ordnen und zu interpretieren.

Hier ist Evelyns Geschichte, die sie uns damals erzählte:

Sie und ihre Gruppe hatten das Basislager bald nach uns verlassen und waren nach Pemsal hinabgestiegen, wo sie eine Pause einlegten, damit die Sherpas Pflanzen sammeln konnten: einige, um sie als Gemüse in der Küche zu verwenden, und einige als Heilmittel. Danach gingen sie wieder weiter, überquerten den Palmutang Khola über eine wackelige Brücke aus einem einzelnen Baumstamm und verbrachten die Nacht mitten im Wald. Am nächsten Tag stiegen sie steil hinauf bis zur Schneegrenze und errichteten die Zelte auf einer kleinen Hochalm in einer Höhe von ungefähr 5000 Metern.

Am Morgen des dritten Tages verließ Evelyn, begleitet von Ang Temba, um sieben Uhr das Lager, um zur höchsten Stelle des Höhenzuges hinaufzuklettern. Zuerst folgten sie einem schneebedeckten Rücken direkt über dem Lager, von dem aus sie zu steilen Schneehängen querten. Abwechselnd schlugen sie Stufen auf ihrem Weg nach oben, bis sie einen schmalen Pass auf dem Höhenzug erreichten. Ang Temba führte, als sie sich dem Pass näherten. Er hielt jedoch plötzlich an und bedeutete Evelyn mit einem breiten Grinsen, sie solle vorausgehen und somit die Erste sein, die ihren Fuß auf den Kamm des Höhenzugs setzte. Das war eine großzügige und höfliche Geste, wie sie bei unseren Sherpas selbstverständlich zu sein schien.

Auf der anderen Seite des Passes fielen weitere Schneehänge steil zum Nosem Khola hinab. Auf der gegenüberliegenden Talseite lag das Grenzgebirge. Es machte östlich der Phurbi Chyachu einen rechtwinkligen Bogen und verlief ein paar Kilometer in südlicher Richtung, parallel zur Chaksil-Danda-Kette, wo Evelyn und Ang Temba gerade standen. Leider befanden sie sich zu weit südlich, um den Gletscher, der den Nosem Khola speiste, sehen zu können.

Um neun Uhr dreißig erreichten sie die Passhöhe und kletterten in nördlicher Richtung weiter, einen felsigen und schneebedeckten Grat zu ihrer Linken hinauf. Er führte sie zu einem Gipfel, den Evelyn auf 5500 Meter Höhe schätzte. Sie kam darauf, weil ein Gipfel im gegenüberliegenden Grenzgebirge nicht viel höher aussah und auf der Karte mit einer Höhe von 5600 Metern eingezeichnet war. Um zehn Uhr dreißig standen sie oben und machten Halt, um ihre Position zu bestimmen, einen Steinhügel zu bauen und eine der kleinen orangefarbenen Markierungsflaggen aufzustellen. Sie tauften ihn *Bidean Nan Nighean*, Berg der Jungfrau.

Bis um elf Uhr war die Sonne vollkommen hinter den Wolken verschwunden, und der Tag war trüb und kalt geworden. Sie kletterten vorsichtig den Grat entlang abwärts, bis sie eine kleine Schneerinne sahen, die zu den offenen Schneefeldern weiter unten führte. Mit größter Aufmerksamkeit stiegen sie über ein paar große Felsbrocken mit einer dünnen Eisschicht, die bei jedem Hieb mit dem Pickel nachzugeben drohte. Sobald sie in der Rinne war, fuhr Evelyn, zu Ang Tembas Vergnügen, abwärts. Obwohl er ein kräftiger und geschickter Kletterer war, besaß er eindeutig wenig Erfahrung und war nie zuvor durch eine Rinne abgefahren. Evelyn wurde das erst bewusst, als sie sah, wie er zögernd folgte, fast das Gleichgewicht verlor und sein Eispickel im Schnee stecken blieb. Er schaffte es, sich aufzufangen, und kletterte zurück, um den Pickel zu holen – und das Ganze begann von vorne. Diesmal ging Evelyn selbst zurück und zeigte Ang Temba, wie man den Pickel korrekterweise beim Abfahren durch eine Rinne benutzt. Als er das Prinzip erst einmal begriffen hatte, fand er Spaß daran, und die beiden sausten fast 300 Meter auf einer idealen Schneedecke hinab, begleitet von spitzen Freudenschreien Ang Tembas.

Der Anblick dieser triumphalen Rückkehr erfüllte Lakpa, den Sherpa aus Tempathang, mit Neid. An diesem Abend beobachtete Evelyn, wie er mit einem Stück Karton einen nahe gelegenen Schneehang hinaufstieg. Er setzte sich darauf und begann langsam abwärts zu gleiten. Evelyn machte den Vorschlag, er solle den Deckel des größten dekshi (Kochtopf) nehmen, da er einen besseren Schlitten abgeben würde. Erfreut zog Lakpa mit dem Deckel wieder los. Er glitt wunderbar – schneller als Lakpa erwartet hatte –, und der Sherpa schoss mit einem etwas besorgten Gesichtsausdruck in einer Schneewolke abwärts. Er hielt jedoch durch und unterhielt während der nächsten Stunde die restliche Gruppe in höchstem Maße mit seinen Eskapaden.

Am folgenden Tag herrschten miserable Sichtverhältnisse. Da sie fühlte, dass man in der zur Verfügung stehenden Zeit nichts mehr zuwege bringen konnte, beschloss Evelyn, in gemütlichem Tempo zurück nach Pemsal zu gehen, um unsere Gruppe zu erwarten. Sie hatte sich bestens amüsiert, was nicht verwunderlich war bei solchen Begleitern. Die Gesellschaft des immer fröhlichen Ang Temba, der kleinen Ang Droma mit ihrem herzlichen Lachen, dem gutmütigen Murari, dem schlauen Chhepala und von Lakpa, unserem Komödianten Nummer zwei, war allein schon eine Versicherung gegen Einsamkeit. Obwohl sie das einzige nicht asiatische Mitglied der Gruppe war, fühlte sie sich nicht von den anderen getrennt. Sie schienen alle, so erzählte sie uns später, eine einzige große Familie zu sein. Ihr privates Abenteuer war nicht nur erfolgreich, sondern auch sehr lustig verlaufen.

Ang Temba übernahm die ihm unvertrauten Rollen des Sirdars und Kochs mit großer Begeisterung und bereitete für Evelyn Mahlzeiten zu, die durch ihren ausgefallenen Geschmack und das ebenfalls etwas ausgefallene Timing denkwürdig ausfielen. Der Höhepunkt waren Rühreier, die mit Zucker anstatt mit Salz gemacht waren. Auch Murari wurde von der vorherrschenden Hochstimmung angesteckt. Er hatte sein etwas affektiertes Benehmen aus der Stadt schon lange verloren, und die Sherpas mochten ihn, auch wenn er oft Gegenstand ihrer Späße war. Wenn sie morgens ihre Lasten aufluden, bestand eines ihrer Lieblingsspiele darin, zu seinem kleinen Rucksack zu gehen und so zu tun, als ob sie große Schwierigkeiten hätten, ihn vom Boden zu heben. Sie schwankten herum und riefen: »Herteri! Der ist aber schwer!« Einmal rannte Lakpa, der immer Muraris große *»bistra«*, sein Bündel mit Bettzeug, trug, geschäftig zu ihm hin, als wir gerade dabei waren, das Lager zu verlassen. Er schnappte sich Muraris Rucksack, zog ihn auf, zeigte auf das Bündel mit Bettzeug und schrie auf Nepali: »Los, los, nimm deine Last auf, wir dürfen keine Zeit verlieren!« Murari grinste nur und wartete seelenruhig, bis er seinen Rucksack zurückbekam. Er und Lakpa wurden gute Freunde auf dieser Tour mit Evelyn und teilten sich sein winziges Zelt für den Rest der Reise. Lakpa, der wie vierzehn aussah, war in Wirklichkeit achtzehn Jahre alt, verheiratet und ein wohlhabender Mann, obwohl ich sagen muss, dass seine Verpflichtungen nicht allzu schwer auf ihm zu lasten schienen.

Die zweite Hälfte des Tages unseres Zusammentreffens in Pemsal verbrachten wir damit, unsere Lebensmittelvorräte mit Mingma auszusortieren. Wir verschenkten viel davon an die Männer, um das Gewicht zu reduzieren. Danach holten wir die Geldkiste hervor, und Evelyn, in ihrer Rolle als Schatzmeisterin, zahlte den Sherpas aus Tempathang ihre Vorschüsse aus.

Das Wetter klarte an diesem Abend auf, es wurde jedoch recht kalt, und wir versammelten uns um das Küchenfeuer. Einige der Männer aus Tempathang gesellten sich zu uns, die anderen waren jedoch in ein äußerst aufregendes Glücksspiel vertieft, dessen Regeln uns ein Rätsel blieben. Wie beim Würfelspiel machten gute Sprüche und Wortgewandtheit auch hier offensichtlich einen großen Anteil aus. Sie spielten um Zigaretten, und wir erkannten die Zigarettenmarke, die wir in Kathmandu für unsere Sherpas gekauft hatten. Keiner von ihnen rauchte, außer Bahu gelegentlich. Indem sie umgehend ihren Anteil an die Männer aus Tempathang verkauft hatten, hatten sie davon profitiert, dass wir ihre persönlichen Gewohnheiten nicht kannten, und den Umstand ausgenutzt, dass es auf allen Expeditionen üblich war, den bergsteigenden Sherpas Zigaretten zu schenken. Wer nicht rauchte, konnte gut daran verdienen.

Panch Pokhari

(Für unseren Rückweg über Panch Pokhari
siehe die Karte auf S. 53)

Wir verließen Pemsal mit einem wehmütigen Gefühl. Es war ein herrlicher Ort. Am Vorabend hatte Ang Droma es sich in den Kopf gesetzt, Sträuße aus Rhododendron an unseren Zeltstangen zu befestigen, und in der hellen Morgensonne sah das blumengeschmückte Lager richtig festlich aus. Doch nur allzu bald brachen wir die Zelte ab und mussten die Blumen zurücklassen, da wir die lieb gewonnene Hochweide verließen.

Wir folgten dem Waldweg, der sich niemals weit vom Bach entfernte, vorbei an den Wegzeichen unseres Aufstiegs: die große Höhle, die moosbewachsenen umgestürzten Bäume mit den Stufen, die in ihre Stämme gehauen waren, und die Yak-Almen, die jetzt verlassen waren, da ihre Benutzer wahrscheinlich mit der Schneeschmelze weiter bergauf zogen. Überall blühten Blumen, insbesondere die wunderschönen malvenfarbigen Baumorchideen. Die Sherpas schälten während des Gehens Bambussprossen ab und sammelten wilden Knoblauch. Bahu pflückte auch Blumen für Evelyn, die ein paar gesammelt hatte, um sie später in ihrem Wildblumenlexikon nachzuschlagen und nun plötzlich in Verlegenheit geriet aufgrund der Mengen, die er anschleppte, nachdem er für diese Idee Feuer gefangen hatte. Er brachte ihr Arme voll von allem, was im Umkreis blühte.

Als wir den Zusammenfluss von Pulmutang und Rakhta Khola unterhalb der großen Schlucht erreichten, sahen wir, dass unsere Brücke weggespült worden war, und mussten eine neue bauen. Es dauerte nicht lange, da die Sherpas sich keine großen Gedanken darüber machen, wie viel Unterstützung – moralischer oder anderer Art – ein schwer beladenes menschliches Wesen zur Überquerung eines schnell fließenden Flusses benötigt. Wir waren bald auf der anderen Seite und gingen weiter in Richtung des Gompa, wo wir auf dem Hinweg gezeltet hatten.

Diesmal hielten wir nicht, um bei der von einem parkähnlichen kleinen Wald umgebenen Ansiedlung unser Lager zu errichten, sondern wollten lieber einen Lagerplatz am Bach weiter unten erreichen. Dies stellte sich als Fehler heraus, da die Mücken am Bach sehr unangenehm waren, während es auf der Lichtung bei dem Gompa oben keine zu geben schien.

Als wir den kleinen Ort erreichten, ließen unsere Sherpas ihre Lasten fallen, verschwanden in einem der Häuser und verlangten Chang. Wir setzten uns ins Gras und machten uns auf eine lange Wartezeit gefasst. Nach einiger Zeit brachte Mingma uns zum Trost einen Blechbecher mit Chang nach draußen. Auf diese Art war es uns noch nie serviert worden, normalerweise erhält man es in einem tiefen Gefäß und schlürft es mit einem Bambushalm. Wir waren der Meinung, es sei nicht unbedingt eine Verbesserung, Chang dem Tageslicht auszusetzen. Es sah in höchstem Maße unappetitlich aus, kleine Hirsestückchen und andere Fremdpartikel schwammen darin herum. Die einzige Möglichkeit bestand darin, die Augen beim Trinken zu schließen und am besten auch die Zähne, um so einen Filter zu bilden.

Nachdem wir unseren Anteil Chang leer getrunken hatten, wurden wir allmählich ungeduldig. Es fing leicht an zu regnen, was in unseren Augen eine gute Entschuldigung dafür war, eine Nachricht in die Bar zu schicken, dass es Zeit zum Gehen sei. Bahu, der bei uns geblieben war, überbrachte die Nachricht. Ang Droma war anscheinend mit den Jungs beim Chang-Trinken gewesen. Bahu kam mit Kusung zurück, der nicht viel vertragen konnte und bei dem schon kleine Mengen genügten, um einen albernen Clown aus ihm zu machen, und mit Chhepala, der nie viel trank, auch wenn das, was er trank, überhaupt keine Wirkung auf ihn hatte. Es ist interessant, dass Chhepala, der schon am Everest als Träger gearbeitet hatte, anscheinend den Ruf hatte, launisch und schwierig zu sein. Wir haben diesen Charakterzug an ihm nie bemerkt. Er war zwar still und unauffällig, aber wir empfanden ihn immer als sehr intelligent, sensibel und absolut verlässlich. Ich bin sogar der Meinung, unser Rückweg wäre noch viel chaotischer verlaufen, wenn nicht Chhepalas Pflichtbewusstsein gewesen wäre. Wir bemerkten, dass die anderen Sherpas ihn immer »O Chhepala« nannten und die Verehrungsform benutzten, wenn sie ihn ansprachen. Ich denke, er wäre ein guter Sirdar, wenn man ihm die Gelegenheit gäbe.

Wir gingen nun zum Bach, eine erschöpfte Gruppe, und stiegen den Abhang mit Hilfe der Baumstammleitern hinunter. Kurz oberhalb seines Zusammenflusses mit dem Balephi überquerten wir den Langtang Khola über die stabile Holzbrücke und marschierten in Richtung der Hochweide, die sich unserer Erinnerung nach auf der anderen Seite befand. Wir waren ganz enttäuscht, als wir statt der sanften grünen Wiese aus unserer Erinnerung ein großes Kartoffelfeld antrafen, von dem nur eine steinige und verwilderte Ecke nicht bepflanzt war. Da wir jedoch keine Lust verspürten, denselben Weg wieder zurückzugehen, beschlossen wir, unser Lager an der unkultivierten Stelle aufzuschlagen. Es folgte ein totales Chaos. Die Hälfte der Zelte war noch nicht angekommen, und die, die da waren, wurden von betrunkenen Sherpas getragen, die herumtorkelten und immer wieder stolperten. Tausende von Mücken attackierten uns, was für zusätzliche Verwirrung sorgte. Endlich kam Mingma mit dem Rest der Gruppe, er befand sich allerdings in einem recht heiteren Gemütszustand und übersah geflissentlich die unrationelle Arbeitsweise der anderen. So wurde das Lager äußerst willkürlich und planlos errichtet.

Am Abend krochen wir aus unseren Zelten, um zu essen, und wurden von einer Wolke stechwütiger Mücken überfallen. Unsere einzige Chance lag darin, im qualmenden Rauch des Küchenfeuers Schutz zu suchen, das die Sherpas mit Grünzeug schürten. Dort aßen wir eine ausgezeichnete Mahlzeit aus »Unkraut« mit viel Curry, Kartoffeln und Bambussprossen. Wir blieben bis spät in die Nacht am Feuer sitzen und unterhielten uns mit den Sherpas und Murari. Unsere Sherpas waren die Ersten, die schlafen gingen, die Männer aus Tempathang hielten jedoch aus, ihr Kinn in die Hände gestützt, und fragten uns unermüdlich aus. Sie hörten nicht auf, Murari zu bitten: »Stell ihnen noch ein paar Fragen, und sag uns, was sie antworten!« Wir fanden die Unterhaltung, die von Theorie und Praxis der Sprachtherapie bis hin zu den Eigentümlichkeiten des britischen Klimas reichte, äußerst fesselnd und interessant. Die Sherpas waren sehr unterhaltsam, und wir genossen den Abend in höchstem Maße.

Am nächsten Tag folgten wir dem Balephi hinunter nach Tempathang. Doch einige Kilometer oberhalb des Dorfes bogen wir ab, gingen einen felsigen Pfad hinauf, der durch ein Dickicht aus Zwergbambus und stacheligem Unterholz steil bergauf führte, und kamen gelegentlich an einem Kartoffelacker vorbei. Es war unglaublich heiß, und an diesem Tag wurde der Marsch wirklich zur Qual. Endlich gelangten wir zu einem verwahrlosten kleinen Lagerplatz an einer abschüssigen Stelle mit staubigem Gras neben einem Kartoffelfeld. Wir mussten hier Halt machen, da es eine Quelle in der Nähe gab, die – obgleich sie am Austrocknen war – gerade zur Trinkwasserversorgung ausreichte, wenn auch nicht zum Waschen. Die nächste Quelle lag einen Halbtagesmarsch entfernt den Berg hinauf. Dieser Platz, oder besser gesagt eine Ansammlung von Hütten etwas weiter oben, war Nima Lamas Yak-Weide, und er kam, um uns willkommen zu heißen, mit seiner gut aussehenden und stolzen Ehefrau und einer großen Flasche mit Rakshi. Mingma setzte sich umgehend hin, um mit ihnen anzustoßen, während wir uns darauf beschränkten, höflich an einer wunderschönen hölzernen Trinkschale, die mit Silber verziert war, zu nippen.

In der Zwischenzeit war das Lager aufgebaut worden, und alle Zelte standen eng gedrängt auf dem kleinen verfügbaren Stück Land. Es war äußerst unbequem. Anstatt der Mücken des vorherigen Lagers machten uns hier Fliegen und Staubwolken zu schaffen. Zusätzlich zu diesen Unannehmlichkeiten näherte sich eine Gruppe Sherpas, hauptsächlich Frauen und Kinder, viele unter ihnen Ehefrauen oder Sprösslinge unserer Träger, von den nahe gelegenen Yak-Weiden. Einige Yaks kamen ebenfalls. Den ganzen Nachmittag über wurden wir belagert und bestaunt, unter großem Geschrei und Gespucke. Betty gelang es, sich ein wenig Privatsphäre zu schaffen, indem sie einfach den Reißverschluss ihres Zeltes zuzog, doch Evelyn und ich waren im Palomine-Zelt, das nicht so leicht vollkommen geschlossen werden konnte. Ich hoffe, wir gaben ihnen zumindest, was sie suchten. Evelyn hatte sich ein paar Nüsse aufgehoben, ihre Lieblingsnahrung, und aß sie den ganzen Nachmittag über – sehr zur Bewunderung der Zuschauer, die wahrscheinlich noch nie eine Frau gesehen hatten, die so viele auf einmal verdrückte. Am Abend hielt Evelyn eine Sprechstunde, und alle versammelten sich um die Medizinkiste. Sie dachten sich fieberhaft Symptome aus, als sie die attraktiven Rezepte bemerkten, die diejenigen erhielten, die es wirklich nötig hatten. Aspirin war der Renner, in glänzende Goldfolie verschweißt, was tatsächlich hübsch aussah. Evelyn sagte, es habe nur zwei Personen gegeben, die wirklich ernstlich krank gewesen seien – ein alter Mann und ein Baby. Der Rest sah im Großen und Ganzen recht gesund aus, insbesondere die Frauen, deren rot glänzende Wangen dick mit Butter eingerieben waren und deren eingeflochtenes Haar offensichtlich dieselbe Behandlung erhalten hatte. Tatsächlich roch es an diesem Tag überall im Lager durchdringend nach ranziger Butter.

Wir wurden mit Käse, Eiern, Kartoffeln und großen Mengen Yak-Milch beschenkt, die wir mit sichtbarer Zufriedenheit vor einem Publikum trinken mussten, das darauf brannte mitzuerleben, wie wir das ekelhafte Zeug genossen. Trotzdem waren wir sehr dankbar für ihre Großzügigkeit. Die Sherpas sind so liebenswerte Menschen! Wir waren geschockt, als wir hörten, dass die kleine Quelle die einzige Wasserversorgung im Um-

Sherpa-Frauen in Tempathang. Ihr Haar glänzt von Yakbutter, die sie als Pflegemittel auch für die Haut verwenden.

kreis darstellte, nicht nur für unsere Gruppe, sondern auch für die übrige Gemeinschaft. Unter diesem Gesichtspunkt war der freundliche Empfang, den man uns bereitet hatte, nur umso erstaunlicher und rührender.

Frühmorgens wurden wir durch Babygeschrei geweckt. Unsere Besucher waren in voller Besetzung wieder bei uns, und Betty verglich die Szene beim Zusammenpacken des Lagers mit einem Straßenunfall in Glasgow. Kleine Jungs waren sogar auf Bäume geklettert, um unsere faszinierenden Aktivitäten besser beobachten zu können. Zu unserer großen Erleichterung waren wir schließlich startbereit, begleitet von den fröhlichen Abschiedsrufen einer enthusiastischen Menge von Winkenden. Wir befürchteten nur, keineswegs ganz zu Unrecht, dass sie möglicherweise beschließen würden, uns zu begleiten. Das taten sie jedoch nicht, und wir ließen sie schließlich hinter uns, kämpften uns über Hänge weiter, die so steil und zugewachsen waren wie jene am Vortag.

Später erreichten wir wieder kühle Nadelwälder, wo wir weit besser vorankamen. Schließlich führte unser Pfad auf einen offenen Berghang, auf dem überall »Geisterbäume« standen – Überbleibsel der Waldbrände. Oberhalb dieser grasbewachsenen Bergschulter ragte ein langer, steiler und schmaler Grat auf. Die Sherpas aus Tempathang erzählten uns, die Route nach Panch Pokhari würde diesem Grat folgen, und die letzte Wasserstelle zwischen unserem Standort und den fünf Seen selbst sei, so hofften sie, eine kleine Quelle zwischen Rhododendronbüschen ungefähr einen Kilometer entfernt. Anscheinend trocknete diese Quelle bei heißem Wetter oft aus, deswegen war es zweifelhaft, ob wir überhaupt Wasser für das Nachtlager finden würden. Die Sherpas, die die Reise nach Kathmandu über Panch Pokhari noch nie zu dieser Jahreszeit gemacht hatten, sprachen von der Möglichkeit, weiter oben Schnee zu finden, den man zu Wasser schmelzen könnte, falls die Quelle versiegt wäre. Wir bezweifelten dies. Panch Pokhari lag nur knapp 4000 Meter hoch, und die Schneefallgrenze war mittlerweile beträchtlich höher. Entfernte Triumphschreie von zwei Männern, die wir vorausgeschickt hatten, informierten uns jedoch darüber, dass sie offensichtlich Wasser gefunden hatten, und so war eine kleinere Katastrophe abgewendet.

Wir folgten nun einem Pfad, der den unbewachsenen Berghang verließ und uns durch Rhododendronwälder führte. Er ging zu einer kleinen bewaldeten Niederung hinunter, wo wir eine winzige Pfütze vorfanden, mit einer Schüssel voll zähflüssigem gelbem Wassermatsch, der durch den Lehm eine fast feste Konsistenz hatte. Nachdem sie es untersucht hatte, sagte Evelyn, das Wasser sei genau das Richtige für jemanden, der unter Durchfall leide. Das veranlasste uns zu weiteren geistigen Höhenflügen; so kamen wir zum Beispiel auf die Möglichkeit, dass der Lehm unsere Gedärme auskleiden und dort härten würde, und wir somit innere Rohrleitungen aus Ton erhielten. In diesem Fall müssten wir wohl das Bergsteigen aufgeben, aus Angst, dass bei einem Sturz unsere inneren Tonwaren zu Bruch gingen . . .

Ein kurzes Stück nach der Quelle kamen wir an einen herrlichen Lagerplatz, eine grasbewachsene Lichtung mitten im Wald, auf der wilder Rhabarber wuchs. Sobald die Zelte aufgestellt waren, schnitten wir ihn. Wir baten Mingma, uns etwas davon zum Abendessen zu kochen. Dies tat er auch, aber er bereitete auch einen Teil auf Sherpa-Art zu – roh zerhackt und mit Salz, Chilis und Hüttenkäse aus Yak-Milch gemischt. Beides schmeckte vorzüglich. Wenn man es mit Milchpulver mischte, sah das lehmige Wasser schon so nach Milchkaffee aus, dass wir nur noch Zucker und Kaffeepulver hinzufügen mussten, um ein gutes kräftiges Gebräu zu erhalten.

An diesem Abend kam es zwischen Kusung und Tensing Lama, einem der Männer aus Tempathang, zu einem heftigen Streit wegen einer Zeltbodenplane, die in Pemsal vergessen worden war. Jeder behauptete, der andere sei für dieses Teil aus dem Expeditionsfundus verantwortlich gewesen. Tensing Lama, ein Mann mit einem impulsiven Temperament, war außer sich vor Wut und schrie Kusung Beschuldigungen und Beschimpfungen ins Gesicht. Der saß nur da, machte Tensing Lama mit seinem Grinsen noch verrückter und warf jedes Mal, wenn dieser Atem holte, provozierende Bemerkungen ein. Der Streit ging immer weiter, Mingma griff gelegentlich besänftigend ein, und der Rest der Gruppe hörte interessiert zu. Tensing Lama war so furchtbar verärgert und begleitete seine zweifellos hemmungslosen Tiraden mit solch vulgären Geräuschen und Gesten, dass wir uns zu fragen begannen, ob wir nicht eingreifen sollten. Gerade als der Krach jedoch seinen Höhepunkt erreichte und Kusung seinen Gegner bis zur Raserei getrieben hatte, so dass es aussah, als ob dieser ihm entweder körperlich Gewalt antun oder selbst platzen würde, explodierte ein unbeaufsichtigter Gaskocher. Dies war so passend, dass wir alle zu lachen begannen. Die Spannung löste sich, die Streithähne schwiegen und sahen eher beschämt drein, und es kehrte wieder Frieden im Lager ein.

Die Morgendämmerung hieß uns mit einem ungewöhnlichen und atemberaubenden Anblick des Jugal Himal willkommen, und wir holten die Kameras hervor. Doch zu unserer Enttäuschung verschwand die einmalige Aussicht schnell wieder im Nebel. Um sieben Uhr war nichts mehr zu sehen, und die unerfreuliche Feuchtigkeit des Wetters gab uns keinen Grund herumzutrödeln. Um halb acht waren wir unterwegs und kletterten steil bergauf, zurück auf den Bergrücken. Als wir oben waren, hatten wir eine herrliche Gratwanderung, die mehrere Stunden dauerte. Das Einzige, was den Marsch an diesem Tag etwas trübte, war der Nebel, der unsere Umgebung verhüllte und uns den seltsamen Eindruck vermittelte, wir gingen hoch über einem Meer aus grauen Wolken über die Planke. Die Männer aus Tempathang, die genau wussten, wie lange wir bis nach Panch Pokhari brauchen würden, blieben immer wieder stehen, um auszuruhen und sich zu unterhalten. Wir drängten ungeduldig weiter, einerseits weil wir genau wussten, dass wir einen weiten Weg vor uns hatten, andererseits weil uns immer kälter wurde, während wir dasaßen und auf die Männer warteten. Einmal beschloss Ang Droma, die Führung zu übernehmen, und sie eilte nach vorn – eine lustige kleine Person mit einer Last, die fast genauso groß wie sie selbst war und die sie nicht im Geringsten zu beeinträchtigen schien. Sie kämpfte sich durch hohes Gras und Unterholz wie ein kleines wildes Tier und kletterte behände über die Felsen. Der Pfad war die meiste Zeit nicht sichtbar, doch wir folgten einfach dem Grat, wobei wir uns manchmal den Weg durch die Büsche mit unseren Kukri-Messern buchstäblich freihacken mussten. Mingma äußerte missbilligend, diese Route sei *bahut zungle*, sehr wild. »Warte, bis wir in Panch Pokhari sind«, sagte er zu mir. Von da an sei der Weg breit genug für ein Yak.

Bei einer unserer Pausen zeigte ich Ang Droma ein altes Spiel aus meiner Kindheit: »Öffne deinen Mund und schließe deine Augen und schau, was der König dir geschickt hat.« Das ließ sich leicht in Nepali übersetzen, und wir spielten es in diesem Fall mit Stücken von Pfefferminzkuchen und Schokolade. Sowohl das Spiel als auch das Essen kamen gut an.

Schließlich verließ der Weg den Grat und querte den Berghang darunter. Die Männer aus Tempathang schienen geteilter Meinung über die genaue Route zu sein, und da der Nebel dicker denn je war, fragten wir uns allmählich, ob wir Panch Pokhari wohl noch an diesem Tag erreichen würden. Es beruhigte mich auch nicht unbedingt, als ich Lakpa, der vorauseilte und dem wir folgten, ein Lied vor sich hin singen hörte, das ungefähr folgendermaßen lautete: »Ich habe den Weg verloren. Aber das macht nichts. Ich spreche kein Englisch. Aber das macht nichts . . .« Ich denke, es war gut, dass ich nicht mehr davon verstand.

»Hat er den Weg wirklich verloren?«, fragte ich Murari, der die Frage an einen der Tempathang-Männer weitergab.

»Sie sagen, er verliert den Weg immer«, antwortete er grinsend.

Glücklicherweise verkündete nun ein anderer Junge aus Tempathang, der alles in allem ein ernsthafterer Typ zu sein schien, dass wir auf dem richtigen Weg seien. Er führte uns über eine Bergschulter zum Rand einer Mulde, in der ein Bach und ein kleiner See lagen. Also gab es doch Wasser *vor* Panch Pokhari, auch wenn es weit entfernt von unserem letzten Lagerplatz war. Wir machten Halt, um am Rand der Talsenke etwas zu essen, und stiegen dann hinunter, um zu trinken. Im Wasser schwammen Pflanzen mit flaumigen Blättern und langen knolligen Wurzeln. Die Sherpas gruben diese aus, schälten die Wurzeln und aßen sie. Sie gaben uns auch welche. Die Wurzel besaß die Konsistenz roher Rüben und schmeckte nach fader Kokosnuss. Schon ein wenig davon genügte für lange Zeit, was auch die Sherpas zugaben. Sie gruben auch die Wurzeln einer anderen Pflanze aus, die einer Orchideenart ähnelte. Diese trockneten und zerkleinerten sie, um daraus ein Mittel gegen Fieber zu machen.

In dieser Talsenke fanden wir auch das Nest und die Jungvögel eines kleinen Zaunkönigs. Wir versteckten uns und warteten auf die Rückkehr der Mutter. Sie war sehr vorsichtig, umkreiste das Nest zunächst und kroch dann unter dem Gras wie eine kleine Maus darauf zu. Natürlich ließ Ang Temba es sich nicht entgehen, hinter einem nahe gelegenen Felsen unsere Vogelbeobachtung pantomimisch darzustellen. Sobald die Vogelmutter sich im Nest niederließ, bestätigte er ihren Verdacht, indem er hervorsprang, mit seiner Hand den Ausgang versperrte und sie so einfing. Wir schickten ihn ärgerlich fort, und er ging, pfeifend und mit den Händen in den Hosentaschen wie ein unartiger Junge.

Als wir wieder aus der Mulde herauskletterten, fanden wir uns peitschendem Hagel und Schneeregen ausgesetzt. Das Wetter war stürmisch und ekelhaft. Die Verhältnisse und die Umgebung erinnerten uns unwiderstehlich an die schottischen Berge. Die Landschaft um uns herum (so weit wir sie sehen konnten) sah wie Moorgebiet aus, das bei gutem Wetter zweifellos reizvoll gewesen wäre, unter diesen Umständen allerdings trostlos und unwirtlich wirkte. Nachdem wir uns eine Stunde gegen den Sturm nach oben gekämpft hatten, standen wir auf dem Höhepunkt des Panch-Pokhari-Höhenzuges. So weit wir sehen konnten – und wir sahen nicht besonders weit –, befanden wir uns auf einem welligen Hochmoor, einem Plateau, übersät mit Felsnasen, über die kaum erkennbar ein Pfad verlief. Es fehlten nur noch Heidekraut und Moorhexen.

Beim Aufstieg waren wir drei zusammengeblieben, und zeitweise hatten sich Kusung, Ang Droma, Murari und Lakpa zu uns gesellt, auch wenn es nicht klar war, wer wen führte. Im Nebel wurden wir nun vom Rest der Gruppe getrennt, und als der Pfad zu enden schien, riefen wir nach Lakpa, in dem Bedürfnis nach einem zuverlässigeren Anführer, damit er uns wieder in die richtige Richtung führen sollte. Nach kurzem Umhersuchen, währenddessen wir fast Kusung verloren, brachte er uns auf etwas Pfadähnliches zurück. Wir sagten, wir wollten im Schutz eines Felsens auf die restliche Gruppe warten. »Unsinn, Unsinn«, meinte Lakpa. Er könnte uns direkt nach Panch Pokhari führen. »Folgt mir«, fügte er hinzu und verschwand im Nebel. Wir blieben, wo wir waren, und schrieen ihm nach, er solle warten. Kurz darauf hörten wir ihn in beschwörendem Tonfall rufen, er könnte wirklich einen *pokhara* sehen. »Ist er schön?«, schrie Murari scherzhaft zurück. Tief verletzt kam Lakpa wieder zu uns. Der Rest der Gruppe tauchte kurz darauf aus dem Nebel auf, und wir gingen alle zusammen weiter. Lakpa hatte uns zwar auf den richtigen Weg zurückgebracht, aber er hatte mit Sicherheit keinen Pokhara entdeckt. Der Pfad führte auf einen Bergsattel mit einem Steinhügel als Wegzeichen hinauf, und vor dem Abstieg auf der anderen Seite konnte niemand auch nur einen Hauch von Wasser gesehen haben. End-

Auf dem Heimweg: Evelyn blickt auf Panch Pokhari hinunter, einen heiligen Ort mit fünf Seen in der Nähe von Tempathang.

lich erreichten wir das Becken, in dem die *panch pokhari* lagen, die fünf Seen, die nach dem Glauben der nepalesischen Hindus dem Gott *shiva* geweiht sind.

Die Sherpas schrieen triumphierend und begannen den Berg hinunterzurennen. Sie stoppten nur, um gelegentlich Stöcke und Unterholz aufzusammeln. Der Nebel war so dicht, dass wir das Ufer des ersten Sees ganz unerwartet erreichten. Es war ein erhebender Moment.

Wir errichteten unser Lager auf einem grasbewachsenen Hügel zwischen zwei Pokharis und teilten uns dann auf, um Feuerholz zu sammeln. Im Laufe des Nachmittags lichtete sich der Nebel, und die Sonne kam heraus. Wir erkannten, dass es sich wirklich lohnte, auf Panch Pokhari zu warten. In einem Becken, das von einem Ring kleiner Felsen umgeben ist, liegen fünf einzelne und bezaubernde Seen, getrennt durch grüne Grashügel. Die Landschaft erinnerte mich ein wenig an das schottische Hochland. Betty meinte, sie hätte bei diesem Anblick im ersten Moment Dudelsäcke gehört.

Evelyn und ich gingen Mingma nach, der mit dem Feldstecher losgezogen war, um die Route für den nächsten Tag zu erkunden. Wir befanden uns oberhalb des Indrawati-Flusses, der den fünf Seen entspringt, und schauten aus Nordwesten zum Nauling Lekh. Unser Pfad verlief in Richtung Süden den Höhenzug entlang, der zum Nauling-Lekh-Massiv führte. Von unserem Standort aus konnten wir den ganzen Weg bis zu unserem nächsten Lagerplatz überblicken, einem weit entfernten grünen Fleck. Die Tempathang-Männer behaupteten, es gäbe dort Wasser. Als wir dies festgestellt hatten, besichtigten wir den kleinen Shiva-»Tempel«. Es war nur ein kleiner Steinaltar, umgeben von einem Haufen eiserner Dreizacke, dem Symbol des Gottes, die von gläubigen Pilgern anlässlich des jährlichen Festes dorthin gebracht worden waren. Dieses Fest findet im Juli statt, zu einer Zeit also, in der im Nauling Lekh mit Sicherheit Wasser zu finden ist. Murari, ein gläubiger Hindu, und einer der Sherpas, der eigentlich ein gläubiger Buddhist sein sollte, es aber anscheinend sicherer fand, »alle möglichen Gottheiten« zu besänftigen, begannen im Uhrzeigersinn um den Altar zu tanzen. Evelyn tat es ihnen gleich, während ich ihr amüsiert zuschaute. Als sie zur Hälfte herum war, sagte ich: »Shiva ist der Gott der Erneuerung, weißt du. Frauen, die schwanger werden wollen, umrunden den Tempel wie du gerade.« Evelyn hielt sofort ganz beunruhigt an und ging schnell in ihren eigenen Fußstapfen wieder zurück. »Ach was«, erwiderte sie. »Ich werde den Zauber lösen. Wir werden alle fünf Seen gegen den Uhrzeigersinn umwandern, um sicherzugehen!« Sie ging in raschem Tempo davon. Ich begleitete sie als Zeugin – für den Fall, dass es zu einer Auseinandersetzung mit Shiva kommen sollte. Er muss jedoch von unserer sofortigen Gegenaktion überzeugt gewesen sein. Es war ein langer Marsch um die Seen herum, und bis wir die Tour hinter uns hatten, waren wir wieder einmal vom Nebel umhüllt.

An diesem Abend redeten wir noch lange im Palomine-Zelt. Je höher wir gekommen waren, desto mehr hatte sich unsere Stimmung wieder verbessert, und dies war unser glücklichster Abend, seit wir Pomba Serebu verlassen hatten.

Chang, das Teufelszeug

Der nächste Morgen war so kalt, dass der Reißverschluss an meinem Zelt, der am Abend zuvor nass geworden war, eingefroren war und ich einige Schwierigkeiten hatte hinauszukommen. Der Tag war klar und sonnig, doch hinter dem Rand des Beckens tauchten schon wieder einige verdächtig aussehende Wolken auf. Ohne auf das Frühstück zu warten, zogen Betty, Evelyn und ich uns schnell an und machten uns auf den Weg zu dem Steinhügel auf dem »Pass« oben, um zu fotografieren. Wir hofften inständig, den ganzen Jugal Himal überblicken zu können und den Bergen nahe genug zu sein, um alle Eindrücke, die wir während unseren Erkundungstouren dort gewonnen hatten, auch im Bild festzuhalten. Ich ging mit schnellen Schritten voraus, da ich sicher war, dass die Wolken schnell heraufziehen würden. Vom Pass aus war es nicht möglich, die Berge zu sehen, also eilte ich oben um den Beckenrand herum, bis ich an einen Punkt gelangte, von dem aus der Jugal Himal deutlich zu erkennen war. Leider hatten sich die Gipfel schon wieder in einen Wolkenschleier gehüllt. Ich machte einige Fotos, war aber nicht ganz bei der Sache, wie die Ergebnisse später zeigten. Dann ging ich langsam wieder zum Lager hinunter. Ich hatte zu viel Heimweh nach den Bergen, um noch länger dazubleiben und mit den anderen über sie zu reden. Als Betty und Evelyn die gleiche Stelle erreichten, warteten sie klugerweise, in der Hoffnung, die Wolken würden zumindest so weit aufreißen, dass sie ein paar lohnende Fotos schießen konnten. Dies geschah auch, und einige wirklich gute Aufnahmen des Jugal Himal und ein oder zwei ausgezeichnete Bilder von Panch Pokhari belohnten ihre Geduld. Doch wir konnten an diesem Tag nichts Unbekanntes aus dem Jugal dokumentieren.

Betty wäscht ihre Haare in einem der fünf Seen von Panch Pokhari. In diesem Gebiet entspringt auch der Indrawati.

Das Bungalowzelt war auf unseren Wunsch hin als Badezimmer reserviert worden. Wir wuschen uns der Reihe nach darin und zogen passendere Kleider für die zu erwartende Hitze auf unserer Reise nach Kathmandu an. Das hieß, dass wir uns von unseren unbezahlbaren Netzhemden trennen mussten, die wie eine zweite Haut gewesen waren. Ich fühlte mich ganz nackt und schutzlos, als ich meines abstreifte und mit einem Seufzer in meiner Reisetasche verstaute. Tadellos sauber tauchten wir wieder auf und gingen zum größten Pokhara hinunter, um unsere Haare zu waschen. Das Wasser war furchtbar kalt, so eisig, dass wir vorübergehend unter Nervenschmerzen litten, die jedoch nach einer entsprechenden Behandlung wieder verschwanden. Die Behandlung bestand aus einem üppigen Frühstück: Käseomelett, Kartoffeln, Keksen und Marmelade.

Da wir ihren Hang, Pausen zu machen und herumzusitzen, kannten, schickten wir die Sherpas schon voraus, nur Mingma, Murari, Nima Lama und Bahu blieben bei uns. Etwa um Viertel nach zehn brachen wir widerwillig auf, da es uns wahrhaftig nicht leicht fiel, das zauberhafte Panch Pokhari zu verlassen. Wir folgten dem Pfad, »der breit genug für ein Yak« war, und kamen zu dem Schluss, dass Mingmas Yaks wohl weitaus aktiver als die meisten sein mussten. Zunächst führte der Weg lange Zeit steil nach unten, was sehr entmutigend war, da wir den Chang Samaphu vor uns sehen konnten; er sah recht hoch aus, und wir wussten, dass unser nächstes Lager auf halber Höhe zu ihm hinauf lag. Nach etwa einer halben Stunde holten wir die anderen ein, die sich in ihren bevorzugten Ruhepositionen befanden, und gingen alle zusammen weiter. Zuerst querten wir die Berghänge in dichtem Nebel, doch später klärte sich das Wetter auf, und wir hatten einen wunderbaren Tag, auf schmalen Kämmen entlangwandernd, rechts das Indrawati-Tal und links das des Balephi. Die Hänge waren mit blühenden Rhododendronbüschen bewachsen. Murari und ich pflückten sträflicherweise große Sträuße davon, obwohl wir wussten, dass sie nicht lange halten würden. Wir konnten den ungewöhnlicheren Farbtönen von Malve und Violett und auch den reinen schneeweißen Blüten einfach nicht widerstehen. Am Spätnachmittag kamen wir an eine Stelle mit grünem Gras, und Nima Lama verkündete, dies sei der Lagerplatz, den wir gesucht hatten. Mingma zog los, um nach Wasser zu sehen, während wir alle besorgt warteten. Wir hatten gewusst, dass es ein Glücksspiel sein würde, Wasser in den Hochlagen des Nauling Lekh zu finden, und wären nicht auf diesem Weg zurückgekehrt, wenn uns die Sherpas aus Tempathang nicht versichert hätten, dass sie wüssten, wo ganzjährige Quellen zu finden seien.

Eine Reihe schriller Pfiffe sagte uns, dass unser Vertrauen in die Sherpas gerechtfertigt war – bis jetzt zumindest. Mingma hatte einen Bach gefunden. Er war nicht nahe genug an dem

Grasplatz, um das Lager dort auf freiem Feld aufbauen zu können, deswegen gingen wir Mingma nach und stellten unsere Zelte auf einer sanft ansteigenden Lichtung in einem Rhododendronwald auf. Hier gab es viel Wasser in dem Bach – sogar einen kleinen Wasserfall – und Feuerholz im Überfluss. Betty und ich begannen – ihrer Aussage zufolge wie französische Aristokraten, die ihre Kühe in Versailles molken – Stöcke zu sammeln. Es war ein schöner Zeitvertreib, aber unnötig, da Feuerholz überall greifbar herumlag.

An diesem Abend machten wir ein schönes großes Feuer und saßen um es herum, sogar als der Regen durch die Bäume herunterklatschte und in die Glut zischte.

Der nächste Morgen war warm, und zum ersten Mal seit Wochen hatten wir nichts dagegen, aus unseren Schlafsäcken zu kriechen. Nima Lama zeigte uns wieder den Weg, und wir folgten ihm durch den Wald bergauf und über die Schulter des Chang Samaphu. Manchmal konnten wir zwischen den Bäumen hindurch einen wunderschönen Blick auf den Jugal erhaschen, doch bis wir wieder offenes Gelände erreicht hatten, war die Sicht schon durch Wolken getrübt. Trotzdem lernten wir von hier aus mehr über den Jugal im Vergleich zum Langtang und dem Gauri Shankar Himal als von irgendeinem anderen Punkt unseres Rückwegs aus.

Wir befanden uns nun auf dem eigentlichen Nauling-Lekh-Gebirgszug und genossen den ganzen Tag die sonnige Gratwanderung in einer Höhe von ungefähr 3000 Metern. Blumen blühten überall entlang des Pfades; am häufigsten war ein recht großes kornblumenblaues Gänseblümchen. Bei einer Pause begann ich eine Kette daraus zu reihen und war überrascht festzustellen, dass Sherpa-Kinder dies nicht tun. Schließlich waren alle Sherpas – sowohl jene aus Sola Khombu als auch die aus Tempathang – höchst fasziniert, und für den Rest des Tages war das Knüpfen von Blumenketten angesagt. Sogar Mingma machte eine, wenn auch unter dem Vorwand, mir bei meiner zu helfen. Ang Temba, der nicht auf seine Ehre achten musste, machte die neue Mode begeistert mit und hängte sich Blumenketten um den Hals, über die Ohren, seine Mütze und in die Knopflöcher, bis er aussah wie ein Überbleibsel vom Karneval in Nizza.

Unsere ausgelassene Stimmung begann zu schwinden, als wir beim nächsten Lagerplatz überhaupt kein Wasser fanden. »Macht nichts«, sagte Nima Lama. »Es gibt einen anderen Platz, nur zwei Stunden weiter, und dort gibt es *immer* Wasser.« In diesem Moment begegneten wir ein paar Dorfbewohnern aus einem kleinen Weiler etwas weiter den Berg hinunter, die im Wald Bambusrohr geschlagen hatten. Als wir sie fragten, machten sie sich über unsere Vorstellung lustig, dass wir überhaupt Wasser auf unserer Route finden würden. Unser Mut sank, es blieb uns jedoch nichts anderes übrig, als weiterzugehen und das Beste zu hoffen.

Der Lagerplatz war nicht gerade begeisternd. An einem kahlen Abhang standen zwei dachlose Unterstände für Pilger, und etwa einen halben Kilometer entfernt davon lag neben dem Pfad ein Platz, wo ein paar Tassen voll schlammiger Flüssigkeit aus einer Böschung in ein Loch sickerten, das ungefähr so groß wie ein Suppenteller war. Das sollte unsere Wasserversorgung sein, und selbst der optimistischste Sherpa musste zugeben, dass sie, zumindest für eine Gruppe unserer Größenordnung, völlig unzulänglich war. Bei diesem Anblick verspürten wir alle sofort großen Durst.

Als Erstes mussten wir feststellen, wie viel Wasser wir aus der Quelle bekommen würden. Wir schöpften das Wasser ab, bis nichts mehr kam, und rationierten es. Es ergab ungefähr eine Vierteltasse voll für jeden, wobei nichts zum Kochen übrig blieb. Verärgert und schimpfend stellten die Sherpas die Zelte auf. Sie wollten sie unter den Unterständen aufbauen, obwohl ich überhaupt nichts von dieser Idee hielt. Doch ich fühlte mich zu niedergeschlagen, um zu widersprechen. Die Stimmung der Expeditionsteilnehmer befand sich insgesamt an einem Tiefpunkt.

Nur einer konnte unserem Dilemma etwas Gutes abgewinnen. Es gab nichts, was Ang Temba mehr erfreute, als eine nette kleine Katastrophe. Nichts Ernstes natürlich, sondern nur irgendein Ereignis, das ein gewisses Unbehagen verursachte. Bei dieser Gelegenheit kam er zur Vorderseite unserer Zelte und fand die Memsahibs bedrückt beim Bonbonlutschen, weil sie nichts Besseres zu tun hatten. Energisch deckte er den »Tisch« mit Bechern und Tellern, Keksen, Sardinen und Marmelade und zog Messer, Gabeln und Löffel aus den verschiedenen Taschen heraus, in denen er sie zu Essenszeiten immer für uns aufbewahrte. Dann stellte er sich vor uns in Position und verkündete mit der gleichen Stimme, die er normalerweise für seinen Singsang »Tee? Kaffee?« usw. benutzte: »Memsahibs, kein Tee! Kein Kaffee! Kein Orangensaft! Kein Horlick! Keine Bouillon! Kein Kakao!« Noch bevor er geendet hatte, überwältigte ihn die Komik der Situation in solchem Maße, dass er sich auf die Oberschenkel schlug und lachte, bis ihm die Tränen kamen. Seine gute Laune war derart ansteckend, dass wir einfach mitlachen mussten.

Sherpas finden sich nicht leicht mit einer Niederlage ab, und die Männer aus Tempathang waren nicht gewillt, ohne ihren Reis ins Bett zu gehen, wenn es nicht unbedingt sein musste. Ein paar von ihnen zogen los, den Hang hinunter, um ein Dorf ausfindig zu machen, und stießen tatsächlich auf eines, das ungefähr drei Kilometer entfernt war. Dort füllten sie ihre Kanne mit Wasser und kamen triumphierend zurück. Als Mingma das sah, schickte er umgehend Bahu mit unserer größten Wasserkanne und der Thermoskanne hinunter. Zur Freude, Dankbarkeit und Erleichterung aller brachte er beide Behälter gefüllt zurück. Er brachte auch einen Frosch mit, der in einer Büchse versteckt war. Die Sherpas forderten mich auf, sie zu öffnen, zweifellos in der Hoffnung, eine befriedigende Reaktion hervorzurufen. Da ich jedoch Frösche mag, zuckte ich nicht mit der Wimper. Außerdem war ich bereit, ihn anzufassen, was sie selbst nicht wollten. Betty und Evelyn waren genauso unbeeindruckt wie ich, und obwohl Bahu mit dem armen Tier seine Runden drehte, funktionierte sein Scherz nur bei Ang Droma, die einen entsetzten Schrei ausstieß und davonlief – zur Schande ihres Geschlechts.

Evelyn und ich wurden am nächsten Morgen von Bettys Bewunderungsschreien geweckt, und es bot sich uns ein fantastischer Anblick, als wir aus den Zelten kamen. Der ganze Jugal und Langtang Himalaya erhob sich wie ein prächtiger Fries in den Himmel über dem Gipfel des Chang Samaphu. Wir fotografierten und wiesen uns gegenseitig auf markante Punkte hin, denen wir begegnet waren. Wir konnten sogar den Berg sehen, den wir bestiegen hatten, eine kleine Kuppe hinter dem Dorje Lakpa und dem Großen Weißen Gipfel (*Big White Peak*). Wir betrachteten diese Kuppe mit gemischten Gefühlen, zwischen Zuneigung und Missbilligung, als ob sie, wie Betty es ausdrückte, ein recht unbedeutender, armseliger Verwandter sei.

Es war ein traumhafter Tag, und wieder einmal war der Marsch größtenteils eine reine Freude, auch wenn es am Nachmittag unangenehm heiß wurde, als wir immer weiter in die niedrigeren Lagen des Nauling Lekh in Richtung Okhreni vordrangen. So hieß der Sherpa-Ort, in dessen Nähe wir auf dem Hinweg nach Tempathang unser drittes Lager aufgeschlagen hatten, bevor wir nach Osten zum Balephi Khola abgebogen waren. Als das Dorf in Sicht kam, eilte Mingma, gefolgt von anderen Sherpas, zielstrebig voraus. Wollte er schon einmal das Lager vorbereiten und Tee kochen? Natürlich nicht. Er war auf der Suche nach Chang. Wir drei Frauen durchquerten mit Murari das Dorf und ein Stück Rhododendronwald, in dem wir glücklicherweise einige schnell fließende Bäche entdeckten, und gingen zu der Wiese, die uns das letzte Mal als Lagerplatz gedient hatte. Von allen, außer unserem treuen Murari, verlassen, warteten wir hier über zwei Stunden. Zwar hatten wir uns auf eine Wartezeit eingestellt, da es keinen Grund gab, warum die Sherpas sich nicht ein wenig »erfrischen« sollten, doch das war etwas zu viel des Guten. Als unser Sirdar endlich aufkreuzte – mit der Erklärung, er sei nur geblieben, um die Nachzügler einzusammeln, die ansonsten immer noch in der Chang-Bar wären –, musste er sich anstrengen, um die drei zornigen Memsahibs wieder für sich einzunehmen. Wir waren nicht so leicht zu besänftigen, auch wenn die Szene um uns herum uns wohl unwiderstehlich komisch vorgekommen wäre, wenn wir nicht so erhitzt, durstig und verärgert gewesen wären.

Auf Anraten der Sherpas gingen wir zu einer höher gelegenen Wiese weiter, wo es kühler war. Es stellte sich heraus, dass dieser Platz so etwas wie ein örtlicher Piccadilly Circus war. Andauernd wurde er von Dorfbewohnern auf ihrem Heimweg von den Bergen überquert. Sie trugen Bündel aus Stöcken, Gras oder Blättern und trieben ihre Herden vor sich her. Vor jedem Mann, jeder Frau und jedem Kind hielten sie an, um ihnen hinterherzustarren, während ihr Vieh unbeaufsichtigt im Lager herumspazierte. Es war ein Chaos. Ziegen verfingen sich in den Zeltschnüren, Babys krabbelten in die Zelte, und Rinder stolperten in die Suppe. Hunde bellten, leicht betrunkene Sherpas wedelten zögernd mit den Armen, um die Eindringlinge abzuwehren, und über allem hing eine dichte Staubwolke. Kusung, der die Zuschauer weiter von unseren Zelten wegscheuchen sollte, stellte sie in einer Reihe auf und hielt eine Rede, deren Hauptaussage darin lag, dass er ein Sherpa aus Sola Khombu sei, wo Männer noch Männer seien und zudem noch gute Bergsteiger. Aus seinen Gesten schlossen wir, dass er fortfuhr zu beschreiben, wie er und seine Kameraden so manchen Tag auf einem beängstigenden Gletscher oder Gipfel gerettet hätten. Immer wieder hörten wir ungläubige Zwischenrufe und Einwürfe, die zweifelsohne die Nepali-Version von »Das kannst du deiner Großmutter erzählen« waren. Die ganze Situation war eine einzige Farce, und Kusung wirkte so herrlich komisch, dass es vorbei war mit unserer Ernsthaftigkeit. Wir brachen in schallendes Gelächter aus.

Als er sah, dass wir uns entspannten und wieder ansprechbar waren, kam Mingma umgehend zu uns. Die Tempathang-Männer, sagte er, wobei er sich selbst mit einem bedeutsamen Schulterzucken von ihnen distanzierte, beschwerten sich, dass ihre Fußsohlen von dem heißen Boden verbrannt seien. Daher wollten sie sehr früh am Morgen aufbrechen und nur bis zum Mittag marschieren, nicht länger. Ob wir damit einverstanden seien? Selbstverständlich, gaben wir zur Antwort, wenn sie ihrerseits dazu bereit seien, nicht ständig anzuhalten und uns am Ende stundenlang warten zu lassen. Mingma, der offensichtlich nicht erwartet hatte, dass wir so schnell einwilligen würden, grinste breit und versicherte uns, die Tempathang-Männer würden glücklich sein, wenn er ihnen erzähle, dass ihr Vorschlag angenommen worden sei. Wir vereinbarten, um vier Uhr morgens aufzustehen und noch vor fünf Uhr dreißig wieder unterwegs zu sein.

Die Nacht war furchtbar. Die Sherpas hatten anscheinend einen Vorrat an Chang beiseite geschafft, da sie bis weit nach Mitternacht herumgrölten und johlten, während ein Hund die ganze Zeit bis in die frühen Morgenstunden wie verrückt bellte. Wir lagen wach in unseren Zelten und hatten glücklicherweise keine Gewehre bei uns. Der Hund hätte wohl als Erster dran glauben müssen, doch es war unmöglich zu sagen, wo die Schießerei, einmal begonnen, geendet hätte. Doch so konnten wir nur die Zähne zusammenbeißen und alle Männer und Hunde verfluchen, die sich nicht an die üblichen Zeiten hielten und das auch noch jeden wissen ließen. Als es vier Uhr war, standen wir dankbar und erleichtert auf und zogen uns schnell an. Wir waren gespannt auf die Überreste der nächtlichen Raserei. Kurz nach fünf hatten wir alles hinter uns gelassen, und es war sehr angenehm, in der frischen Morgenluft dahinzuwandern und zuzusehen, wie die aufgehende Sonne am Horizont allmählich die Berggipfel erreichte.

Um acht Uhr kamen wir nach Nawalpur. Wir waren glücklich über unser schnelles Vorankommen und darüber, dass unser neues System des Frühaufstehens so erfolgreich war. Doch hier erlitten wir einen Rückschlag. Die Sherpas aus Tempathang wollten im Dorf Halt machen, anscheinend um die Lebensmittelversorgung für ihren Rückweg zu klären. Dies stimmte möglicherweise auch, allerdings merkten wir bald, dass es noch andere Gründe für diese Pause gab, die dringlicher und nicht ganz losgelöst von dem Teufelszeug Chang waren. Einer nach dem anderen huschten unsere Freunde davon, versuchten dabei ganz lässig und unbeteiligt auszusehen und verschwanden in Chang-Bars. Nawalpur war kein besonders ansprechender Ort, und seine Einwohner schienen sich auch nicht sonderlich über unsere Anwesenheit zu freuen. Wir hatten uns so daran gewöhnt, überall in Nepal mit offenen Armen empfangen zu werden, dass die Gleichgültigkeit, der wir hier begegneten, uns fast beleidigend vorkam. Wir redeten uns ein, dass wir uns nun unter »kultivierteren« Menschen befanden, die wohl schon einige Fremde vor uns gesehen hatten, aber das tröstete uns nicht ganz. Wir waren eben verwöhnt.

Die Sonne brannte inzwischen heiß vom Himmel, und nachdem wir mehr als eine Stunde herumgesessen hatten und Mingma zweimal erschienen war, um – im Namen der Tempathang-Männer – für weitere »fünf Minuten« um Nachsicht zu bitten, stellten wir ein Ultimatum. Wir wollten zum Indrawati hinunter. Sollten wir dort nicht in Kürze von der gesamten Mannschaft eingeholt werden, wären wir ernstlich böse. Nachdem wir diese wenig überzeugende Drohung ausgesprochen hatten, sammelten wir Murari, Kusung, Chhepala, Ang Droma und ein oder zwei andere Sherpas ein, die entweder ihr Pflichtbewusstsein rief oder (was wahrscheinlicher war) die kein Geld mehr hatten, und verließen Nawalpur recht aufgebracht. Diesmal würden wir nicht den Fehler begehen, die Fähre nicht zu benutzen. Wir fanden genau heraus, wo sich ihre Anlegestelle befand, und nahmen die schnellste Route bis dorthin den Berg hinunter. Unterwegs wurden wir von Mingma, Ang Temba und einigen anderen Sherpas eingeholt. Die übrigen folgten nicht weit dahinter. Wir hofften, es war unser resolutes Auftreten, das sie gehörig beeindruckt hatte.

Mittlerweile hatte die brennende Sonne den steinigen Boden noch mehr erhitzt, so dass die Sherpas aus Tempathang sich ihre nackten Fußsohlen verbrannten. Da sie in Höhenlagen leben, wo es nicht besonders heiß wird, und immer gras- oder moosbewachsene Pfade benutzen, sind sie nicht so gegen die Hitze abgehärtet wie die Dorfbewohner aus den niedrigeren Bergen und den Tälern. Daher litten sie arg, besonders als wir den glühendheißen silberfarbenen Sand des Indrawati-Flussbettes überquerten. Wir unterdrückten die Bemerkung, die uns auf der Zunge lag: »*Wir* wollten ja früher losgehen.« Die Fähre war ein Einbaum, der von zwei Männern mit Stangen geschickt durch die schnell fließende Hauptströmung gelenkt wurde. Hatte man die hinter sich, musste man noch ein Stück bis zum gegenüberliegenden Ufer waten beziehungsweise von Stein zu Stein springen. Da nur vier Personen gleichzeitig mit ihren Lasten in das Boot passten, dauerte es einige Zeit, bis unsere Gruppe wieder an der anderen Seite des Flusses versammelt war. Die Tempathang-Sherpas luden sogleich ihre Lasten auf und marschierten wie von unsichtbaren Fäden gezogen auf das nahe gelegene Dorf zu. Es war inzwischen Mittag, und wir waren bereit, uns an die Abmachung zu halten und das Lager aufzubauen. Allerdings nicht neben dem Dorf! Vom anderen Ufer aus hatten wir einen großen Baum, der in dieser trockenen Landschaft auffallend ins Auge stach, ungefähr zwei Kilometer flussabwärts hinter dem Dorf gesehen. Wir hatten diese Stelle Mingma, Nima Lama und anderen als guten Lagerplatz vorgeschlagen, und sie hatten uns zugestimmt. Doch es schien, als ob das Dorf, das wie eine personifizierte Versuchung unseren Weg querte, ein zweites Nawalpur zu werden drohte. »Mingma«, sagte ich, »wir werden in diesem Dorf *nicht* anhalten. Sag das allen!« – »Ja, Memsahib«, erwiderte er und sah verzweifelt von einer Seite zur anderen. Er konnte lange schauen, denn es war niemand mehr zu sehen. Sie waren alle schon längst in den Chang-Bars verschwunden. Mir wurde bewusst, dass der arme Mingma sogar noch weniger Kontrolle über die Männer aus Tempathang hatte, als wir dachten. Ein Wort von ihm genügte, und sie taten, was sie wollten. Wir näherten uns dem Dorf, und Murari sorgte für Unterhaltung, indem er beim Überqueren eines Nebenarms des Indrawati unvermutet und in voller Montur ins Wasser fiel.

Als wir das Dorf hinter uns gelassen hatten, hielten Betty, Evelyn und ich an. Wir waren nun allein, nur in Begleitung eines Mückenschwarms. Würden wir weitergehen, müssten wir vielleicht ein paar Stunden lang warten, wie in Okhreni. Blieben wir hier, müssten wir diese unangenehme Situation mindestens eine Stunde lang aushalten, wie in Nawalpur. Es sah so aus, als ob wir ganz umsonst so früh aufgestanden waren. Mir wurde die Ungerechtigkeit unserer Lage bewusst, und ich entschied mich, ganz nachdrücklich mit den Sherpas darüber zu sprechen. Ich erklärte den anderen, ich würde gleich wiederkommen, und kehrte ins Dorfzentrum zurück. Die Tempathang-Sherpas saßen alle in einer Chang-Kneipe und starrten unbewegt auf Murari, der ihnen eine Strafpredigt hielt. Mingma und unsere anderen Sherpas, die irgendwo diskret Eier und Kartoffeln einkauften, waren nirgends zu sehen. Murari schien erleichtert, als er mich sah. »Sie wollen nicht mitkommen, Memsahib«, sagte er und wischte sich den Schweiß von der Stirn. »Sie sagen, ihre Füße seien wund.«

»Hör mal«, erwiderte ich fest und bedachte die Sherpas mit einem vorwurfsvollen Blick, »du kannst ihnen sagen, dass wir bereit waren, um vier Uhr morgens aufzustehen, weil uns ihre Füße Leid taten. Sag ihnen, wir würden die ganze Nacht hindurch marschieren und am Tag schlafen, wenn ihnen das lieber sei, aber frag sie, ob sie es fair finden, dass sie uns unseren Schlaf rauben, um dann später herumzusitzen und Chang zu trinken, bis der Boden zu heiß geworden ist, um darauf zu laufen. Sag ihnen, sie könnten nicht beides haben.«

Nepali ähnelt Hindustani so weit, dass ich den Sinn jedes einzelnen von Murari übersetzten Satzes verstehen konnte. Er hielt sich eng an die ursprüngliche Aussage, und als er geendet hatte, hielt ich den Atem an und wartete gespannt auf die Wirkung dieser Worte auf die Sherpas. Zuerst sahen sie mich an, dann sich gegenseitig, mit hochgezogenen Augenbrauen. Dann breitete sich – zu meiner übergroßen Befriedigung – ein Grinsen auf ihren Gesichtern aus, sie nickten zustimmend und erhoben sich. Es war ein vernünftiges Argument, und sie waren vernünftige Männer. Sie würden mitkommen. Ich ging kein Risiko ein und blieb bei ihnen, bis wir den Baum erreicht hatten. Als wir dort ankamen, gab ich versöhnlich eine Runde Glukosetabletten aus.

Dieses Lager oberhalb des Indrawati hatte viele Nachteile. Es lag zu nah am Weg nach Kathmandu, so dass wir permanent von Schaulustigen umgeben waren, die Fragen stellten, Zigaretten erbettelten und unsere Aussprache der Ortsnamen korrigierten. Es gab Tausende von Fliegen, und nachts umschwirrten uns die Moskitos. Zudem hatten wir nicht viel Platz, und es war sehr heiß. Es gab allerdings einen großen Vorteil, der alles andere aufwog: der Fluss. Innerhalb kurzer Zeit begannen die Sherpas in Zweier- und Dreiergrüppchen zu nahe gelegenen Becken hinunterzugehen, die Männer aus Sola Khombu nahmen sogar solche Attribute der Zivilisation wie Seife und Handtücher mit. Betty, Evelyn, Ang Droma und ich taten uns schwer, einen Platz für uns allein zu finden, und mussten weit gehen. Als wir endlich an eine passende Stelle gelangten, wuschen wir unsere Haare, wateten dann ins Wasser und legten uns hinein wie Wasserbüffel, nur unsere Nasen schauten noch heraus. Dies traf zumindest für uns Memsahibs zu. Ang Droma, die kein geeignetes Badekostüm hatte, tauchte nicht ganz unter, obwohl sie sich gründlich wusch. Badeanzüge waren tatsächlich vonnöten, da die Abgeschiedenheit dieses Ortes nur relativ war. Die Leute beobachteten uns neugierig, hielten sich mit ihren Fragen jedoch höflich zurück, bis wir vollständig angezogen waren und unsere Haare kämmten. Dann stürzten sie sich allerdings auf uns.

Wir gingen zum Lager zurück, wo wir ein denkwürdiges Mahl mit gebratenem Huhn bekamen. Als Hauptgericht war uns so ziemlich alles ausgegangen, bis auf das Trockenfleisch, von dem wir einen unerschöpflichen Vorrat zu haben schienen und das wir nie wieder essen wollten. Das Huhn war klein und sehnig, doch im Vergleich zu Trockenfleisch ein richtiges Festessen.

An diesem Abend gingen Evelyn und ich noch einmal schwimmen, um uns für die Nacht abzukühlen. Das Becken, in das wir hineintauchten, roch ein wenig ungut, doch wir waren schon lange nicht mehr wählerisch. Ins Wasser einzutauchen, genügte uns.

Am nächsten Morgen standen wir um vier Uhr dreißig auf, und ein beschwerlicher Tag lag vor uns. Wir mussten den letzten hohen Bergrücken überqueren, die Wasserscheide zwischen dem Indrawati- und dem Kathmandu-Tal. Eine Zeit lang folgten wir einem Bach und stiegen dann stundenlang einen Gebirgsvorsprung höher und höher hinauf. Es wurde sehr heiß, auch wenn es auszuhalten war, da wir die ganze Zeit in höhere kühlere Lagen vordrangen. Schließlich kamen wir oben an und sahen den Platz, wo wir auf der Hinreise Lager I errichtet hatten. Danach war der Weg nicht mehr so steil, aber immer noch genauso staubig und ungeschützt der Sonne ausgesetzt. Wir kamen zu einem großen Dorf, wo die Sherpas anhielten, um sich mit Lebensmitteln und Chang zu versorgen. Ich sagte zu Nima Lama: »Versprich mir, nicht zu lange zu bleiben. Nicht länger als eine halbe Stunde!« Auf meiner Uhr zeigte ich ihm, was eine halbe Stunde bedeutete. Er nickte und lächelte zustimmend. Wir drei Memsahibs gingen weiter und stoppten an einer Stelle am Wegrand, wo wir zufällig den Hinterhof der Chang-Kneipe überblicken konnten. Wir hatten eine gute Aussicht auf die essenden und trinkenden Sherpas und beneideten sie fast. Doch im Gegensatz zu den Sherpadörfern waren diese niedriger gelegenen nepalesischen Ansiedlungen extrem schmutzig, und wir hatten keine Lust, unsere gute Gesundheit im letzten Moment noch zu ruinieren.

Als die halbe Stunde vorbei war, sahen wir Mingma bei dem vergeblichen Versuch, die Männer mit seinen »Lo, lo, lo«-Schreien zum Aufstehen zu bewegen. In der Hoffnung, meinen Erfolg vom Vortag wiederholen zu können, rannte ich zurück und ging auf den Hof der Chang-Bar. Es war ein vergammelter Ort, und überall auf der Veranda waren Chang-Pfützen. Zwischen ihnen lag ein schlafendes Baby, um dessen Augen und Nasenlöcher sich die Fliegen sammelten. Die Männer tranken Reisbier, so dick wie Hafergrütze und wahrscheinlich auch sehr nahrhaft. Sie boten mir etwas davon an, doch ich entgegnete wahrheitsgemäß, ich würde mich nicht trauen, da mein Magen das sicher nicht vertragen könnte. Dann erinnerte ich Nima Lama an sein Versprechen. Die Männer aus Tempathang erhoben sich sanft wie Lämmer und schulterten ihre Lasten. Ich hätte sie umarmen können, obwohl ich zu behaupten wage, dass Mingma diesbezüglich nicht einer Meinung mit mir war. Er war eine gutmütige Seele und machte seinen Einfluss nicht so gern geltend, und ich glaube, die humorvolle Unabhängigkeit der Tempathang-Männer war für ihn eine Herausforderung, mit der er nicht gerechnet hatte. Wir sahen ihm an, dass er manchmal befürchtete, sie würden – wenn man sie zu sehr bedrängte – einfach ihre Lasten hinschmeißen und heimgehen. Sie konnten tatsächlich sehr provozierend sein. Einmal, als wir alle abmarschbereit waren und unsere Sherpas aufstanden und »Lo! Lo! Lo!« schrieen, sah ich, wie einer der Tempathang-Burschen bedächtig eine Zigarette herausholte und sie anzündete. »Wir sind noch nicht fertig«, sagte er mit einem süffisanten Lächeln. »Seht Ihr nicht, dass wir noch am Rauchen sind?« Trotzdem schien es mir, als ob sie eine wohl überlegte und faire Bitte verstehen und auch schätzen konnten.

Wir marschierten immer weiter, durch Dörfer und schattenlose Terrassenfelder mit kräftigen Maispflanzen, doch nirgends konnten wir einen möglichen Lagerplatz entdecken. Inzwischen kam die Anhöhe der Wasserscheide in Sicht, ein unbepflanztes parkähnliches Plateau, das mit Gras und Dornengestrüpp bewachsen war, und wir fragten uns wehmütig, ob wir wohl die Sherpas davon überzeugen könnten, bis dorthin weiterzugehen. Vorsichtig erkundigte ich mich bei Nima Lama, ob er dächte, wir würden dort Wasser finden. Wenn ja, sei dies nicht ein guter Lagerplatz? Ich war überrascht und erleichtert, als er sagte, es gäbe tatsächlich genug Wasser dort oben, und es sei ein ausgezeichneter Ort zum Zelten. So gelangten wir schließlich nach ein paar weiteren »Trinkpausen« (die wir ihnen jedoch gönnten, da wir ja unseren Kopf durchgesetzt hatten, bis zu dem unkultivierten Gelände weiterzumarschieren, obwohl Mittag schon lange überschritten war) zu der schönen Anhöhe, weit entfernt von den vielen Menschen und Dörfern, und stellten unsere Zelte auf einer Kuppe in der Nähe eines klaren Baches auf. Dieser Ort war kein Vergleich mit Pomba Serebu oder Panch Pokhari, aber er war ruhig und friedlich, und es ging eine angenehme Brise. Am Nachmittag spannten wir das Palomine-Zelt auf und lagen auf dem Rücken in seinem Schatten.

Eine Sache mussten wir an diesem Tag noch regeln. Tags darauf würden wir die Stadt Sankhu erreichen, und wir hatten keine Lust, uns mitten auf dem Marktplatz wiederzufinden und von allen angestarrt zu werden, während die Sherpas ihren Durst löschten. Wir hatten allerdings auch nicht die Absicht, allein weiterzugehen und unsere Sherpas (und ganz nebenbei noch unsere gesamte Ausrüstung) unbeaufsichtigt zurückzulassen. Deshalb beschlossen wir, dass ich den »Betriebsrat« einberufen sollte. Ich machte mich also auf die Suche nach Mingma, Murari und Nima Lama. Doch wenn ich gedacht hatte, dies sei ein privates Treffen mit den »großen Drei«, so hatte ich mich getäuscht. Im demokratischen Sherpaland gibt es weder Kasten noch Klassen, und keiner unserer Männer betrachtete sich als einfachen Arbeiter. Als sie sahen, wie die Mitglieder des Komitees beiseite genommen wurden, kamen sie alle angerannt, um zu sehen, was da im Gange war, wie eine Hühnerschar, die darauf hofft, dass ein paar Körner für sie abfallen.

Außerdem waren sie nicht nur als passive Schaulustige gekommen, sondern als richtige Komiteemitglieder. Resigniert fand ich mich damit ab, dass dies nun eben ein öffentliches Treffen werden würde, und ich erklärte durch Murari unsere Bedenken wegen Sankhu. Alle nickten bedeutsam und zustimmend, und man hörte das Gemurmel: »Sehr richtig, sehr richtig.« Dadurch ermuntert fuhr ich fort und sagte, wir wollten, dass alle Expeditionsmitglieder sich außerhalb von Sankhu sammelten und wir gemeinsam, ohne anzuhalten, direkt durch die Stadt hindurchgingen. Als Murari seine Übersetzung in Nepali beendet hatte, wiederholte Mingma das Ganze in Sherpasprache, woran ich noch einen Nachtrag auf Hindustani anschloss. Die freundlichen Sherpas freuten sich über das ihnen entgegengebrachte Vertrauen, klopften mir mehr oder weniger auf den Rücken und versicherten mir, ich solle mir keine Sorgen machen, alles sei in bester Ordnung. Sie würden sich persönlich darum kümmern, dass in Sankhu niemand die Memsahibs anstarren würde.

Sie hielten ihr Wort. Als wir am nächsten Morgen die Kathmandu zugewandte Seite der Wasserscheide hinabstiegen, wartete die Vorhut der Gruppe – sobald Sankhu in Sicht kam – auf die Nachzügler. Währenddessen machte ich ein paar Fotos von Mingma, Chhepala und Ang Droma: Jeder posierte mit meinem Hut unter dem beifälligen Kichern ihrer Freunde. Dieser Hut, ein niedriger runder Filzhut mit Stickerei in einem unvorteilhaften Khakiton, hatte mir während der heißen Marschtage gute Dienste erwiesen. Die Sherpas fanden ihn lustig, was er sicher auch war, doch ich hatte nicht gemerkt, dass er in ihren Augen auch ein begehrenswertes Objekt darstellte. Als Betty am Vortag von jedem ein Bild machte, wollte Ang Temba unbedingt mit diesem Hut fotografiert werden. Wir hatten es als Spaß angesehen, was es vielleicht auch war, doch als wir in Kathmandu ankamen, zog er los und kaufte sich genau den gleichen. Er sah damit aus wie ein ordinärer Städter, und wir waren froh, dass er ihn kurze Zeit später an Kusung weitergab. Keine

Kopfbedeckung konnte aus Kusung etwas anderes machen als die einfache gute Seele, die er nun einmal war.

Jetzt waren wir für den Ansturm auf Sankhu gerüstet. Wir schulterten unsere Lasten und näherten uns in einer geschlossenen Gruppe mit schnellen Schritten der Stadt. Die Einwohner, die ihren Alltagsbeschäftigungen nachgingen, verharrten bewegungslos vor Überraschung, als sie die gesamte schottische Frauen-Himalaya-Expedition sahen, die weder nach links noch nach rechts blickte, sondern wie von der Tarantel gestochen durch die Straßen zog. Bevor die Menschen überhaupt realisierten, dass eine Expeditionsgruppe durch ihre kleine Stadt kam, hatten wir sie schon durchquert und eilten eine richtige Straße nach Kathmandu hinunter. Nur Kusung war so damit beschäftigt, den Blick starr geradeaus zu halten, dass er nicht bemerkte, wie der Rest der Gruppe in eine Seitenstraße einbog, und er geradeaus weitermarschierte. Später fragten wir uns oft, wo er wohl gelandet wäre, wenn Evelyn sein Verschwinden nicht bemerkt und ihn zurückgeholt hätte.

Ungefähr zwei Kilometer außerhalb der Stadt kamen wir an eine Stelle, wo die ruhige Straße angenehm von Eukalyptusbäumen beschattet wurde. Die Sherpas hielten an. »Können wir hier eine Pause machen?«, fragten sie. »Natürlich«, antworteten wir großzügig, hocherfreut über das Gelingen unseres Plans, ohne Stopp durch Sankhu gekommen zu sein. Sie ließen ihre Lasten fallen, und wir setzten uns alle in den Schatten. »Ist alles in Ordnung? Fühlt Ihr Euch wohl hier?«, wollte jemand von uns wissen. Wir sagten, dass alles bestens sei. »Das ist schön«, erwiderten die Sherpas zuckersüß, »denn wir werden jetzt nach Sankhu zurückgehen. Es dauert nicht lange.« Betty, Evelyn und ich schauten uns sprachlos an. Dann überkam uns die Komik der Situation, und wir brachen in schallendes Gelächter aus. Die Sherpas hatten ihr Wort gehalten: Sie hatten uns an einen ruhigen, angenehmen Ort gebracht, wo niemand uns anstarrte. Warum sollten sie jetzt nicht losziehen und etwas trinken gehen? Wir baten sie, nicht länger als eine halbe Stunde wegzubleiben, und verbrachten eine sehr lustige Zeit mit Mingma und Murari, die mit uns warteten. Erstaunlicherweise kamen die anderen nach einer halben Stunde wahrhaftig wieder zurück. Unsere »Rüpel« aus Tempathang waren eben ehrenwerte Gentlemen.

Etwa elf Kilometer vor Kathmandu machten wir an dem letztmöglichen Lagerplatz Halt: einem abgegrasten Wiesenstück außerhalb eines Dorfes. Wir hätten die Hauptstadt zwar noch an diesem Abend erreichen können, wenn wir weitergegangen wären, doch aus verschiedenen Gründen – einschließlich unserer Angst, Reporter anzutreffen – wollten wir unser Kommen im Voraus auf keinen Fall ankündigen und zogen es vor, am Morgen statt am Abend dort einzutreffen. Also stellten wir zum letzten Mal unsere Zelte auf und saßen zum letzten Mal mit den Sherpas ums Lagerfeuer. Wir beschlossen, sämtliche verbleibenden Reste an Milch, Zucker und Kaffeepulver aufzubrauchen, und reichten Kaffee und Kekse herum. Die Sherpas, die selbst bei einfachstem Essen eine Partystimmung aufkommen lassen konnten, hatten viel Spaß. Sie leckten sich die Lippen über den Kaffee, machten Wettrennen und tanzten und sangen bis spät in die Nacht ums Feuer herum. Die Dorfbewohner – vor allem die Kinder – dachten bestimmt, wir seien ein Zirkus. Sie kamen in Scharen angelaufen, um zuzusehen und zu applaudieren.

Wegen der vielen Menschen bekam Mingma Angst um die Geldkiste. Er brachte sie zu mir und bat mich, sie über Nacht zu verwahren, da ich im Biwakzelt schlief, das man vollständig schließen konnte. »Schrei, wenn in der Nacht jemand kommt, um dich auszurauben!«, sagte er in Unheil verkündendem Ton, als er zum Zelt der Sherpas zurückging. Das versprach ich ihm und fischte stolz mein gutes großes Fahrtenmesser heraus, das bis dahin zu keinem spektakuläreren Einsatz als zum Zerteilen von Sardinen verwendet worden war. Ich legte es griffbereit neben mich und war fest entschlossen, zur Verteidigung unseres Geldes notfalls Blut zu vergießen. In dieser Nacht schlief ich jedoch so tief, dass ich vermute, ein Plünderer hätte die Geldkiste *und* das Fahrtenmesser mitnehmen können, wenn er gewollt hätte.

Am Morgen packten wir die gesamte vertraut gewordene Lagerausrüstung ein letztes Mal zusammen und begannen den letzten Abschnitt unserer Reise. Ang Droma war durch die bevorstehende Trennung so bedrückt, dass sie Bettys Hand nahm und sie bis Kathmandu nicht mehr losließ. Die beiden Seite an Seite – die große Betty und die kleine Ang Droma – boten ein rührendes Bild.

Unsere Straße führte wieder an dem Buddha-Stupa vorbei, den wir bald in einiger Entfernung auftauchen sahen und der unseren Blick durch das beunruhigende hypnotisierende Starren der großen gemalten Augen fesselte. Als wir bei den äußeren Toren angekommen waren, hielten die Sherpas, um zu essen. Wir wollten die neugierige Menge, die sich bei jedem Halt um uns scharte, vermeiden und begaben uns deshalb in den Innenhof des Stupa-Tempels. Wir schlenderten umher und betrachteten die Gebetsmühlen und Schnitzereien an den Häusern, die um den Hof standen. Genau in diesem Augenblick streckte der Chinni Lama seinen Kopf aus einem Fenster und lud uns, als er uns bemerkte, zum Frühstück ein. Wir waren sehr glücklich, seine Gastfreundschaft annehmen zu können, und genossen ein zweites Mal die interessante Unterhaltung mit seiner aufgeweckten Tochter. Als wir sahen, dass sich unsere Männer allmählich im Innenhof versammelten, bedankten wir uns überschwänglich und verabschiedeten uns, um zu ihnen zu gehen. Neben Mingma stand ein seltsamer Sherpa, der mich höflich mit Salem begrüßte. Ich grüßte geistesabwesend zurück und beachtete ihn nicht sonderlich, bis er sagte: »Memsahib, kennen Sie mich nicht mehr?« Beim zweiten Hinschauen sah ich, dass es sich um den jungen Lakpa Gyelbu handelte, der mit mir im Sikkim geklettert war. Er war fülliger und größer geworden, und ich erkannte ihn kaum wieder. Doch ich freute mich sehr, ihn wiederzusehen, da er damals mein

Lieblings-Sherpa gewesen war. Wir schüttelten uns die Hände und tauschten Neuigkeiten über alte Freunde aus.

Inzwischen hatte sich die ganze Gruppe um uns geschart. Alle befanden sich in ausgelassener Stimmung und rochen penetrant nach Chang. Bevor wir den Stupa verließen, mussten sie ihn einmal umrunden und die Gebetsmühlen drehen. Wir machten es ihnen nach und murmelten dabei: »Om mani padme hum.« – »So ist es richtig, Memsahib«, stellte Kusung erfreut fest, »mach es so wie ich.« Wir gingen immer schneller, bis wir alle herumsausten und die Gebetsmühlen wie verrückt drehten. »Denkst du nicht«, flüsterte Betty mir ins Ohr, »dass das Ganze ziemlich sinnlos ist?« Da ich keine Buddhistin bin, konnte ich es ihr nicht sagen, zumindest schien keiner der Sherpas dieser Ansicht zu sein.

Schließlich hatten wir anscheinend die religiösen Pflichten erfüllt, nahmen unsere Lasten auf und machten uns wieder auf den Weg in die Stadt. Als wir an eine Kreuzung kamen, ging die schnellere Route laut Murari in die eine Richtung, während Mingma darauf bestand, dass es die andere war. Keiner der beiden war bereit, einzulenken, und eine Zeit lang schien es nicht weiterzugehen. Dann teilte sich die Gruppe in zwei Parteien, jede bereit, ihrem auserwählten Führer zu folgen. Muraris Gefolgsleute, zu denen auch wir Memsahibs zählten, marschierten in gemächlichem Tempo die Straße entlang, bis Mingmas Leute außer Sicht waren. Dann rannten wir alle gleichzeitig los. Wir mussten doch beweisen, dass wir Recht gehabt hatten. Die anderen hatten natürlich den gleichen Gedanken, und da die beiden Strecken ungefähr gleich lang waren, entwickelte sich ein regelrechtes Rennen. Wir erreichten die Stelle, an der sich die zwei Routen wieder vereinigten, im selben Moment, als die anderen die Straße heruntergestampft kamen, und die rivalisierenden Gruppen trafen sich unter fröhlichen Rufen, spöttischen Bemerkungen und Gelächter. Unsere Ankunft in Kathmandu war nicht gerade sehr würdevoll, zumindest jedoch unbeschwert und ausgelassen.

Bei der Auszahlung der Männer aus Tempathang an diesem Nachmittag (von unseren bergsteigenden Sherpas mussten wir uns noch nicht so bald verabschieden) spielten sich Szenen ab, die wahrscheinlich einzigartig in der Geschichte des Bergsteigens im Himalaya sind. Der Lohn wurde in einem großen Raum ausbezahlt, in dem eine Tischtennisplatte stand. Die Sherpas baten uns, ihnen zu erklären, wie man sie nutzte. Wir demonstrierten es ihnen und fanden uns bald in ein wildes Spiel nach fortschrittlichen Tischtennisregeln verwickelt, bei dem 14 Sherpas immer abwechselnd nach dem Ball schlugen. Sie waren von dem neuen Spiel so fasziniert, dass sie sich kaum auf ihre Bezahlung konzentrieren konnten. Daher gab es diesbezüglich auch nur wenig Einsprüche oder Unstimmigkeiten.

Als es Zeit für sie war zu gehen, waren wir tieftraurig, und ich denke, sie empfanden das Gleiche. Nima Lama, dieser liebenswerte alte Mann, nahm mit Tränen in den Augen unsere Hände in die seinen. Es gab keine Postzustellung nach Tempathang, also auch keinen Weg für uns, diesen freundlichen Menschen je eine Nachricht zu senden. Bei unseren bergsteigenden Sherpas verhielt es sich etwas anders – wir konnten ihnen immerhin nach Darjeeling schreiben, und unser Brief würde sie letztendlich erreichen, sogar in Sola Khombu. Wir hatten sogar schon unsere Adressen ausgetauscht und hofften darauf, vielleicht eines Tages wieder mit ihnen zu klettern. Mit Murari Kontakt zu halten, war selbstverständlich auch relativ leicht. Sollten wir jedoch durch irgendein Wunder eine weitere Gelegenheit bekommen, zu einem späteren Zeitpunkt in den Jugal Himal zurückzukehren, würden wir mit Sicherheit unsere Freunde aus Tempathang mitnehmen. Während die Auszahlung noch im Gange war, kam der Hoteldirektor mit einem Foto herein, das jemand vor unserer Abreise in die Berge von uns dreien gemacht hatte. Die Sherpas stürzten sich darauf und reichten es unter Ausrufen des Wiedererkennens herum. Als es bei Tensing Lama ankam, steckte er es in seine Hosentasche.

»Ich behalte es«, erklärte er. Der Hoteldirektor protestierte, dies sei sein Eigentum, doch es war nicht leicht für ihn, es zurückzubekommen. »Aber Memsahib«, rief Tensing Lama gekränkt, »ich wollte es in meinem Haus aufhängen!« – »Können wir nicht auch Fotos bekommen?«, ertönten jetzt auch andere Stimmen. Wir hätten ihnen gern welche gegeben, aber wir besaßen keine. Später waren wir froh darüber. Wir hätten zu ungepflegt ausgesehen bei unserer Rückkehr in die Zivilisation, zerlumpt und mager, mit ungekämmten Haaren und von der Sonne verbrannt – allerdings waren wir zumindest als Pin-up-Girls gefragt!

Es gibt nur noch einige wenige Dinge anzumerken. Wir hatten zwar keine spektakulären Taten vollbracht, doch wir hätten es uns nie träumen lassen, mit so wenigen Menschen das, was wir geschafft haben, zu erreichen. Unsere Pläne, einen Zugang zum Jugal Himal – dem letzten großen unerkundeten Gebiet des nepalesischen Himalaya – zu finden und ihn zu erforschen, waren erfolgreich gewesen. Dass es uns zudem gelungen war, einen 6400 Meter hohen unbekannten Gipfel zu besteigen, war vollkommen unbeabsichtigt – eine Art Bonus sozusagen. Wir durften uns glücklich schätzen, dass nichts schief gelaufen war und wir weder Krankheiten noch Unfälle erlitten hatten. Doch selbstverständlich war nicht alles nur auf unser Glück zurückzuführen; oder, wie Mark Twain es einmal formuliert haben soll: »Ich finde, je härter ich arbeite, desto mehr Erfolg habe ich.« Wir hatten neun Monate äußerst hart gearbeitet, um eine effiziente Expedition zu planen und zu organisieren, weil wir wollten, dass unser Abenteuer ein Erfolg war. Doch wir hatten zudem bewiesen, dass gewöhnliche Frauen ein solches Projekt genauso gut durchführen können wie ihre männlichen Kameraden.

Für uns war es übrigens nur gut, dass tatsächlich alles klappte. Denn während ein Fehlschlag bei einer rein männlichen beziehungsweise gemischten Gruppe wahrscheinlich fast kommentarlos übergangen worden wäre und zumindest nur

Mitgefühl erregt hätte, hätte man bei unserem Scheitern sicher kein Erbarmen gezeigt. Alle Welt wartete darauf zu sagen: »Das haben wir doch gewusst. Was kann man auch von Frauen anderes erwarten?« Was für ein Glück, dass wir so darauf geachtet hatten, alles gut zu organisieren.

Über unsere Zeit im Jugal Himal möchte ich noch Folgendes anfügen. Unter Bergsteigern herrscht der weit verbreitete Glaube, dass Klettern im Himalaya zwar eine großartige und unvergessliche Erfahrung bedeutet, jedoch nicht zwangsläufig auch mit Spaß verbunden ist, wie zum Beispiel das Klettern in den Alpen oder in unseren schottischen Bergen einfach Spaß machen kann. Der Marsch in die Berge und wieder zurück wird als weitaus vergnüglicherer Teil einer Himalaya-Tour angesehen, während das Klettern selbst in dem Ruf steht, nur eine frustrierende Schinderei zu sein, die der Bergsteiger so gut er es eben kann erträgt, solange er nur den Gipfel erreicht. Dies war bei unserer Expedition mit Sicherheit nicht der Fall. So sehr wir teilweise den Anmarsch hin und zurück genossen, und so sehr wir auch Pomba Serebu ins Herz geschlossen hatten, so waren es doch die Tage, an denen wir hoch oben in den Bergen, Gletschern und Schneefeldern des Jugal unser Letztes gaben, die uns für immer in Erinnerung bleiben werden: nicht nur als die glücklichsten, sondern kurioserweise auch als die vollkommensten und friedvollsten Tage unseres Lebens. Dort oben wurde jeder Augenblick zum Geschenk, und wir waren von jeglichen Zwängen der Welt befreit.

Für weitergehend Interessierte

Von unserem Standort auf der Südflanke des Dorje Lakpa aus sahen wir im Westen eine Reihe von Gletschern, die so weit zurückgegangen waren, dass fast keine Eiswasserfälle mehr von ihnen übrig waren und sie nur noch ein vergleichsweise flaches Sims bildeten. Dieses Sims begann südlich des Dorje Lakpa und verlief nach Westen, wo es auf zwei große Gletscher traf, die zwischen den Bergen des Grenzmassivs herabfielen. Von der Kluft aus, wo wir angehalten hatten, würde es unschwer zu erreichen sein. Diese Kluft führte hinunter zu einem Pass, zu dem man leicht gelangen könnte, indem man direkt oberhalb eines kleinen zugefrorenen Sees, der sich auf einer Höhe von etwa 5000 Metern unterhalb des Bergkammes befindet, hinaufsteigt, anstatt sich wie wir auf seiner linken Seite zu halten. Auf der Westseite des Passes lag eine steile Firnrinne, von deren Anfang aus man recht gut zu einem Punkt unmittelbar unterhalb des Gletschersimses queren könnte. Um dorthin zu gelangen, würde man zwar einige unangenehm glatte und ungeschützte Platten überwinden müssen, doch hätte man das geschafft, wäre der Weg endgültig frei.

Das interessanteste Ergebnis von Evelyn Camrass' Abstecher auf unserer Expedition war, dass die Karte sich in einem Punkt als falsch erwies, der uns zuvor verwirrt hatte. Laut Karte lagen zwei hohe Bergrücken, die von der Phurbi Chyachu abfielen, zwischen dem Pulmutang und dem Nosem Khola. Von dem, was wir auf unserem Aufstieg beobachtet hatten, waren wir sicher, dass es nur einer war, und zwar der Höhenzug, zu dem wir vom Basislager aus hinüberschauen konnten. Dies war auch der Höhenzug, den Evelyn entlangwanderte und von dem sie hinunter zum Nosem Khola sehen konnte und hinüber zum Grenzgebirge. Der dazwischenliegende Höhenzug und der Bach, die auf der Karte eingezeichnet waren, existierten überhaupt nicht. Wir konnten dies später bestätigen, als wir von der Flanke des Chang Samaphu (knapp 4000 Meter hoch) aus auf unserem Rückweg nach Kathmandu den genauen Verlauf des Landes sahen. Der Chang Samaphu ist der höchste Punkt im Nauling Lekh.

Dies war selbstverständlich nicht das einzige Mal, dass wir Ungenauigkeiten der Karte entdeckten. So ist zum Beispiel der Nyakarkar beziehungsweise Dorje-Lakpa-Gletscher länger und mit einem sanfteren Gefälle eingezeichnet als der Phurbi Chyachumbu, in Wirklichkeit verhält es sich gerade andersherum. Der Dorje-Lakpa-Gletscher ist viel steiler und um einiges kürzer. Außerdem erstreckt sich der Phurbi Chyachumbu auf der Karte nicht annähernd so weit nach Norden wie der Nyakarkar. Eigentlich tut er dies aber, da sich auch das Grenzgebirge an diesem Punkt viel weiter nördlich befindet, als die Karte es anzeigt. Der Ladies-Gletscher, der eigentlich ein steiler Nebenarm des Phurbi Chyachumbu ist und noch weiter nach Norden verläuft als die beiden Hauptgletscher, ist trotz seiner beträchtlichen Ausmaße gar nicht verzeichnet. Es gibt noch einige weitere kleinere Fehler, und zwei oder drei schöne Berge sind nicht zu finden. Doch im Großen und Ganzen liefert die Karte einen relativ genauen Eindruck von der Topografie des Jugal Himal, was zumindest mehr ist, als man über das Kartenmaterial einiger anderer Gebiete des nepalesischen Himalaya behaupten kann.

Danksagung

Folgenden Personen möchten wir unseren besonderen Dank aussprechen: den Mitgliedern der Mount Everest Foundation für ihre moralische Unterstützung; den Freundinnen und Freunden aus dem Scottish Mountaineering Club, die uns ermutigten und mit vielen praktischen Ratschlägen zur Seite standen, und den Firmen, die uns großzügigerweise sponserten und uns ihre Produkte kostenlos oder zu Sonderkonditionen zur Verfügung stellten.

Wir danken ihnen allen von ganzem Herzen.

Die Expeditionsmitglieder

Monica Jackson wurde 1920 in Südindien geboren und lebte dort phasenweise immer wieder bis 1953. 1942 lernte sie in Bangalore ihren Mann kennen, und sie heirateten noch im selben Jahr. Ihre beiden Kinder wurden in Indien geboren. Nach ihrem Abschluss am Bennington College in Vermont arbeitete Monica Jackson als freie Journalistin und spezialisierte sich schließlich auf das Schreiben und Halten von Vorträgen zu Bergsteigerthemen. Nachdem ihre Kinder herangewachsen waren, absolvierte sie ein Hochschulstudium in Sozialanthropologie. Im ländlichen Südindien, wo sie mit Unterbrechungen sieben Jahre lang in einer Hütte aus Lehm und Stroh zu Füßen der Berge ihrer Kindheit lebte, betrieb sie für dieses Studium Feldforschungen. Sie ist die Autorin von *The Turkish Time Machine* (Hodder & Stoughton, 1966) und *Going Back* (Banyan Books, 1994). Monica Jackson ist heute Witwe und lebt in Edinburgh.

Nach ihrer Reise in den Jugal Himal überquerte **Elizabeth Stark** mit zwei Freundinnen aus dem Ladies' Scottish Climbing Club, der schottischen Bergsteigerinnenvereinigung, die Cuillin-Kette auf der Insel Skye (östlich von Schottland). Es war die erste Besteigung durch eine reine Frauengruppe, sie wurde u.a. zu Ehren der Krönung Elizabeths I. von England und Elizabeths II. von Schottland durchgeführt. Später zog Elizabeth Stark in die Vereinigten Staaten, um eine akademische Ausbildung in Logopädie und Sprachtherapie zu absolvieren. Während dieser Zeit reiste sie ausgiebig durch das ganze Land und kletterte auch weiterhin, so zum Beispiel mit Evelyn Camrass auf der schottischen Andenexpedition. 1994 beendete sie ihre Lehrtätigkeit am »Institut für Audiologie und Sprachwissenschaft« der Purdue Universität in West-Lafayette, Indiana, wo sie weiterhin lebte. Mit ihrem Mann bereiste sie China, Indonesien und Australien.

Nach ihrer Rückkehr aus dem Jugal Himal heiratete **Evelyn Camrass** ihren Bergsteigerkameraden Allan McNicol. Sie unterbrach ihre Tätigkeit als Ärztin für zehn Jahre, um sich ihren Kindern zu widmen. 1964 erhielt sie die Einladung, an der schottischen Andenexpedition teilzunehmen. Diese gemischte Expeditionsgruppe bestand aus acht Männern und zwei Frauen, die den Yerupaja – den zweithöchsten Berg Perus – besteigen wollten. Danach nahm sie ihre medizinische Arbeit als Geburtshilfeberaterin und Gynäkologin wieder auf. Ihr Interesse am Bergsteigen hielt an, und sie unternahm weitere Touren in Peru, Nepal und Grönland. Sie ist heute 73 Jahre alt und freute sich während der Entstehung der deutschen Buchausgabe darauf, im Juli 2000 nach Ladakh zu gehen, um mit einigen anderen Mitgliedern der schottischen Bergsteigerinnenvereinigung den Stok Kangeri – einen über 6000 Meter hohen Gipfel – zu besteigen.

Die Dänin **Lene Gammelgaard**, geboren 1961, ist eine der erfolgreichsten Bergsteigerinnen weltweit. 1996 überlebte sie Scott Fishers tragische Mount-Everest-Expedition, bei der insgesamt acht Bergsteiger starben, weil die Gruppe in einen Sturm geriet. Ihre Erlebnisse schildert sie in dem Buch »Die letzte Herausforderung«. Beruflich engagiert sie sich als Journalistin, Rechtsanwältin und Psychotherapeutin. Sie lebt in Kopenhagen.

Für weitere Informationen: *www.lenegammelgaard.dk*

Arlene Blum ist Autorin, Dozentin und Bergsteigerin mit einem Doktorgrad in biophysikalischer Chemie. Während ihrer dreißigjährigen Zeit als Bergsteigerin hat sie an mehr als 20 Hochgebirgsexpeditionen teilgenommen, einschließlich der ersten reinen Frauenbesteigung des Mount McKinley und der amerikanischen Mount-Everest-Expedition anlässlich des zweihundertjährigen Jubiläums im Jahr 1976. Sie ist die Autorin von *Annapurna: A Woman's Place*, einer Dokumentation über die amerikanische Erstbesteigung des Annapurna I. Arlene Blum lebt in Berkeley, Kalifornien, und bietet weltweit Vorträge, Seminare und interkulturelle Workshops an.

Für weitere Informationen: *www.arleneblum.com*

Glossar

Atta – nepalesisches Gemüse
Arrak – eine Art Wiskey aus Kartoffeln oder Getreide
Barahakim – »Dorfvorsteher«, hoher Beamter
Bistra – Bettzeug
Chang – starkes Bier aus den Bergen, aus fermentiertem Getreide oder Reis
Chapati – indisches Fladenbrot aus Weizenmehl
Chorten – kleines buddhistisches Heiligtum im Gebirge
Dekshi – Topf
Devi – »Göttin«; Sanskrit-Wurzel für viele indoeuropäische Namen der Großen Muttergöttin
Dhal – eine Art Linsensuppe
Garhun – schwer
Ghee – geklärte Butter
Gompa – tibetisches Kloster
Horli oder Horlicks – Malz- und Maisflocken, die man meist mit Milch isst bzw. trinkt
Kar – Mulde an vergletscherten Hängen
Kukri – traditionelles Messer, lang und gebogen; bekannt auch unter dem Namen »Gurkha-Messer«
Mor – ein Mor entspricht einer halben Rupie
Newar – Bewohner des Kathmandu-Tals
Ovocha – Getränk
Pahari – Bergbewohner
Peepul – Baumart
Pokhara – See
Rakshi – selbst gebrannter Schnaps aus Weizen oder Reis
Ram chikor – Vogelart
Salaam – offizieller Gruß
Sérac – zacken- oder turmartiger Eisbruch oder Gletschersturz
Shiva – der ehrfurchtgebietendste Hindugott; er zerstört alles, damit Neues entstehen kann
Sirdar – Führer und Übersetzer, meist ein Sherpa, der Trekkinggruppen leitet
Stupa – glockenförmiges Heiligtum, das Reliquien enthält
Wechte – überhängende Schneemasse

Der Weg ist das Ziel

Grüne Hölle und sengende Wüste, ewiges Eis und tosendes Meer, Mount Everest und K2 – die extremsten Gegenden der Erde haben den Menschen schon immer magisch angezogen. Und umgebracht. Denn die Natur ist nicht nur atemberaubend schön, sondern oft auch unerbittlich und grausam. Lassen Sie sich mitreißen von den waghalsigen Abenteuern der Männer und Frauen, die mit den vier Elementen, ihren Kameraden oder sich selbst ums nackte Überleben ringen. In den packenden Geschichten, die Clint Willis zusammengetragen hat, kämpfen die Helden gegen klirrende Kälte und dünne Luft, gegen tosenden Seegang und drohende Erschöpfung, gegen die Wildnis an sich und die eigene Angst. Erleben Sie Ihr blaues Wunder und genießen Sie ein abgebrühtes, wind- und wettergegerbtes Lesevergnügen.

Clint Willis

Überleben im Eis
Geschichten von Robert F. Scott, Ernest Shackleton, Richard E. Byrd u.a.

Überleben in Höhen
Geschichten von Chris Bonington, Lene Gammelgaard, F. S. Smythe u.a.

Überleben in der Wildnis
Geschichten von Jack London, Barry Lopez, Evelyn Waugh u.a.

Econ | ULLSTEIN | List